아직도 교회 다니십니까

개정판

길희성 "종교와 영성 연구" 전집 3

탈종교 시대의 그리스도교 신앙

아직도 교회 다니십니까

길희성 지음

동연

한국 기독교(개신교)가 위기에 처했다는 말이 들리기 시작한 것은 이미 오래전부터이다. 하지만 교회들은 이에 아랑곳하지 않고 파티를 계속하고 있다. 마치 다가오는 환경생태계 위기를 모른 체하고 무분별한 소비를 계속하고 있는 현대 문명과도 같다. 무너지는 소리가 곳곳에서 들리고 위기의 징조가 여기저기서 보이는 데도, 설마 이 큰 덩치가 어찌 되겠는가 하면서 아무 일 없다는 듯이 교회는 여전히 신자들로 북적댄다.

현재 진행 중인 코로나19 사태는 이미 탈종교 시대에 접어든 한국 종교계, 특히 한국교회의 위기를 가속화하고 있다. 위기에 처한 한국교회를 다시 살릴 수 있을까? 이러한 상황에서 그리스도교 신앙의 대안을 모색하고자 한다.

사실 나는 한국 기독교가 흥할지 망할지 별 관심이 없다. 흥할 만하면 흥할 것이고, 망할 만하면 망해야 한다고 생각하기 때문이다. 나의 관심은 어디까지나 내가 아직도 놓지 못하고 있는 하나님과 예수에게 있다. 그리고 학창 시절부터 고희를 훌쩍 넘긴 오늘에 이르기까지 고심에 고심을 거듭하면서 다져온 나의 기독신앙에 대한 이해를 사람들과 나누고 싶은 마음이다. 이제야 겨우 비교적 편안한 마음으로 받아들일 수 있게 된 기독신앙에 대한 이해를 내가 겪은 것과 유사한 문제로 고민하고 방황하는 사람들과 나누면서 공감을 얻고 싶다.

그래도 한국 기독교의 위기에 대해 한마디 한다면, 나는 우선 평신도보다는 성직자나 교역자들의 책임이 훨씬 더 중하다고 생각한다. 그리고 교역자들의 문제는 몇몇의 도덕적 일탈이나 언행의 불일치나 권위주의 같은 것보다는 그들이 전하고 가르치는 기독신앙의 이해 자체에 있다고 본다. 그리고 이것은 물론 본질적인 문제이다. 천박한 비유이기는 하지만, 세일즈맨의 성품이나 성격보다 제품 혹은 상품 자체가 문제라는 말이다. 단적으로 말해, 젊은 사람들이나 교육받은 현대인들이 도무지 알아들을 수 없고 납득하기 어려운 대다수 성직자의 메시지 자체가 문제이다.

사실 나는 교회 지도자들이 정말로 자기들이 하는 말을 믿는지 의심이 들 때가 많다. 혹시 자기도 믿지 못하는 것을 듣고 배운 대로 앵무새처럼 반복하고 있는 것은 아닐까? 신학교를 졸업하자마자 얼마간의 전도사 생활을 거쳐 부목사나 담임목사가 되어 주일마다 적어도 한두 번은 설교를 해야 하니 그들이 무슨 수로 신앙 문제에 대해 진지하게 고민하고 진정성 있는 자기 소리를 담아 설교할 수 있겠는가? 그저 교회에서 듣고 배운 대로 혹은 신학교에서 배운 것을 제대로 소화하지도 못한 채 자기도 믿지 못하는 이야기를 마치 확신에 찬 듯 말할 수밖에 없지 않겠는가? 이것은 본질적인 문제이며 단시일에 해결될 성질의 문제도 아니다.

도덕적 하자나 비리가 있는 교회라면 교인들이 피하거나 퇴출시키면 되겠지만, 메시지의 문제, 하나님과 그리스도를 이해하는 방식과 언어가 문제라면 이는 어느 교회를 가든 대동소이하기 때문이다. 오늘의 세계와 오늘을 살고 있는 사람들과 소통이 되지 않는 메시지는 아무 소용이 없는, 죽은 것이나 다름없다. 존재의 이유를 상실한 것이다.

성경의 이야기나 교회의 가르침과 교리가 납득이 안 가다 보니 무조건 믿어야 한다는 묻지 마 신앙이 한국교회에 판을 치고 있다. 생각이라는 것을 하지 못하게 하고, 묻지도 따지지도 않는 신앙이 참다운 신앙으로 간주되고 있는 것이 우리나라 대다수 교회의 모습이 아니라고 누가 말할 수 있겠는가? 목사님의 말을 무엇이든 하나님의 말씀으로 복종하는 것이 신앙으로 통한다. 이런 맹종이 맹신을 낳고, 맹신은 잘못된 확신을 낳으며, 그릇된 확신이 지나치면 광신을 낳는다. 진정성 있는 신앙은 정직한 신앙에서 오며, 정직한 신앙은 묻고 의심하고 고민하는 신앙에서 온다. 의심과 비판을 두려워하고 백안시하는 신앙은 결국 관습적 신앙, 그야말로 믿기 위해서 믿는 신앙, 사회생활의 일부가 된 교회생활을 위한 신앙이 되고 만다.

이 책에 실린 열두 편의 글 가운데 반 이상은 내가 어느 평신도 교회에서 여러 해에 걸쳐 한 설교문에서 선정한 것으로서 오늘의 시점에서 다시 읽어보면서 다듬고 보완한 것들이다. 나머지 글들은 어느 단체에서 한 강연이거나 잡지에 기고한 것이며, 이 책을 위해 새롭게 쓴 글도 몇 편 된다. 아무쪼록 이 책이 '묻지 마 신앙'을 넘어 진정성 있는 신앙을 위해 고민하고 있는 '생각하는' 그리스도인들에게 작은 도움이 되었으면 한다. 무엇보다도 타성에 젖은 신앙생활에 지치고 싫증이 나서,

대안적인 기독신앙의 이해를 찾고 있는 사람들과 함께 정직하고 진지한 신앙의 길을 걷는 데 힘이 된다면 더 바랄 것이 없겠다.

2021년 3월
강화도 심도학사에서
길희성

차 례

1부

위기의 신앙, 교회 너머 신앙

신앙이란 무엇인가

현대 세계와 기독교 신앙

아직도 교회 다니십니까

신앙이란 무엇인가

위기에 처한 한국 기독교

한국 기독교의 성장세가 멈추었고, 한국교회가 잘나가던 때도 지났다는 소리가 들리기 시작한 것은 꽤 오래된 일이다. 내 기억으로는 1990년대부터였던 것 같다. 특히 이른바 '권사들의 전쟁'이라 불린 '옷로비 사건'(1999)으로 온 나라가 떠들썩하게 되면서 기독교가 공개적으로 망신을 당한 것이 결정적 분기점이 되지 않았을까 생각해 본다. 여하튼 기독교(개신교)는 우리 사회에서 세인들의 조롱거리가 되었으며, 교계 지도자들이나 양식 있는 신자들은 꿀 먹은 벙어리처럼 항변 한번 제대로 못해 보고 수치를 감내해야 하는 지경에 이르렀다. 그러나 교계의 철저한 자성의 목소리는 거의 들리지 않고, 파티는 여전히 계속되고 있다. 하지만 들을 귀가 있는 사람에게는 한국 기독교가 무너지는 소리가 뚜렷이 들린다.

나는 솔직히 말해 우리나라 기독교가 흥할지 망할지에 대해서 별 관심이 없다. 망할 만하면 망해야 하고, 흥할 만하면 흥할 것이다. 나의 관심은 더 이상 기독교라는 종교나 교회라는 집단이 아니라 아직도 미련을 버리지 못하고 붙잡고 있는 나 자신의 하나님 신앙과 예수라는 존재에 있다. 그리고 철이 들면서부터 지금까지 50여 년간의 고심과 방황 끝에 어렵게 정리하게 된 나의 기독신앙에 대한 이해를 다른 사람들과 나누고 싶은 마음이다.

요즘에는 사람들이 기독교를 '개독교'라고 하고, 목사는 '먹사', 평신도는 '병신도'라고 욕을 할 정도로 기독교는 조롱의 대상이 되고 있다. 왜 그럴까? 본래부터 기독교를 싫어하거나 적대감을 가진 사람들이 하는 소리라면 크게 신경 쓸 일이 아니겠지만, 그렇게만 말할 수 없다는 데 문제의 심각성이 있다.

우선 나 자신이 평생 기독교 신자로 살아왔는데도 그런 소리를 들었을 때 별로 화가 나지는 않고, 변명이나 항변을 하고 싶은 마음도 생기지 않는다. 나뿐만 아니라 내가 만난 많은 신자들, 참다못해 교회를 뛰쳐나간 사람들은 물론이고, 대안을 찾아 이리저리 헤매고 있는 사람들 그리고 불만은 많지만, 이런저런 이유로 교회를 떠나지 못하고 있는 사람들도 그런 소리를 들으면 고개를 끄덕이거나 맞장구를 친다. 마치 그런 얘기를 들어도 싸다는 듯, 하고 싶었던 말을 누가 대신 해주어서 속이 시원하다는 듯이 말이다.

과연 무엇이 이들의 마음을 짓누르고 있기에 이런 반응을 보일까? 마치 오래 참아온 억압 같은 것이 마음에 쌓여 있는 것 같다. 신앙생활에서 받은 마음의 상처나 억압이 크기 때문일 것이라는 생각이 든다. 이성과 상식을 무시해 가면서 하고 싶은 말을 하지 못하고 신앙생활을 하다 보니 그럴 만도 하다. 한국교회, 한국 개신교는 분명히 위기에 처해 있다. 무너지고 있는 줄도 모르고 파티를 계속하고 있지만, 머지 않아 큰 위기에 봉착하리라는 예감이 든다. 위기란 위기인 줄 모를 때 더 위험한 법이다. 위기의 본질을 파악하지 못할 때는 그야말로 희망이 없다. 그렇다면 과연 무엇이 문제인가?

진지하지 못한 신앙 풍토

우리나라 기독교의 문제는 단지 성직자들의 권위주의나 교회성장주의나 맘몬 숭배 같은 데에 있는 것이 아니다. 물론 이런 문제도 심각하지만, 우리나라 성직자들의 도덕적 수준이 유난히 낮다고 탓할 수도 없다. 나는 한국 기독교계를 지배하고 있는 정직하지 못하고 진지하지 못한 신앙 풍토가 더 크고 본질적인 문제라고 생각한다. 성직자나 평신도를 막론하고 기독교 신앙을 대하는 태도에 더욱 근본적인 문제가 있다는 말이다. 그렇지 않고서는 21세기 대명천지에 어떻게 멀쩡한 정신을 가진 그토록 많은 신자가, 더군다나 세계 어느 나라 못지않게 높은 교육 수준을 자랑하는 사람들이 매주일 말도 안 되는 저질 설교를 들으면서 그토록 많은 시간과 물질과 에너지를 써 가며 교회에 다닌단 말인가.

한 가지 분명한 사실은 대다수 신자가 기독교 신앙의 진리 자체가 좋아서, 그 진리를 마음으로 수긍하고 사랑해서 교회에 다니는 것이 아니라는 것이다. 물론 그런 사람도 없지는 않겠지만, 적어도 내가 아는 한 대다수 신자는 그렇지 않은데도 교회에 다닌다. 자기가 다니는 교회에 만족한다고 생각하는 사람, 목사님이 좋고 설교도 만족하면서 교회에 다니는 신자는 만나기 어렵다. 교회에 문제가 많다고 생각하는 신자가 대다수이다. 마치 남의 얘기하듯 말이다.

그럼에도 사람들이 여전히 교회에 다니는 이유는 무엇일까? 외롭고 심심해서? 친구 따라? 유명 인사들을 보려고? 신자들이 많이 모이니까 혹시 사업에 도움이라도 될까 해서? 사회에서 두각을 나타내고 인정받기는 쉽지 않지만, 교회에서는 비교적 쉽게 인정을 받고 명예를 누릴 수 있으니까? 성가대와 음악이 좋아서? 아니면 교회 건물이 웅장하고 멋있어서? 정직한 답을 들을 수 있다는 전제 하에 설문조사를 통해 한번 알아보면 실로 다양하고 흥미로운 답이 나올 것 같다.

나의 말이 너무 냉소적인 것이 아니기를 바란다. 앞에서 열거한 여러 부차적 동기보다는 기독교 신앙의 진리를 제대로 알고 신앙생활을 하고 싶어서 교회를 찾는 진지한 신자들도 많이 있을 것이다. 지금까지의 삶과는 전혀 다른 차원의 새로운 삶을 살고 싶은 진지한 영적 욕구에 이끌려 교회의 문을 두드리는 사람도 있을 것이다.

사실 순수한 영적 욕구와 불순한 인간적 욕망이 언제나 그렇게 확연히 구별되는 것은 아니고 둘이 공존하지 말라는 법도 없다. 세상에

100% 순수한 것은 없고, 신앙생활도 마찬가지다. 문제는 부차적 관심이 본래적 목적보다 앞서고, 신앙의 본질적 욕구가 충족되지 않는데도 이런저런 부차적 관심 때문에 어영부영 교회에 다니는 경우가 더 많다는 사실이다. 더욱이 성직자라는 사람이 누가 보아도 명백한 비리를 저지르고 있는 데도 좋은 게 좋은 것 아니냐는 식으로 눈을 감고 여전히 교회에 다니고 있다는 사실이다. 세상에 교회가 그 교회 하나뿐인 것도 아닌데 말이다.

내가 다닌 교회 이야기

우선 내 경험부터 이야기하는 것이 좋을 것 같다. 나는 대학을 졸업하고 군대에 갈 때까지 이름만 대면 누구나 알 만한 유명 대형교회에 다녔다. 목사님은 대한민국에서 둘째가라면 서러울 정도로 유명한 설교가인 데다가 인격은 더할 나위 없이 고결한 분이셨다. 교회 신자들은 물론이고 한국 교계를 통틀어도 그분만큼 존경받는 사람이 드물 정도로 훌륭한 분이셨다. 하지만 나는 불행하게도 매주일 들었던 그분의 설교에 깊은 감명을 받은 기억이 한 번도 없다.

말씀은 주로 도덕주의적 설교가 많았다. 그것도 다분히 보수적이고 청교도적인 윤리관에 따른 것이었으니, 젊은이들이 지루하고 따분하게 느낀 것은 당연했다. 매년 감사 주일이 돌아오면 공기나 물의 혜택 등 자연을 통해 베푸시는 하나님의 은혜에 감사해야 한다는 말씀을 하셨지만, 나이가 든 지금은 몰라도 고민도 많고 불만도 많던 젊은 시절에 그런 설교가 귀에 들어올 리 만무했다. 간혹 신의 존재를 증명하는 설교도 하셨지만, 별로 설득력이 없었다. 목사님은 주로 사람의 눈이나 생명체 또는 원자의 정교한 구조 같은 것을 예로 들면서 자연을 설계하신 하나님의 존재를 설명하셨다.

가장 많이 들은 설교는 물론 예수님이 우리의 죄를 사하시기 위해 십자가에서 보혈의 피를 흘리고 돌아가셨다는 이야기였다. 나는 이 대속신앙의 이야기가 도무지 납득이 되지 않아 제일 지루하게 느껴졌다. 아무리 하나님의 아들이라고는 하지만, 어떻게 한 사람의 죽음이 전 인류의 죄를 사할 수 있단 말인가? 이것을 믿지 못하기는 지금도 마찬가지다. 달라진 것이 있다면 그런 것을 믿지 않아도 지금은 나의 기독신앙에 아무런 문제를 느끼지 않는다는 사실이다.

목사님은 특히 음성이 좋아 리듬을 타고 흘러나오는 그의 웅변조 설교에 교인들은 무척 감동하는 것 같았지만, 나에게는 뻔한 이야기들로만 들렸다. 호기심을 자극할 만한 새로운 이야기는 거의 없었고, 무엇보다 날카로운 사회의식이나 역사의식 같은 것이 없는 게 불만스러웠다. 그리고 이런 불만을 모르고 목사님을 하늘처럼 떠받드는 장로님들과 그들의 위선도―물론 당시 청년들의 눈에 비친 모습이었지만―비판의 대상이었다. 나중에 신학 공부를 해보니 이 모든 것이 이른바 '복음주의' 보수신앙이 안고 있는 문제였다.

가장 본질적인 문제는 도대체 기독신앙의 요체가 무엇이고 그 진수가 무엇인지 납득할 만한 설교를 한 번도 들어본 적이 없다는 사실이다. 나는 도대체 신앙이라는 것이 무엇이며 우리가 왜 신앙을 가져야 하는지, 예수가 과연 어떤 존재이기에 그토록 그리스도인들은 입만 열면 '예수 타령'을 하는지에 대해 설득력 있는 말씀을 들어 보지 못하고 교회에 다녔다. 나중에 믿음이란 궁극적 관심ultimate concern에 사로잡히는 것이라는 신학자 폴 틸리히P. Tillich의 말을 접했을 때와 같이, 젊은 가슴을 설레게 할 만한 말씀, 모든 것을 걸고 한번 신앙생활을 해야겠다는 동기를 유발할 만한 설교를 들어 보지 못하고 어영부영 '신앙생활'이라는 것을 한 것이다.

그런데 왜 그 교회를 계속 다녔느냐고? 그냥 식구들이 모두 다니는 교회였고, 유명한 교회, 존경받는 목사님이 계시는 교회였고, 무슨 큰 비리나 스캔들 같은 것이 거의 없는 깨끗한 교회였으니까. 게다가 내 기억으로는 기복신앙을 노골적으로 부추기는 설교도 거의 없었던 것 같다. 교회를 계속해서 다닌 더 적극적인 이유가 있다면 성가대 활동을 하는 재미가 제법 컸기 때문이다. 그 덕에 지금의 아내를 만나 46년을 함께 살았으니 생각해 보면 그리 손해 본 일도 아니었다. 전반적으로 보아 요즘의 대형교회들에 비하면 내가 다닌 교회는 비록 컸지만, 요란하지 않고 순수한 데가 있었다. 가난한 사람들을 위한 각종 시설을 많이 운영한 것은 지금도 교회들이 본받을 만한 점이다. 나라가 가난해서 복지라는 건 엄두도 내지 못하던 시절이었으니까.

나는 이런저런 인생의 고민이 많았고 기독교 신앙에 대한 회의도 많았지만, 누구 하나 속 시원히 풀어주지 않았다. 목사가 되려는 생각은 없었으나 신학을 공부해 보겠다는 마음에 먼저 철학과를 택했다. 그러다가 지금 이런 글을 쓰는 처지에 이르렀으니 모르는 것이 인생인가 보다. 여하튼 이런 나의 경험과 그 후 50여 년에 걸친 국내외 교회생활의 경험을 통해서 도달하게 된 결론은, 한국교회의 본질적 문제는 도덕적 타락이나 신앙의 부족 같은 데 있기보다는—오히려 신앙이 너무 넘치고 뜨거워서 탈이다!—기독신앙의 메시지를 젊은 세대와 교육받은 사람들이 알아들을 수 있고 수긍할 만한 언어로 전달하지 못하는 데 있다는 것이다. 이는 옛날이나 지금이나 마찬가지다.

묻지 마 신앙

한국 기독교의 문제는 본질적으로 신학에 있으며 신학의 위기이다. 기독신앙의 진리를 어떻게 이해하고, 어떻게 전달해야 할까 하는 본질적인 문제를 두고 제대로 된 대안을 제시하지 못하고 있는 것이다. 아니 어쩌면 기독교 메시지가 많은 문제를 안고 있음에도 불구하고 이 문제를 드러내 다루지 못하도록 하는 한국교회 일반의 풍토가 더 문제일지도 모른다. '정통'신앙의 이름으로 인간의 상식과 이성을 무시하며 당연한 의문이나 의심을 금기시하고 봉쇄해 버리는 '묻지 마 신앙' 그리고 이러한 것을 '신앙'이라 여기고 가르치며 정당화하는 성서문자주의 신앙과 답답한 근본주의 신학이 문제의 뿌리이다.

나는 한국교회가 안고 있는 거의 모든 문제가—위선과 탈선, 비리와 비행, 권위주의와 성차별, 물신주의와 물량주의 등—여기서 기인한다고 생각한다. 상식과 이성을 무시하고, 비판과 의심을 용납하지 않는 묻지 마 신앙이 판을 치는 한 그리고 이런 풍토를 조성하고 조장하는 근본주의 신학과 복음주의 신앙을 극복하지 않는 한, 설득력 있는 대안적 기독신앙의 이해와 메시지는 물론이고, 앞에서 열거한 여러 문제도 그치지 않을 것이다.

이런 근본적 문제를 해결하는 일이 하루아침에 되는 것이 아니라는 사실은 나도 잘 알고 있다. 하지만 한국교회에 미래가 있으려면 반드시 해결해야만 하는 과제이다. 심각한 도덕적 결함이 있는 성직자나 비리가 있는 교회는 피하면 그만이지만, 잘못된 신앙 풍토가 지배하는 한국 기독교 자체는 피하기가 어렵다. 다른 교회를 가도, 사정은 별반 다르지 않다. 아예 교회를 떠나고 신앙생활을 포기하지 않는 한, 어느 교회를 가나 유사한 문제를 안고 있기 때문이다.

머리로 납득할 수 있고 가슴으로도 사랑할 수 있는

오늘의 한국교회에 가장 필요한 것은 도덕적 갱신이나 제도 개혁보다 현대 세계와 호흡을 같이하면서 젊은이들이 "머리로 납득할 수 있고 가슴으로도 사랑할 수 있는"(미국 성공회 스퐁 감독의 말) 기독신앙의 진리를 제시하는 일이다. 미력하나마 내가 지금 이런 글을 쓰고 있는 이유도 이 일에 조금이라도 도움이 되기를 바라기 때문이다. 나의 신앙이 깊어서가 아니고, 누구를 비판할 만한 자격이 있어서도 아니다. 더욱이 한국교회를 싸잡아 비판하면서 어떤 쾌감 같은 것을 느끼기 때문은 더욱 아니다. 그런 유혹을 탐하던 때는 이미 오래전에 지났다. 나는 다만 신앙의 문제를 가지고 치열하게 고민해 왔고, 이제 비교적 편안한 마음으로 수용하게 된 기독신앙의 이해를 다른 사람들과 나누고 싶을 뿐이다.

앞서 말한 나의 경험은 비단 나 개인이나 한국교회만의 문제가 아니다. 근대 세계로 접어든 후부터 세계 기독교가 수백 년간 당면해 온 문제라고 해도 과언이 아니다. 다만 한국 기독교계는 이러한 문제의 식과 고민조차 가지고 있지 않다는 것이 더 큰 문제이다. 기독신앙을 이해하는 신학에 근본적 문제가 있음에도 대다수 신자는 이러한 사실을 의식하지 못하고 교회생활에 매진하고 있다.

문제가 심각하다고 여기는 일부 신자들은 주로 '세속주의'에 물든 교회의 모습을 탓하거나 성직자들의 권위주의나 도덕적 타락을 개탄하는 정도이지, 기독신앙을 바라보는 자신들의 관점이나 이해하는 방식 자체에 문제가 있다고는 생각하지 못한다. 의심이 들어도 그냥 묻어 두든지 아니면 아직 신앙이 부족해서 혹은 아직 성령의 은사를 받지 못해서 그렇다고 생각하면서 때를 기다리기도 한다. 아마도 대다수 신자가 기독신앙을 이해하는 다른 시각을 접해 본 일이 거의 없기 때문일지도 모른다. 그러니 싫든 좋든 그냥 교회에 다닐 수밖에 없다. 아예 교회를 떠나면 모르지만, 이는 소수의 용감한 자들만의 선택이다. 대다수는 신앙에 대해 많은 의문이 들어도 묻지도 않고 따지지도 않는다. 물어봤자 돌아오는 답은 답 아닌 뻔한 답, 아니면 무조건 믿어야 한다는 묻지 마 신앙뿐이기 때문일 것이다.

다시 한번 강조하지만, 한국교회의 위기는 본질적으로 신학의 문제이자 신학의 위기이다. 기독신앙을 대하는 태도와 이해하는 방식에 본질적인 문제가 있다는 말이다. 좀 더 구체적으로 지적하자면 답답한 성서문자주의 신앙, 경직된 교조주의 신앙, 값싼 은총을 남발하는 복음주의 신앙 그리고 저질 기복신앙을 넘어설 수 있는 대안적 신앙의 이해를 제시하지 못하고 있다는 데 있다.

기독교 신학은 계몽주의 시대 이래로 줄곧 현대 세계와 대화하면서 현대인의 신앙과 삶을 이끌 수 있는 길을 모색해 왔다. 한국 기독교는 이러한 현대신학의 노력과 성과를 외면하거나 제대로 소화하지 못한 채 '정통신앙'의 틀에 갇혀 있다. 세상은 엄청나게 변했는데도 대다수 그리스도인의 사고는 정통을 자처하는 답답한 근본주의 신앙에 발이 묶여 있는 것이다.

신앙의 위기와 신학의 위기는 같이 간다. 한국 기독교의 위기는 신학의 위기이자 신앙의 위기이다. 온갖 종류의 비리, 몰상식, 물신주의, 권위주의가 신앙의 이름 아래 판을 치고 있는데도 사람들은 아랑곳하지 않고 교회에 다닌다. 이런 한국교회의 모습을 보면서 부러워하고 치켜세우는 철없는 외국의 기독교계 인사들도 있지만, 생각 있는 신자들은 교회를 외면하기 시작한 지 이미 오래됐다.

고민하지 않는 신앙

한 나라의 민주주의는 그 나라 국민의 수준을 넘지 못한다는 말이 있듯이 교회도 마찬가지라는 사실을 요즘 절감하고 있다. 한국 기독교는 이성을 무시하는 신앙에 익숙해져 있고, 교회에서 상식에 반하는 일이 다반사로 일어나도 모두가 입을 다문다.

　지금 이 순간에도 우리나라에서 제법 괜찮다고 평이 난 강남의 한 교회가 담임목사의 심각한 학위논문 표절과 재정비리 문제로 심한 몸살을 앓고 있다. 이런 일이 과연 파렴치한 목사의 개인적 일탈의 문제일까? 진짜 문제는 그런 사람이 초대형교회의 담임목사가 되기까지 승승장구할 수 있었던 한국교회 일반의 신앙 풍토에 있다. 그리고 사태가 벌어진 이후에도 상당수 신도의 옹호를 받으면서 마치 아무 일도 없었다는 듯이 여전히 강단을 지킬 수 있다는 참담한 현실에 있다.

　더욱이 그를 초빙한 전임 목사는 한국 교계에서 존경받는 목사였다. 그렇다면 이것은 무엇을 말해주는가? 단순히 전임 목사가 사람을 잘못 보았다는 것일까? 나는 그렇게 생각하지 않는다. 내가 보기에는 전임 목사와 담임 목사 사이에 성격이나 인품, 도덕성에는 큰 차이가 있겠지만, 기독교 진리를 이해하는 신학 자체에는 별 차이가 없을 것 같다. 결국, 교회도, 교인도 전임 목사가 만든 게 아닌가?

　도대체 왜 그리고 어떻게, 이런 말도 안 되는 현상이 대한민국의 심장부와 같은 지역에서 버젓이 일어나고 있는 것일까? 이런 문제가 어제, 오늘의 일도 아닌데, 어째서 수많은 신자는 방관만 하고 여전히 교회 문을 드나들고 있을까? 이는 생각하지 않고 의심하지 않는 신앙 때문이며, 괴로워하지도 않고 고민하지도 않는 신앙 때문이다. 묻지도 않고 따지지도 않는 신앙, 의심과 비판을 용납하지 않는 신앙 풍토가 한국교회의 모든 문제를 낳는 근본 원인인 것이다.

　생각하지 않는 신앙은 묻지 않는 신앙이고, 묻지 않는 신앙은 의심하지 않는 신앙이다. 의심하지 않는 신앙은 고민하지 않는 신앙이며, 고민하지 않는 신앙은 진지한 신앙이 될 수 없다. 이런 신앙 풍토가 계속되는 한, 한국교회의 문제들은 그치지 않고 일어날 것이다. 사업이든 학문이든 예술이든 기술이든 예체능이든, 신자들은 각자 자기 분야에서는 치밀하게 따지고 치열하게 고민하지만, 정작 인생 자체가 걸린 신앙 문제에서는 나 몰라라 방치하고 방관한다. 좋은 게 좋다고 하면서 고민하고 묻고 따지는 사람은 왕따 시켜 버린다. 목사의 말을 맹신하고 맹종하는 것이 신앙인인 것처럼 착각하면서 말이다.

신앙 따로 사회생활 따로

생각하지도 않고 묻지도 않는 신앙은 신자들에게 신앙 따로 이성 따로, 신앙생활 따로 사회생활 따로, 교회 따로 사회 따로, 종교 따로 정치 따로 사는 이중생활을 조장한다. 매우 편리한 신앙이지만, 진지한 신앙은 아니다. 이성과 지성을 무시하고 양심과 양식을 도외시하는 묻지 마 신앙은 반드시 대가를 치르게 마련이다. 한국교회는 이미 그 대가를 톡톡히 치르고 있다. 이성이 결코 신앙의 잣대는 아니지만, 그렇다고 이성에 반하는 것을 억지로 믿는 것도 신앙이 아니다. 신앙의 진리는 이성을 초월하는 신비이지 이성에 못 미치는 미신이 아니기 때문이다. 지성으로 수긍할 수 없는 것을 억지로 수용하는 것이 신앙이 아니며, 무지와 무식이 신앙의 전제 조건은 더욱 아니다.

비판적 지성을 두려워하고 무시하는 신앙, 신학다운 신학을 이단으로 낙인찍고 혐오하거나 무시하는 신앙 그리고 성직자나 평신도를 막론하고 이런 신앙을 진짜라고 찬양하는 한국교회의 나태하고 진지하지 못한 신앙 풍토는 반드시 극복되어야만 한다. 그래야 한국교회는 그나마 적은 수라도 참다운 신앙의 지도자들을 배출할 수 있으며 미래를 기약할 수 있을 것이다.

신학교를 갓 졸업하고 목회현장에 들어간 전도사나 풋내기 목사들로부터 종종 듣는 소리가 하나 있다. 막상 교회현장에서 신자들과 부딪쳐 보니 신학교에서 배운 온갖 신학지식은 말짱 헛것이고 아무 소용이 없더라는 것이다. 그래서 교회를 성장시키려면 결국 선배 목사들이 하는 대로 무대포로 밀고 나가야 한다면서 쉽게 타협해버린다. 정말 그럴까? 그렇다면 무지와 무식이 약이고 신앙의 전제 조건이라도 된다는 말인가?

나는 이런 사람들에게 묻고 싶다. 당신은 기독신앙에 대해 얼마나 진지하게 고민했으며, 현대신학의 문제의식을 얼마나 나 자신의 것으로 공유하고 있는지, 도대체 당신이 현대인의 정신세계와 얼마나 호흡을 같이하고 있는지, 행여 자신도 제대로 소화하지 못한 설익은 신학지식을 강단에서 마구 쏟아내다가 면박을 당한 일은 없는지, 냉철하게 자신을 돌아보았느냐고 말이다. 세상의 어느 신학자도 신학을 지식으로만 하지 않는다는 사실을 잊지 말자.

신앙이란 무엇인가

생각하고 묻고 의심하는 신앙을 모순이라고 여기는 사람이 있을 것 같다. 믿음과 의심은 양립할 수 없다고 생각하기 때문이다. 우선 이 문제부터 잘 따져보아야 한다. 여기서는 우선 '믿음'이라는 것이 무엇인지를 검토해 보고, 다음 장에서는 한국 기독교계 그리고 현대 기독교 전체가 당면한 가장 중요한 신학적 과제에 대해 생각해 보고자 한다. 믿음의 내용 이전에 믿음의 성격을 먼저 고찰해보자. 어쩌면 바로 여기에 한국교회가 맞고 있는 위기를 극복할 수 있는 하나의 열쇠가 있을지도 모른다.

그리스도인들은 흔히 "저 사람은 참 믿음이 좋다"라고 말하는데, 도대체 이 믿음이란 무엇을 가리키는 말일까? 겉으로 드러난 행동―교회 출석, 봉사 등―같은 것은 물론 아닐 것이다. 그런 것은 믿음의 징표나 표현은 될지언정 믿음 자체는 될 수 없다. 믿음은 그런 가시적 행위보다는 보이지 않는 인간 내면의 태도, 인간·인격이 지닌 어떤 성품이다. 교회활동을 열심히 하고 온갖 집회에 다 따라다니고 목사님의 말씀을 아무 말 없이 순종하는 사람도 믿음이 없을 수 있고, 그 반대도 사실일 수 있다. 믿음은 또 삼위일체 등 '정통' 교리나 성서에 나오는 숱한 기적 이야기들―가령 예수의 동정녀 탄생이나 부활 같은 ―을 문자 그대로 믿는 것을 뜻하는 것도 아니다.

믿음이 어떤 마음의 상태라면, 과연 어떤 상태를 가리킬까? 교회나 종교 행사 등에서 받게 되는 어떤 종교적 감정이나 느낌? 성스럽고 경건한 감정? 교회의 가르침이나 성직자들의 말에 순종하는 마음? 권위에 복종하는 태도? 이해하지는 못하지만 묻지도 따지지도 않는 묻지 마 신앙?

아마도 신앙생활을 해본 사람들에게 가장 흔한 믿음의 이해는 어떠어떠한 것을 사실로 인정하고 받아들이는 행위일 것이다. 가령 성서에 나오는 이야기들을 사실이라고 인정하거나 기독교의 교리와 신조를 진리로 수용하는 행위이다. 지적으로 잘 이해가 되지는 않지만, 교회의 가르침이니까 인정하고 수용하는 일종의 '지적' 태도를 흔히 믿음으로 간주한다. 하지만 지적 '수용'은 지적 '수긍'과는 다르다.

만약 예수의 동정녀 탄생이나 성육신 이야기 또는 부활 사건 같은 것을 지적으로 납득하고 수긍하는 사람이 있다면, 우리는 그의 지성을 의심할 수밖에 없을 것이다. 그런데도 교회는 이런 것을 신앙으로 요구한다. 그리고 수많은 사람이 납득은 안 되지만, 교회의 권위 때문에 혹은 오랜 전통이니까, 아직은 잘 이해가 가지 않지만 언젠가는 그렇게 될 테니까, 또는 지금 교인으로 등록해야 하니까 하는 수 없이 동의하고 수용한다. 그리고 평생을 마음속에 의심을 품고 신앙생활이라는 것을 한다.

지성에 폭력을 가하는 이러한 믿음의 이해가 초래한 부작용은 과장할 수 없을 정도로 심대하다. 신앙은 지성의 희생을 필요로 한다는 그릇된 관념을 심어주었으며, 이로 인해 기독교는 서구 역사를 통해 자유로운 사상을 억압했고, 수많은 신앙인에게 마음의 갈등을 안겨주었다.

가톨릭은 물론이고 개신교도 지적으로 수긍하기 어려운 성서의 기적 이야기나 교회의 교리doctrine와 신조creed에 동의하고 수용하는 행위를 믿음이라고 가르쳐왔다. 성서의 기적 이야기나 삼위일체 같은 전통적 교리가 도무지 수긍이 되지 않아 수용하지 못하는 사람은 신앙 없는 사람으로 간주되어 매도당하기도 했다. 이런 풍토에서 지적으로 정직한 사람은 신앙을 갖기 어려울 수밖에 없다. 신앙과 지성은 양립할 수 없는 것이라는 생각 때문이다. "머리로 이해할 수 없는 것은 가슴으로도 사랑하지 못한다"는 스퐁 감독의 말은 바로 이런 딜레마에서 생긴 문제의식을 잘 표현해준다. 기독교가 어떤 식으로든 이 머리와 가슴의 괴리 문제를 해결하지 않는 한, 현대 세계에서 기독교의 미래는 결코 밝지 않을 것이라고 생각한다.

　믿음은 일차적으로 성서 이야기나 교리적 진술을 대상으로 하는 것이 아니고 어디까지나 하나님 자신을 신뢰하는 마음이다. 신앙은 하나님을 향한 것이지 교리나 성서가 말하고 있는 어떤 이야기의 사실 여부를 향한 것이 아니다. 신앙은 하나님에 대한 진술이나 명제를 수용하는 동의가 아니라는 말이다.

　신앙의 일차적 행위는 하나님 자신에 대한 신뢰trust이다. 신앙은 나를 벗어나 초월적 실재인 하나님을 향하는 마음의 자세 내지는 상태이며, 나와 하나님을 연결시키는 끈이다. 성서의 말씀이나 교리에 동의하고 수용하는 행위가 아니라 자기 자신만을 믿거나 물질, 돈, 세상의 명예나 권력을 믿고 숭배하는 마음을 버리고 하나님만을 신뢰하고 하나님께 자신을 맡기는 마음의 태도와 행위이다. 이것이 믿음의 일차적이며 근본적인 의미이다.

영어에는 유감스럽게도 신앙faith이라는 단어의 명사만 있지 동사는 없다. 동사는 'believe'credo를 사용하는데, 이 동사에는 두 가지 용법이 있다. 하나는 'believe that…'과 다른 하나는 'believe in'이다. 'believe that…'은 'that'을 따라 나오는 어떤 문장이나 진술이 사실이라고 인정하는 지적 행위인 반면 'believe in'은 인격적 신뢰, 누군가를 믿고 자신을 맡긴다는 일차적 의미의 믿음이다. 기독교 신학은 이 두 종류의 믿음을 신뢰하는 태도로서의 믿음fides qua creditur과 교리나 신조 등 믿음의 내용을 믿는 지적 믿음fides quae creditur으로 구별한다.

이 두 가지 유형의 믿음은 서로 밀접하게 연관되어 있지만, 신앙의 더 근본적이고 본래적인 의미는 후자, 즉 신뢰 내지 맡김으로서의 믿음이다. 가령 "나는 너만 믿는다" 또는 단순히 "너를 믿는다"고 할 때의 신뢰 같은 것이 믿음의 일차적 의미이다. 예수 그리스도를 통해 계시된 하나님께—이것은 이미 믿음의 내용이 포함되어 있지만—자신의 전 존재와 삶을 의탁하고 맡기는 마음, 나아가서 그런 하나님을 사랑하고 헌신하는 마음과 행위 전체를 아우르는 것이 'believe in'으로서의 기독교 신앙, 즉 신뢰하는 믿음이다. 이러한 믿음은 사랑처럼 개인의 마음 상태 내지는 성질이며, 소망과 사랑과 더불어 인간을 하나님과 연결시켜 주는 기독교의 세 가지 덕목 가운데 하나이다.

신뢰하는 믿음

나는 인간과 인간의 관계는 물론이고 하나님과 인간의 관계에서 신뢰하는 믿음만큼 중요한 것은 없다고 생각한다. 하나님을 신뢰한다는 것은 하나님께 자신의 모든 것을 맡기고 의지하고 하나님을 사랑한다는 것을 뜻하기 때문이다. 이런 의미에서 사랑과 신뢰하는 믿음은 밀접하게 연결되어 있다. 신뢰하면 사랑하게 되고, 사랑하려면 신뢰해야만 한다.

하나님을 신뢰한다는 것은 또 하나님이 창조하신 이 세계에 대해 신뢰하고 사랑하는 마음을 가지는 것이고, 하나님이 주신 나 자신의 인생을 신뢰하고 사랑하는 마음이기도 하다. 신뢰하는 믿음의 반대는 하나님에 대한 불신이고 의심이다. 불신하고 의심하는 사람은 하나님도, 세상도, 자기 자신도 진정으로 사랑할 수 없다.

하나님은 신실하신 분, 신뢰할 만한 분이라는 것이 성서의 일관된 메시지이다. 신·구약성서 모두 하나님과 인간 사이의 관계를 약속과 계약의 관계로 말하고 있는데, 약속과 계약이란 기본적으로 쌍방의 신뢰를 전제로 한다. 상대방에 대한 신뢰가 존재하는 한, 계약 당사자들은 좀처럼 배신하지 못하고 신의를 지킨다. 성서의 일관된 메시지는 인간은 하나님을 배신하고 그와 맺은 계약을 파기하지만, 신실하신 하나님은 끝까지 약속을 파기하지 않고 지키는 의리 있고 의로우신 분, 곧 신의를 지키는 분이라는 것이다.

예수 자신이 가르쳐준 믿음도 근본적으로 신뢰하는 믿음이다. 어린아이가 부모에 대해 갖는 단순하고 절대적인 신뢰처럼, 예수는 '아빠abba' 하나님에 대한 절대적 신뢰를 믿음으로 여겼다. 예수는 자신이 이러한 단순하면서도 깊은 신뢰의 믿음을 가졌을 뿐 아니라 다른 사람들에게도 그것을 인생에서 가장 소중한 것으로 가르쳤다. 그가 '믿음이 적은 자들'이라고 제자들을 꾸짖을 때나 '너의 믿음이 너를 낫게 했다'고 말하는 것은 어떤 교리나 진술에 대한 동의가 아니라 하나님께 자신을 온전히 내맡기는 신뢰를 지칭한다. 반대로 불신은 지적 의심 이전에 신뢰의 결핍 내지 부족이다. 약한 믿음, 흔들리는 믿음이다.

나는 '오직 믿음'으로만 구원을 받는다는 개신교 신학의 정신도 신뢰하는 믿음을 가리키는 말이라고 생각한다. 바울이나 루터의 경우, 이 말은 우리가 자신의 선행이나 도덕적 공로를 통해 하나님께 인정받아 구원을 성취하는 것이 아니라 예수 그리스도의 대속의 죽음이라는 하나님의 은총을 받아들이는 믿음을 통해 하나님으로부터 의롭다 함을 받는다는 칭의론적 믿음以信稱義, justification by faith을 뜻한다. 하지만 여기서도 믿음이란 예수의 죽음이 우리를 위한 대속의 죽음이라는 교리적 진술을 인정하고 수용하는 행위라기보다는, 그러한 진술의 배후에 있는 더 근본적인 하나님의 사랑과 용서의 은혜에 자신을 맡긴다는 신뢰의 믿음이다. 자기 자신의 의를 고집하지 않고 하나님의 의에 자신을 맡기고 의탁하는 신뢰의 믿음인 것이다.

'오직 믿음으로'라는 개신교 신학의 구호는 나 자신의 도덕적 행위나 공로를 의지하는 대신 은총의 하나님을 신뢰하고 의지하는 믿음을 강조하는 말이다. 나의 능력이나 재능, 내가 가진 재산이나 사회적 지위, 내가 자랑하고 내세울 만한 도덕성이나 선행, 영적 능력 같은 것을 모두 포기하고, 오직 사랑과 은총의 하나님께 나를 맡기고 의지하고 신뢰하는 믿음의 중요성을 강조하는 말이다. 이런 신뢰하는 믿음만 있으면, 웬만한 실수나 잘못쯤은 덮어주고 넘어가 주는 것이 우리 인간의 마음인데, 하물며 하나님이야 말할 것 있겠는가? 이기적인 우리도 우리를 하늘처럼 믿고 의지하는 자식을 실망시키고 싶지 않아서 좋은 것을 주려고 하는데, 하늘 아버지께서 자기를 신뢰하는 사람을 저버리시겠느냐는 것이 예수의 가르침이다. 바울이나 루터의 '오직 믿음'에는 하나님의 은총을 드러내는 예수의 대속의 교리가 전제되어 있지만, 근본적으로 예수 자신이 중시하는 신뢰의 믿음과 다르지 않다.

신뢰하는 믿음에는 반드시 우리의 실존적 결단과 모험이 따른다. 우리가 성서의 하나님 이야기나 교회의 전통적 교리를 지적으로 수용한다 해도, 하나님을 위해 자신의 명예나 재산을 포기하고 하나님만을 신뢰해야 하는 경우에는 믿음의 모험과 결단이 필요하기 때문이다. 내가 정말로 하나님만을 신뢰하고 의지하는지, 아니면 나 자신의 재능이나 재산을 더 의지하는지 이때 진짜 믿음의 테스트가 이루어지는 것이다. 보이는 세상의 재물이나 명예를 물리치고 보이지 않는 하나님을 신뢰하는 믿음은 불확실성 속에서 감행하는 결단과 모험일 수밖에 없다.

믿음의 두 가지 형태

지금까지 우리가 본 대로, 믿음에는 두 가지 의미가 있다. 하나는 지적으로 어떤 이야기나 진술을 진리로 동의하고 수용하는 행위이며, 다른 하나는 인격적으로 신뢰하는 믿음이다. 이러한 두 종류의 믿음에 상응해서 의심에도 두 종류가 있다. 신뢰의 반대인 불신으로서의 의심과 사실이나 진술 등을 믿지 못하는 지적 의심이다.

우리가 비판하고 있는 묻지 마 신앙은 후자의 믿음을 두고 하는 말이다. 성서의 이야기나 교회의 교리를 믿지 못하는 마음이 있는데도 불구하고 묻지도 않고 의심하지도 않고 수용하는 맹신이다. 나는 지금 그리스도인들에게 이런 묻지 마 신앙을 버리고 정직하게 묻고 의심하며 고민하는 신앙을 갖기를 촉구하고 있다. 묻지도 않고 따지지도 않는 맹신이나 타성에 젖은 관습적 신앙보다는 차라리 치열하게 묻고 의심하고 고민하는 진지한 신앙이 한국교회에 더 절실히 요구되기 때문이다.

정직하고 진지한 신앙을 위해서는 성서의 이야기와 교회가 가르치는 교리를 얼마든지 의심해도 좋다. 끝까지 따져 봐도 좋다. 의심하는 것이 당연할 뿐 아니라 머리로도 믿고 가슴으로도 사랑할 수 있는 믿음을 키우기 위해서이다. 이런 의미에서, 의심과 믿음은 결코 모순이 아니다. 묻지 마 신앙보다는 묻고 의심하는 신앙이 훨씬 더 정직하고 건강하고 진지한 신앙이다.

하지만 신뢰로서의 믿음의 경우는 다르다. 여기서는 믿지 않으면 불신이 되고, 의심하는 믿음은 약하고 흔들리는 믿음이다. 신뢰는 깊으면 깊을수록 좋고, 의심은 크면 클수록 신뢰를 저해한다. 이것이 하나님을 신뢰하는 인격적 관계로서의 믿음의 세계이다. 친구나 애인과의 관계를 생각해 보라. 그 사람에 대해 내가 아무리 많이 안다 해도, 아무리 많은 정보와 지식을 갖고 있다 해도, 정작 중요한 신뢰가 안 갈 수 있다. 물론 이 둘이 무관하다는 말이 아니다. 이 둘은 관계는 있지만 구별되어야만 한다. 신뢰로서의 믿음은 지적 동의나 지식이나 정보 이전의 혹은 그 이후의 인간적 관계이다. 신뢰는 지적 행위이기보다는 감정과 의지의 문제이며, 지적 판단의 문제이기보다는 실존적 결단의 문제이다.

그리스도인들은 대체로 하나님과 예수 그리스도를 신뢰하는 믿음보다는 성서의 이야기나 교리를 수용하는 믿음을 더 중요하게 생각한다. 교회가 그렇게 가르쳤기 때문이다. 어떤 사람이 하나님보다 자신의 재능과 돈을 더 신뢰하면서 자신의 믿음이 강하다고 생각한다면, 이는 그의 믿음이 값비싼 자기희생과 자기 포기가 필요한 신뢰의 믿음이 아니라 값싼 지적 희생을 대가로 성서의 이야기나 교회의 가르침을 수용하는 믿음이기 때문이다.

'기복신앙'이라는 게 무엇인가? 간단히 말해, 하나님보다 재물이나 출세를 더 중시하고 의지하고 사랑하는 것이다. 세속적 욕망에 하나님 신앙을 종속시키는 것이 기복신앙이다. 한 사람의 믿음이 정말로 깊은지 아닌지는 그가 성서의 이야기나 교리를 믿느냐—믿지 못하면서 마지못해, 또는 믿는 척하면서, 인정하고 수용하는—아니냐가 아니라 그가 정말 물질적 축복보다 하나님을 더 사랑하고 신뢰하는가를 보면 된다.

하나님과 그리스도에 관한 교회의 가르침을 묻지 마 식으로 인정하고 수용하는 믿음이 강하다고 해서 반드시 하나님을 신뢰하는 믿음이 강한 것이 아니고, 그 반대로 교리에 대해 회의적이라고 해서 하나님을 신뢰하는 믿음이 약한 것도 아니다. 오히려 나는 지적으로 수긍하는 믿음이 정직하고 진실할수록 하나님을 신뢰하고 헌신하는 믿음도 그만큼 깊어질 것이라고 생각한다. 머리로도 이해하고 가슴으로도 사랑할 수 있기 때문이다. 성서의 이야기나 교회의 교리 가운데에서 자기가 정직하고 진실하게 믿을 수 있는 진리를 얼마나 발견할 수 있는가에 따라, 하나님을 신뢰하는 우리의 믿음과 삶의 태도도 영향을 받기 마련이다.

예수가 인류의 죄를 대속하기 위해 돌아가셨다가 3일 만에 부활하셨다는 진술을 예로 생각해 보자. 내가 정말 머리로 대속의 가르침을 수긍하고 수용한다면, 당연히 그리스도의 은총에 감격하여 가슴도 뜨거워지고 그를 향한 나의 신뢰와 헌신도 커지게 될 것이다. 실제로 복음주의 신앙인들은 종종 그런 뜨거운 열정을 가지고 있다. 다만 문제는 복음주의자들이 머리로는 대속의 진리를 수용하지 못하면서 가슴만 먼저 뜨거워진다는 사실이다. 그러면서 그들은 머리로 믿으려는 사람들, 학자들이나 지식인들을 비판하고 훈계한다. 머리로는 평생 가도 신앙에 들어가지 못한다고. 그러니 무조건 먼저 믿고 보라고. 하나님 앞에 죄를 짓지 않은 자는 하나도 없으니, 먼저 죄를 자백하고 십자가 앞에 엎드리라고 한다. 심지어는 억지로라도 방언을 따라 해 보라고 가르쳐주기도 한다. 또 죽음이나 병이나 사업의 실패같이, 누구나 당할 수 있지만 아무도 예측할 수 없는 앞날의 불행을 들먹이면서 사람들의 불안한 마음을 이용해 신앙으로 유도하려고 한다. 사회 '저명인사'들을 초청해서 그들이 예수 믿고 교회 다니게 된 이야기를 '신앙 간증'이랍시고 하게 한다.

한국 복음주의 신앙의 문제점

말이 나온 김에 우리나라 복음주의 신앙의 문제점을 좀 더 짚고 가자. 나는 복음주의 신앙 그 자체는 존중한다. 무슨 반감 같은 것을 가지고 있는 것도 아니다. 나 자신도 젊었을 때 그런 신앙 풍토에서 자랐기 때문에 그런대로 잘 이해하는 편이다. 내가 복음주의 신앙에 대해 비판적인 것은 그것과 밀접하게 연관된 다른 문제들 때문이다. 복음주의 신앙은 죄의 문제는 인간 스스로 해결할 길이 없다는 대전제 위에 서 있다. 나 자신도 때로는 이에 공감한다.

문제는 우리나라 복음주의 신앙이 엉뚱하게도 물질적 축복을 바라는 기복신앙과 강하게 연결되어 있다는 사실이다. 말로는 죄의 심각성과 대속의 은총을 떠들지만, 실제로는 세속적 복에 대한 욕망이 더 우선한다. 또 복음주의자들에게는 대체로 역사의식이나 사회적 약자와 사회정의에 대한 관심을 찾아보기 어렵다. 그런 것은 기독신앙의 본질과 상관없다고 생각하기 때문이다. 대속의 은총으로 모든 문제가 일거에 해결되었다고 믿는 것이다. 정작 죄는 같이 살고 있는 동료들에게 짓지만, 하나님께 용서를 받았다고 기뻐한다. 남의 덕에 살고 있으면서도 감사는 하나님께만 한다. 그러니 윤리의식이 있을 리가 없다.

나의 죄가 하나님께 용서받았다고 해서 죄로 왜곡된 사회 현실이 달라지는 것은 아니다. 이것은 또 신앙인 개인에게도 마찬가지다. 죄 사함을 받았다고 해서 내가 당장 예수처럼 되는 것은 아니다. 그리스도인들은 용서받은 죄인들로서, 루터의 표현대로 '의로운 자이며 동시에 죄인simul justus et peccator'이다. 따라서 항시 죄에 대한 경각심을 늦추어서는 안 된다. 복음주의 신앙의 일반적 폐단은 바로 이러한 긴장을 너무나 안이하게 여긴다는 것이다. 이미 모든 문제가 해결되었다는 승리감에 도취해서 이 세상이 아직은 하나님의 나라가 아니라 모순과 갈등으로 신음하고 있는 세계라는 사실, 나 자신이 아직도 죄악의 유혹에 노출되어 있다는 엄연한 사실을 무시한다. 세상의 고통은 안중에도 없고 그야말로 복음에 취해 기뻐 날뛴다.

복음주의 신앙에는 무엇보다도 예수 자신이 명한 대로 십자가의 뼈아픈 자기부정의 길을 가야 한다는 의식이 별로 없다. 예수를 따라 살겠다는 생각이 별로 없는 것이다. 인간의 죄악성과 그리스도의 은총을 강조한 나머지, 우리 같은 죄인들로서는 감히 하나님의 아들 예수를 따를 수 없고, 또 이미 죄 사함을 받았으니 따를 필요도 없으며, 따르려고 하는 것은 그리스도의 은총을 거부하는 것이기 때문에 안 된다는 어처구니없는 생각을 한다. 그러니 '값싼 은총'을 복음이라고 남발하는 것이다.

우리나라 복음주의자들이 세상과 사회를 보는 눈은 미국 기독교 우파들과 거의 비슷하다. 그들이 아는 기독교는 주로 미국 개신교, 그것도 거의 성서문자주의 신앙과 근본주의 신학을 추종하는 계열에 국한되어 있다. 그들은 근본주의 신학과 복음주의 신앙을 대표하는 미국의 몇몇 이름난 개신교 신학교나 교회를 하늘처럼 여긴다. 우리나라 기독교 신자들이 타종교에 대해 일반적으로 가지고 있는 편견과 몰이해와 배타성은 주로 복음주의 신앙과 근본주의 신학의 영향 때문이다. 미국이든 한국이든 복음주의 신앙의 가장 근본적인 문제는 답답하고 편협한 성서문자주의 신앙 내지, 근본주의 신학과 직결되어 있다는 사실이다. 꼭 그래야만 되는 것은 아닌데 말이다.

다시 신앙에서 '머리'와 '가슴'의 문제로 돌아가자. 가장 이상적인 것은 머리와 가슴이 같이 가는 것이다. 그럴 수 있다면 얼마나 좋겠는가? 정직한 지적 이해와 확신이 크면 클수록 우리의 의지도 따라가게 마련이고, 우리의 믿음은 삶을 변화시키는 실천적 믿음이 될 것이다. 하지만 유감스럽게도 근대 서구 지성사를 보면 기독교 신앙은 수많은 지성인에게 해결하기 어려운 지적 갈등을 안겨주었다. 슐라이어마허 이후 서구 현대신학은 이 문제를 해결하기 위한 노력의 연속이라고 해도 과언이 아니며, 아직도 기독교가 안고 있는 최대의 문제라고 할 수 있다. 이러한 문제는 성서문자주의 신앙과 복음주의 신앙 그리고 근본주의 신학이 지배하고 있는 한국 기독교에서 더욱 심각하다. 간단히 말해서, 믿고 싶어도 믿지 못하는 사람이 너무 많다는 것이다.

지적으로 깊이 이해하고 기꺼이 수긍할 수 있으면 좋겠지만, 성서의 이야기나 교회의 교리를 접하자마자 의심이 생기니 문제이다. 초등학교만 나와도 믿기 어려운 가르침을 교회가 신앙의 진리라고 고집하면서 주입하려고 하니 그럴 수밖에 없지 않은가? 결국 많은 사람이 기독교에 등을 돌리고 신자 되기를 포기해버린다. 그래도 신앙을 갖고 싶은 사람은 억지로라도 믿는 체하든지, 아니면 묻지 마 신앙에 자신을 맡기고 찜찜한 마음이 들어도 무시한 채 그냥 세례를 받고 본다. 그리고 특별한 계기가 없는 한, 이런 '신앙 아닌 신앙' 생활이 평생을 간다.

이렇게 된 책임은 어디에 있을까? 억지 믿음을 선택하도록 만든 보수 기독교 신학과 성서문자주의를 고집하는 근본주의 신앙에 있다고 나는 확신한다. 초등학교만 나와도 믿지 못할 이야기를 믿으라고 강요하는 교역자들의 묻지 마 신앙, 상식과 지성의 희생이 마치 신앙의 전제 조건이라도 되듯이 가르치는 교회 지도자들의 무책임하고 나태한 신앙이 문제의 원천이다. 그런 억지 믿음을 가진 사람이 얼마나 정직한 마음으로, 또 얼마나 진실한 마음으로 하나님을 신뢰하고 사랑할 수 있을지 의문이다. "머리로 이해하지 못하는 것은 가슴으로도 사랑하지 못한다."

궁극적 관심

현대의 저명한 신학자 폴 틸리히는 신앙·믿음faith을 궁극적 관심에 사로잡힌 마음의 상태라고 불렀다. 틸리히는 신앙이라는 말이 너무 다양하고 모호하게 사용되고 무의미할 정도로 흔한 말이 되었기 때문에 신앙이라는 말 대신 '궁극적 관심ultimate concern'이라는 말을 사용하자고 제안했다.

궁극적 관심이라는 말은 우리가 가장 소중하게 여기고 궁극적인 가치로 삼는 '지고선the highest good, 라틴어로 summum bonum'을 가리킨다. 정확하게는 궁극적 관심의 대상을 가리키는 말이다. 그러나 동시에 그런 궁극적 관심에 의해 사로잡혀 있는 마음의 상태를 가리키기도 한다. 여하튼, 이 단어는 신앙의 내용, 즉 궁극적 관심의 대상이 무엇인가에 관계없이 그런 관심에 잡혀 있는 마음의 상태를 가리키는 형식적(내용에 관계없다는 뜻에서) 개념이다.

틸리히에 의하면, 사람은 누구나 이런 궁극적 관심을 갖고 살게 마련이다. 신앙인들에게는 물론 하나님이 그런 궁극적 관심이며, 신앙이란 하나님에 대한 궁극적 관심에 의해 사로잡힌 상태이다. '사로잡히다', 혹은 '붙잡히다'라는 수동형 표현은 믿음이 우리의 마음 상태이지만, 우리 자신의 힘이 아니라 절대적 실재 편에서 오는 수동적인 것임을 암시한다.

궁극적 관심의 대상이 반드시 하나님일 필요는 없다. 다른 어떤 관심, 가령 돈이나 섹스나 스포츠나 사회적 명성 같은 세속적 관심도 얼마든지 궁극적 관심의 대상일 수 있다. 다만 하나님 대신 그런 부차적이고 상대적인 가치를 절대적이고 무조건적인 것이라고 여기면서 궁극적 관심으로 삼을 때, 그것은 '우상숭배'이며 결국은 우리에게 불행을 초래할 수밖에 없다. 틸리히에 따르면, 세상에 무신론자는 없고 신앙이 없는 사람도 없다. 신이든 우상이든, 절대적이고 무조건적인 것이든 아니면 상대적이고 조건적인 것이든, 사람은 무엇이든지 하나를 궁극적인 관심으로 붙잡고 살게 마련이기 때문이다.

지금에 와서 생각해볼 때, 이 궁극적 관심이라는 말이 나의 젊은 시절을 사로잡은 까닭은 기독교 신앙의 내용을 떠나―사실 나를 매료시키지도 못했지만―나의 삶 전체를 통해 추구해야 할 어떤 최고의 가치나 목적, 즉 나의 삶 전체에 어떤 궁극적 의미 같은 것을 제공하는 것을 찾고 있었기 때문이다. 궁극적 관심이라는 단어는 그것이 곧 신앙이며 하나님이라는 것을 나에게 암시해주었다. 그 후로 나의 삶은 줄곧 하나님을 화두로 살아왔다고 말할 수 있다.

틸리히의 이런 신앙 개념은 앞에서 말한 신뢰로서의 믿음과 크게 다르지 않다. 신뢰의 대상이 우리가 절대적 관심을 가질 만한 것이라면, 그래서 우리가 무조건적으로 신뢰하고 의지하는 헌신의 대상으로 삼을 만하면, 궁극적 신뢰와 궁극적 관심은 결국 같은 마음의 상태이다. 가령 예수에게는 하늘 아버지가 절대적 신뢰의 대상이었고 궁극적 관심의 대상이었다고 말할 수 있다. 궁극적 관심이든 절대적 신뢰이든, 하나님에 대한 신앙은 'believe that'이 아니라 'believe in', 즉 신뢰하는 믿음이다. 둘 다 우리로 하여금 자기를 벗어나 하나님과 연결하고 연합하게 하는 힘이다.

교조주의 신앙을 넘어

두 종류의 믿음에 대한 이야기를 좀 더 계속해보자. 교리에 대한 지적 동의와 수용으로서의 믿음과 하나님에 대한 신뢰와 헌신으로서의 믿음의 관계는 생각할수록 미묘하다. 우선, 교리에 대해 지적으로 동의하는 믿음이 필요하다는 것은 자명하다. 우리가 믿는 신뢰의 대상이 누구이며 어떤 존재인지도 모르고 무턱대고 신뢰할 수는 없기 때문이다. 믿음이 근본적으로 신뢰라고 해도, 내가 어떤 존재를 신뢰하고 사랑하는지 그 대상에 대한 생각 없이 아무나 신뢰할 수는 없는 노릇이다. 무턱대고 누군가를 신뢰하는 믿음은 맹목적이고 위험한 일이다.

이런 의미에서, 신뢰하는 믿음에는 최소한이라도 하나님과 그리스도에 대한 교회의 가르침, 교회가 제공하는 정보, 교회가 제정한 교리를 듣고 인정하고 수용하는 일이 선행되어야 한다. 신앙은 일단 듣는 데에서 시작된다. 듣고 동의하고 수용한 다음에야 비로소 신뢰하고 헌신하는 믿음이 싹틀 수 있는 것이다. 믿음의 대상에 대한 내용 없는 막연한 믿음은 '기독교 신앙'이 될 수 없다. 적어도 천지를 창조하신 하나님, 예수 그리스도를 통해 계시된 하나님에 대하여 체계적이지는 못해도 어느 정도의 교리적 내용을 배우는 일이 선행되어야만 한다. 그래야만 그런 대상을 향한 신뢰, 즉 예수 그리스도의 하나님을 신뢰하는 '기독신앙'이 싹틀 수 있는 것이다.

그렇지만 하나님이 어떤 분이라는 것에 동의하는 지적 행위로서의 교리적 믿음이 하나님을 신뢰하는 믿음을 대체할 수는 없다. 믿음의 대상은 어디까지나 하나님 자신이지 교리나 성서의 이야기가 아니기 때문이다. 하나님을 '향한' 믿음과 하나님에 '대한' 교리를 믿는 믿음은 분리될 수는 없지만 구별되어야만 한다. 하나님을 향한 믿음은 나를 벗어나게 해서 하나님과 연결시키고 연합하게 하는 마음의 상태 내지는 행위이다. 여기서는 나를 비우고 내려놓고 하나님께 자기를 맡기는 모험의 용기가 필요하며 헌신과 사랑이 수반된다.

사실 기독교 신앙의 세계에서 단순한 '지적 동의'라는 것이 존재할지 의문이다. 동의와 수용은 순전히 머리로만 이루어지는 것이 아니기 때문이다. 수학이나 과학의 진리는 몰라도, 하나님과 그리스도에 관한 교리나 진술은 인간과 인생에 관계된 문제라는 점에서 단순히 '객관적' 이해를 요구하는 것이 아니다. 교리를 제정한 사람이나 교리를 듣고 이해하려는 사람 누구도 순전히 지적 관심이나 탐구 차원에서 하지는 않는다. 성서의 이야기나 교리적 진술은 객관적 사실에 대한 진리 이상이다.

교리나 신조가 객관적 진술처럼 보이는 것은 사실이지만, 교리의 배후에는 성서의 고백적 언어나 삶의 체험에서 우러나온 생생한 증언이 깔려 있음을 언제나 기억할 필요가 있다. 이스라엘과 초기 그리스도인들이 처했던 역사적 상황과 삶의 자리에서 우러나온 고백과 외침이 있는 것이다. 성서의 언어는 이미 하나님과 그리스도를 신뢰하는 믿음에서 나온 증언이나 고백이다. 신앙적 열정 속에서 외친 선포나 주장을 담고 있는 것이다. 거기에는 이스라엘 민족과 초기 그리스도인들이 처했던 특수한 역사적 상황과 삶의 경험이 있으며, 거기에서 형성된 정서와 의지가 반영되어 있다.

사실의 언어와 고백의 언어

사실의 언어와 고백의 언어는 질적으로 다르다. 가령, 사고로 시력을 잃은 사람이 개안수술을 받아 시력을 회복한 후에 일기장에 자신의 경험을 써 내려간다면, 이것은 개안수술을 담당한 의사의 진료기록과는 천지 차이일 것이다. 같은 사건이라 해도 자신의 일로 직접 경험한 사람과 그렇지 않은 제3자의 시각은 전혀 다르기 때문이다. 성서의 언어는 본질적으로 고백의 언어에 속한다. 만약 우리가 이런 사실을 모르고 성서를 읽는다면, 그래서 성서를 객관적인 역사 기록물 정도로 읽는다면, 성서의 진정한 의미와 힘을 느끼지 못할 것이다. 타인에 대한 이야기와 나 자신의 실존적 고백은 질적으로 다르다. 성서는 이스라엘 민족이 고난의 역사 속에서 만난 하나님에 대한 신앙 경험과 예수라는 한 인물에게서 새롭게 하나님을 만난 초기 그리스도인들의 특별한 체험이 고백적 언어로 전해지고 있는 책이다.

다만 이러한 성서의 생생한 일차적 언어가 신조나 교리라는 딱딱한 이차적 언어로 바뀔 때, 신앙의 언어도 추상화되고 객관화된 언어로 바뀐다. 이것도 장점이 없는 것은 아니다. 기독교 진리에 대한 보편적 진리 주장을 담게 되기 때문이다. 물론 이와 더불어 일차적 언어가 가지고 있던 생생한 고백적 증언의 힘이 상실되기도 한다. 따라서 우리는 교리라는 이차적 언어의 배후에는 생동적 체험에서 우러나온 일차적 신앙의 언어가 숨어 있다는 사실을 염두에 두어야만 한다. 우리가 성서를 읽거나 신조나 교리를 대할 때, 남의 이야기하듯 거리를 두고 분석하기보다는 실존적 관심 속에서 바로 '나' 자신에 대한 이야기로 나를 향한 메시지로 대하면서 읽어야 하는 까닭이 여기에 있다. 단순한 지적 호기심이 아니라 나의 전 존재와 삶의 의미가 달린 문제로 성서의 메시지와 교리를 진지하게 대해야 하는 것이다.

이를 두고 미국의 저명한 철학자이자 심리학자인 윌리엄 제임스는 '믿으려는 의지the will to believe'라는 표현을 사용했다. 믿으려는 의지가 없으면 어떤 좋은 말도 귀에 잘 안 들어온다. 반면에 믿으려는 의지가 있으면 새로운 차원의 진리가 열린다. 좋아하는 여인의 사랑을 얻고자 할 때 그 여인이 나를 좋아하는지 늘 의심하고 관찰하고 테스트하려 하기보다는 그녀가 나를 사랑한다는 믿음과 신뢰 속에서 대쉬할 때 오히려 사랑이 성사되기 쉬운 것과 마찬가지라고 제임스는 말한다.

종교적 진리, 신앙의 진리는 거리를 둔 관찰이나 지적 탐구보다는 실존주의자들이 말하는 '믿음의 비약leap of faith'과 같은 결단과 모험이 있을 때 오히려 진리로 다가온다. 그렇다고 믿으려는 의지나 실존적 결단이 아무런 근거가 없는 그야말로 맹목적인 것이라는 말은 아니다. 결단 이전에 얻는 지식이나 소문, 인상이나 기분, 감정이나 정서 등 다양한 요소가 결단을 뒷받침해 주기 때문이다. 다만 인생에는 관찰과 분석만으로는 해결할 수 없는 차원의 문제가 많이 있다는 것이며, 종교적 교리나 진리도 그런 유에 속한다는 것이다.

이런 개인의 실존적 결단과 신뢰로서의 믿음, 따뜻하고 때로는 정열적인 인격적 관계로서의 믿음이 신앙의 본래적 모습임에도 불구하고, 기독교는 일찍부터 그리스 철학과의 만남을 통해 신앙을 객관적 명제로 표현하는 전통을 갖게 되었다. 인격적인personal 언어를 탈인격적인impersonal 객관적 언어로, '나' 혹은 '우리'의 고백적 언어를 모두에게 타당한 진술로, 가치판단의 언어를 가치중립적인 사실판단의 언어인 양 그리고 실존적 결단의 언어를 보편적 진리에 대한 진술처럼 주장하면서 진리의 객관성과 교회의 일치를 꾀하고자 한 것이다. 이로 인해 기독교는 교리주의, 교조주의의 종교로 변모하게 되었다.

사실, 세계 종교들 가운데에서 기독교만큼 교리에 대한 믿음을 강조하는 종교는 없다. 내가 아는 한, 기독교 신자들만이 교리를 믿는다, 믿지 않는다는 문제에 관심이 많다. 그들은 다른 종교의 신자들을 만나서도 이런 유의 신앙을 강조하면서 따지려고 든다. 당신이 믿는 종교의 교리가 무엇이냐는 식의 질문을 곧잘 하는 것이다. 하지만 다른 종교들―가령 유대교, 이슬람교, 힌두교, 유교, 불교 등―은 기독교와 달리 정통교리orthodoxy보다는 정통실천orthopraxy, 즉 바른 행위와 삶의 방식 그리고 수행을 강조하는 성격이 강하다는 사실을 그리스도인들은 먼저 알아야 한다.

기독교는 교리와 사상의 일치를 강조함으로써 교회를 '이단' 논쟁에 휘말리게 했으며, 개인의 자유롭고 창의적인 사상을 억압함으로써 수많은 사람의 지성에 폭력을 가했다. 믿기 어려운 신조를 억지로 믿게끔 강요했고, 믿지 못하면 신앙이 없다거나 이단이라고 단죄했다.

때로는 파문이라는 것을 통해 신자들을 교회에서 축출하기도 했고, 심지어 화형에 처하기까지 했다. 이렇게 해서 기독교는 교리와 사상의 일치를 강조하고 진리를 독점하려는 배타적 종교가 된 것이다.

기독교가 지적 동의를 강조함으로써 지성에 폭력을 가하는 신앙이 된 데에는 하나님의 초자연적 계시나 기적을 중시하는 성서의 이야기 자체도 중요한 요인으로 작용했다. 세계와 사물의 이법理法을 관조해서 인생의 이치를 깨닫는 지혜 중심의 동양 종교들과는 달리, 성서적 신앙은 인간 역사에 개입하시는 하나님의 특별한 행위를 하나님이 자신을 계시revelation하시는 사건으로 믿는 신앙 중심의 종교가 되었다. 따라서 기독교가 지배하게 된 서구 사상사에서는 철학과 종교, 이성과 계시 혹은 이성과 신앙의 진리의 관계가 매우 중요한 주제로 등장했다. 이것은 동양 종교들이나 사상에는 없는 서구 지성사만의 독특한 현상이다.

기독교가 교리를 강조하는 종교가 된 데에는 또 하나의 원인이 있다. 그것은 곧 역사적 원인이다. 기독교는 교리의 일치를 통해서 교회의 일치와 권위를 구축했을 뿐 아니라 기독교 사회와 문화를 구축하고자 했다. 이를 위해서 세속의 정치권력과 손을 잡고 '이단'을 정죄하고 탄압할 수밖에 없었다. 정치권력의 힘이 아니고서는 교회가 교리와 사상의 일치를 원한다 해도 실제로는 이룰 수 없었기 때문이다.

이런 기독교 역사의 특수성은 불교와 대비해보면 즉시 드러난다. 불교는 기본적으로 마음을 닦는 수행의 종교이다. 심오한 교리와 사상을 가지고 있지만, 초자연적 계시나 기적에 대한 믿음을 강조하는 종교가 아니다. 불교의 목적은 어디까지나 계戒, 정定, 혜慧를 닦는 삼학三學을 통해 마음을 정화하는 데 있다. 지혜의 종교인 불교는 교리를 강요하거나 사상을 통제할 필요를 느끼지 않는 종교이다. 물론 불교도 단순히 개인의 수행과 영성만을 추구하는 종교는 아니다. 서양 중세의 기독교처럼 불교도 왕실의 귀의를 받아 불교문화, 불교 사회를 구축한 문명의 종교이며, 통치자들은 불교를 사회질서 구축을 위해 이용하기도 했다. 하지만 불교가 정치권력과 손잡고 교리적·사상적 탄압을 가한 적은 거의 없었다. 특히 불교는 재가와 출가의 구별이 명확하기 때문에 재가신자에게는 여러 면에서 자유로운 종교이다. 교리를 강요하는 일이 없으며, 계율도 출가자들에게는 엄하지만 재가자들에게는 느슨하다. 가장 기본적인 5계 정도만 지키면 되고, 해탈을 위한 어려운 수행은 재가자들에게 요구되지 않는다.

기독교도 이제는 신자들에게 지적 부담을 주는 신앙을 탈피하고 획일화된 교리적 믿음보다는 하나님에 대한 신뢰로서의 신앙과 영성, 실천과 헌신을 강조하는 방향으로 나아가야만 한다. 이런 면에서 기독교 내의 경건주의 전통, 개인의 영적 경험과 영성을 강조하고 조용한 묵상과 자기 성찰을 중시하는 신비주의 영성의 재발견은 중요한 의미를 지닌다. 또 현대의 실존주의 신학이나 인간 해방을 위한 사회 정치적 실천을 강조하는 해방신학, 민중신학, 여성신학 그리고 최근의 생태주의 영성도 교조주의 신앙의 폐단을 극복하는 데 많은 공헌을 했고 앞으로도 그럴 것으로 기대된다.

현대신학의 시급한 과제

교조주의의 심각한 폐단에도 불구하고 기독교에서 신학과 사상은 여전히 중요하다. 믿음이 일차적으로 지적 동의는 아니지만, 지적 내용이나 사상이 없는 믿음은 막연한 경건성에 머물기 쉽고, 그리스도인들의 사고와 삶의 방식을 변화시킬 수 있는 힘을 갖기 어렵기 때문이다. 지성의 뒷받침 없는 신앙은 진리의 보편성을 무시하는 주관주의에 빠질 위험이 있다. 따라서 현대 기독교는 먼저 현대인들이 지적으로 정직하게 수용할 수 있는 새로운 신관과 기독론을 제시하는 것이 급선무이다.*

설득력 없고 의미도 없으며 감동도 주지 못하는 무미건조한 전통적 교리나, 시대에 걸맞은 새로운 해석과 이해 없이 '정통'신앙만을 고수하는 기독교는 살아 있는 신앙을 방해하고 신앙인들의 마음만 불편하게 하다가 결국은 외면당하고 말 것이다. 전통과 관습에 따른 신앙생활 그리고 사회생활의 일부가 된 교회생활은 당분간 존속되겠지만, 정직한 지적 성찰과 도전을 피하고 과감한 신학적 갱신을 두려워하는 기독교는 역동성을 상실한 채 마침내 박물관의 유물처럼 되는 운명을 맞게 될 것이다. 우리는 이러한 현상을 이미 유럽 여러 나라의 교회에서 목격하고 있다.

---

* 나는 한국연구재단의 석학초청 인문학강좌의 일환으로 행해진 "신앙과 이성 사이에서"라는 강연에서 이 문제를 집중적으로 다루었다.

현대 세계는 인간의 의식, 사고방식 그리고 세계관을 과거와는 획기적으로 다르게 바꾸어놓았다. 기독교 신학은 더 이상 전통적인 방식으로 신앙의 진리를 제시하고 수호할 수 없게 되었다. 따라서 현대인들이 머리로 납득할 수 있는 신관과 그리스도론을 제시해서 신자들로 하여금 하나님과 예수를 가슴으로도 사랑할 수 있게끔 해야 한다. 하나님이 어떤 실재이며 예수가 어떤 존재인지 설득력 있는 견해를 제시해야 한다. 세상 대신 하나님을 신뢰하는 믿음, 현실에 안주하는 삶 대신 하나님 나라로 우리를 부르신 예수의 초대에 응답하는 믿음을 위해서는 먼저 불필요한 지성의 장애물을 제거하는 과감한 신학적 작업이 필요한 것이다.

신뢰로서의 신앙은 상식과 지성의 희생이 아니라 하나님 대신 피조물을 신뢰하던 이전의 삶을 포기하는 것이며, 예수를 사랑하고 따르기 위해서 현실에 안주하던 자기 삶의 방식을 과감히 청산하는 희생이다. 이것이 신뢰로서의 믿음이 요구하는 진짜 희생이다. 이런 신앙을 위해서는 교회가 요구하는 대로 지성을 희생할 필요가 없다. 묻지 마 식 믿음이 강요하는 지성의 희생은 신뢰로서의 믿음이 요구하는 값비싼 희생에 비하면 대가를 치를 필요가 전혀 없는 싸구려 희생이고 가짜 희생일 뿐이다. 진정한 신앙의 결단과 승부는 신뢰하는 믿음에서 이루어지지, 지성과 상식을 희생하지 않고는 도저히 수용하기 어려운 성서와 교회의 가르침을 억지로 믿는 데에서 이루어지지 않는다. 하나님이 주신 고귀한 선물인 지성과 상식을 포기하는 신앙은 결코 진정한 신앙이 아니다.

현대신학은 이제 교육받은 사람들로 하여금 이러한 진정한 신앙의 결단을 내리고 진정한 신앙의 승부수를 던질 수 있도록 도와주어야 한다. 진심으로 하나님만을 신뢰하고 사랑하고 헌신할 수 있도록, 진정으로 예수를 따라 살도록 불필요한 지적 장애물을 과감히 철거하고, 머리로 이해하고 가슴으로도 사랑할 수 있는 신앙의 진리를 제시해야만 한다.

현대 세계와 기독교 신앙

　앞 장에서는 한국교회의 묻지 마 식 신앙이 지닌 문제점을 중심으로 한국 기독교가 처한 위기를 논한 후, 도대체 신앙이란 것이 무엇인지에 대해 생각해 보았다. 우선 믿음에는 두 가지 형태가 있음을 지적했다. 두 가지 믿음은 간단히 말해서 하나님'을' 신뢰하는 믿음과 하나님과 예수 그리스도에 '대한' 성서의 이야기나 교회의 가르침을 지적으로 인정하고 수용하는 믿음이다. 우리는 이 두 가지 믿음은 구별되어야 하지만 밀접하게 연결되어 있다는 것을 보았다.

　현대인이 기독교 신앙에 대해 겪는 어려움은 신뢰하는 믿음보다 성서의 이야기나 교회의 교리 등을 정직한 지성으로 수용하는 데에서 겪는 어려움이 크다. 이번 장에서는 이 문제에 대해 좀 더 깊이 생각해 보고자 한다. 어째서 현대인들에게는 기독신앙의 진리를 이해하는 일이 그렇게도 어려운가? 무엇이 문제이고 무엇이 장애가 되고 있는가?

세 가지 거대한 도전

역사적으로 기독교는 신앙의 진리를 접근하고 이해하는 데 세 가지 거대한 외부 사상의 도전을 받아 크게 변화해왔다. 기독교 신학은 이 세 도전을 통해 근본적인 패러다임의 전환을 겪었거나, 아직도 그 와중에 있다.

첫째는 그리스 철학과의 만남이었고, 둘째는 근대 과학의 도전 그리고 셋째는 동양 종교들과의 본격적인 만남이다. 이 가운데 첫 번째 도전, 즉 그리스 철학과의 만남은 기독교가 이미 고대와 중세를 통해 성공적으로 극복한 도전이라고 할 수 있다. 기독교 신앙은 그리스 철학과의 만남을 통해 이야기 중심의 성서 신앙에서 이성의 보편적 진리를 확보하는 종교로 변모했고, 성서의 조잡한 인격 신관과 함께 형이상학적 신관을 갖춘 철학적 종교로 탈바꿈하는 데 성공했다. 이를 통해 기독교는 서양 고대와 중세의 사상을 주도하는 종교로 우뚝 서게 된 것이다.

이러한 과업을 성취하는 데 핵심적인 문제는 성서의 역사적 계시에 입각한 신앙의 진리와 철학적 이성이 요구하는 보편적 진리 사이의 관계를 어떻게 정립하는가 하는 것이었다. 이에 대한 다양한 입장이 있었으나, 결국 중세 가톨릭교회는 토마스 아퀴나스가 수립한 체계를 따르게 되었다. 즉 철학적 이성의 진리를 하부구조로 삼고 성서적 계시신앙의 진리를 상부구조로 삼는 종합체계로서, 이는 오늘에 이르기까지 가톨릭 신학의 근간을 이루고 있다.

여하튼 기독교는 역사적으로 그리스 철학과의 만남을 통해 큰 성과를 거두었다. 팔레스타인이라는 지구의 변방에서 유대교의 한 분파처럼 시작한 종말론적 신앙 운동이 그리스-로마 철학사상의 도움을 받으면서 깊은 형이상학적 영성을 갖춘 '고등' 종교로 변화할 수 있었기 때문이다. 이를 통해서 기독교는 근세 이전까지 서양의 사상과 문화를 주도하는 종교가 되었다. 만약 초기 기독교가 이러한 변화를 하지 못했다면, 유대교의 한 분파 정도로 있다가 소멸해버렸을 것이다.

이와 관련해서 한 가지 반드시 짚고 넘어가야 할 사항이 있다. 한국 개신교는 불행하게도 서구 기독교 전통 내에 배어 있는 고전적인 형이상학적 영성조차 제대로 흡수하지 못했다는 사실이다. 가령 기독교 신학의 초석을 놓은 성 아우구스티누스나 토마스 아퀴나스 같은 위대한 신학자들의 신학 사상과 영성도 제대로 흡수하지 못한 채, 조잡하고 저급한 형태의 성서 이해와 경직된 근본주의 신앙에 머물고 있다는 것이다. 가톨릭 신앙과 신학 전통에는 형이상학적 영성이 녹아 있지만, '오직 성서'를 외치는 개신교 신학, 특히 우리나라 주류 개신교계는 '신학'이라고 불릴 만한 것이 없다 해도 과언이 아니다. 형이상학적 영성의 깊이라는 것은 눈을 씻고 찾아보려고 해도 볼 수가 없다. 한국 개신교는 답답한 근본주의 신앙, 유치한 문자주의적인 성서 이해가 판을 치는 종교라 해도 과언이 아니다. 개신교 성직자로서 형이상학적 언어를 구사하면서 기독교 신앙을 이야기하는 사람은 찾기 어려울 정도이다.

근대 세계로 들어오면서 기독교는 그리스 철학의 도전과는 사뭇 다른 두 가지 거대한 도전에 직면하게 되었다. 이 도전은 기독교가 과거 그리스 철학과의 만남을 통해 겪은 변화에 비견할 만한, 아니 어쩌면 그보다 훨씬 더 과격한 변화를 초래할지도 모를 도전이다. 하나는 근대의 과학적 세계관과 사고방식의 도전이고, 다른 하나는 동양 종교들과의 본격적인 만남이다. 이 두 가지 도전을 무시하고 한국 기독교는 물론이고 세계 기독교가 처한 위기의 본질을 이해하기는 어렵다. 먼저 근대 과학의 도전에 대해 고찰한 후, 동양 종교와의 만남이 기독교 사상에 어떤 영향을 주게 되었는지를 검토해보자.

근대 과학과 기독교 신앙

먼저 갈릴레오-뉴턴-다윈 등으로 대표되는 근대 과학의 도전에 대해 생각해 보자. 현대과학은 세계와 인간을 이해하는 근본 틀을 바꿈으로써 전통적인 기독교 신관과 신앙에 큰 타격을 입혔고 중세를 주도하던 형이상학적 세계관과 영성도 크게 약화시켰다. 우선, 세계가 엄격한 물리적 인과율에 의해 지배된다고 보는 현대과학은 성서에 나오는 '초자연적supernatural' 기적 이야기에 대한 믿음이 설 자리를 앗아갔다. 이에 따라 성서 이야기에 대한 문자적 이해는 근본적으로 흔들리게 되었다. 일련의 기적 이야기를 통해 전개되는 성서가 전하는 하나님의 구원의 드라마도 믿기 어렵게 되었고, 세계와 역사에 개입하시는 초자연적 하나님의 존재와 섭리에 대한 믿음도 바닥에서부터 흔들리게 된 것이다.

이제 현대인들은 초등학교만 나와도 과학적 세계관의 세례를 받고 산다. 이 사실이 현대 기독교, 특히 한국교회에 지니는 의미는 아무리 강조해도 지나침이 없다. 우선 성서문자주의 신앙이 통하지 않는다. 과학적 상식이 있는 현대인들은 하나님이 어떠어떠한 일을 행하셨다는 성서의 이야기, 하나님의 초자연적 개입으로 이루어진다는 기적 이야기를 듣자마자 그게 정말이냐, 사실이냐고 묻는다. 사람들이 모두 사실의 언어에 익숙해져 있고, 사실의 진리를 진리의 전부로 여기기 때문이다. 과학교육을 받은 사람들에게는 사실이 곧 진리이다. 따라서 성서의 이야기를 읽자마자 사람들이 제일 먼저 제기하는 질문은 그게 '사실'이냐는 것이다. 이야기의 '의미' 같은 것은 안중에도 없다.

이것은 성서를 읽는 일반 신자들이나 성서를 가르치는 사람들이나 마찬가지다. 심각한 문제는 가르치는 사람들도 ─ 교역자들, 주일학교 교사들, 성경공부를 인도하는 사람들 ─ 모두 똑같은 문제의식을 가지고, 성서 말씀을 대한다는 사실이다. 그들 자신도 똑같은 의문을 품고 있는 것이다. 성서를 가르치는 사람이라고 별로 다를 것이 없으니 의심에도 불구하고 무조건 믿어야 한다는 '묻지 마 신앙'만 남게 된다. 그리고 믿지 못하는 사람은 믿음이 없다고 매도되고, 어떤 사람은 견디다 못해 교회를 멀리하거나 아주 떠나버린다.

이와 밀접하게 연관된 문제이지만, 과학적 세계관이 기독교 신앙의 진리에 대해 제기하는 또 하나의 중대한 문제는 기독교의 전통적인 초자연주의supernaturalism 신관이다. 하나님은 자연을 창조하신 초자연적 존재로서 언제든지 마음만 먹으면 자신이 만든 자연의 법칙을 초월해서 자연에 개입할 수 있는 무소불위의 존재라는 신관이다. 성서문자주의 신앙은 이렇게 기적을 행하는 초자연적 신에 대한 믿음과 밀접하게 연관되어 있다. 그러나 자연의 현상은 무엇이든 자연적 원인으로 설명해야 한다고 생각하는 과학적 사고방식 그리고 아직 설명되지 못하는 현상은 앞으로 과학이 더 발전하면 얼마든지 설명할 수 있을 것이라 믿는 현대과학의 자연주의naturalism 세계관은 기적의 가능성 자체를 부인하며 기적을 행한다는 초자연적 신도 믿지 못한다.

기적을 믿는 신앙이 성서문자주의 신앙과 직결된다는 점에서 기적을 믿느냐 안 믿느냐는 신자들에게 가장 중요한 신앙의 문제로 인식된다. 이런 상황은 과학적 합리성을 지닌 대다수 현대인을 신앙이냐 과학이냐라는 선택의 프레임에 갇히게 만든다. 현대 기독교는 이 문제를 피하지 말고 정면으로 다루어야만 한다. 성서 이야기에 기초한 기독교 신앙의 사활이 걸린 회피할 수 없는 문제이기 때문이다. 기적 자체가 최대 신앙의 문제라는 말이 아니라 신자이든 아니든 기적을 사실로 믿느냐의 여부를 가장 중요한 신앙의 이슈로 삼게 된 현대적 상황 자체가 문제라는 말이다.

사이비 과학과 사이비 신학으로는 안 된다

그러면 현대 세계에서 교육을 받고 자란 사람들은 어떻게 해야 한다는 말인가? 과학과 신앙을 두고 양자택일을 해야 할까? 사실, 성서나 교회가 말하는 신앙의 진리를 대하고 이해하는 방식이 근본적으로 바뀌지 않는 한, 이러한 불행한 선택은 피할 수 없다. 과학을 포기하지 않으면 정직한 기독교 신앙이 불가능하게 되는 불행한 결과가 생기는 것이다. 고도의 과학교육을 받은 멀쩡한 사람들이 '창조과학' 같은 사이비 과학, 사이비 신학에 기대게 되는 이유도 바로 이 때문이다. 이러한 문제를 극복하기 위한 나의 견해를 단도직입적으로 몇 가지 밝히고자 한다.

첫째, 성서문자주의 신앙, 이른바 근본주의 신앙은 더 이상 설 자리가 없다는 사실을 현대 기독교 신자들은 깨끗이 인정하고 포기해야 한다. 또 이와 밀접하게 연관된 초자연주의 신관도 과감히 수정하지 않으면 안 된다. 그렇지 않고 성서의 진리, 신앙의 진리를 고수하려고 하면, 결국 보수주의 신학자들처럼 성서에 대한 역사적 연구나 현대의 각종 사상을 무조건 적대시하면서 설득력 없는 궤변을 잔뜩 동원하여 기독교의 진리를 옹호하려고 하든지, 아니면 창조과학 같은 사이비 과학에 빠지게 된다.

둘째, 문자주의 신앙의 포기는 마지못해서 하는 선택이 아니라, 오히려 기독신앙에 득이 된다는 사실을 인식해야만 한다. 보수주의 신학, 근본주의 신학은 바로 이 점을 모르기 때문에, 현대사상의 흐름을 두려워하고 적대시한다. 그래서 조금이라도 그런 것에 영향을 받았다고 의심되는 신자나 성직자들을 빨갱이 색출하듯 잡아내고 교회나 신학교에 발도 못 붙이게 한다. 이른바 '자유주의 신학'을 추종하는 사람이라고 낙인을 찍고 백안시한다. 현대신학의 저서들을 읽어보지도 않고, 읽어도 제대로 이해해보려는 노력도 없이 무조건 비판하려고 든다. 현대신학에 대한 논문을 써도 무조건 '까야' 된다고 생각한다! 그렇다면 우리는 구체적으로 어떻게 해야 성서문자주의 신앙을 넘어 기독신앙의 진리를 제대로 이해하고 수용할 수 있을까? 내 경험에 근거해서 몇 가지를 간단히 소개한다. 사실, 나도 젊은 시절 근본주의 신앙 풍토에서 신앙생활을 한 사람이지만, 단 한 번도 거기에 '빠진' 일은 없다. 늘 의심의 대상이었기 때문이다. 하지만 근본주의 신앙 없이도 기독신앙을 가질 수 있다는 것, 오히려 더 진실되고 편안한 신앙생활을 할 수 있다는 신념 때문에, 지금 이러한 글을 쓰고 있는 것이다. 그리고 이러한 생각에 안착하기까지 많은 세월에 걸친 신앙의 고민과 정신적 고투가 있었다는 사실을 먼저 밝혀둔다.

넘어서야 할 성서문자주의 신앙

우선 우리는 문자주의, 근본주의가 일반 신자들이 생각하는 것처럼 결코 오랜 전통을 지닌 '정통'신앙이 아니라는 사실을 알아야 한다. 근본주의는 20세기 초에 당시 신학계를 풍미하기 시작한 역사비평적 historical-critical 성서 연구와 '자유주의' 신학에 대한 대응으로 등장한 비교적 최근의 현상이다. 따라서 문자주의 신앙을 거부한다고 해서 정통신앙을 배반한다고 생각해서는 안 된다. 초대 교부들을 비롯하여 성 아우구스티누스나 토마스 아퀴나스 등 기독교의 위대한 신학자치고 오늘날의 의미로 근본주의자는 하나도 없다. 그들은 모두 성서의 평범한 문자적 의미가 통하지 않거나 수용할 수 없을 경우에 주저 없이 은유적 또는 알레고리적 해석에 의존했다.

사실, 하나님에 관한 인간의 언어란 절대로 문자적 의미를 가질 수 없다는 것이 동서고금의 위대한 신학자들 모두의 공통된 증언이다. 우리가 사용하는 언어란 본질적으로 세상의 사물, 즉 피조물들에 관한 언어이기 때문이다. 따라서 이러한 언어를 하나님께 적용할 때는 완전히 같은 뜻同義的, univocal으로 해도 안 되고, 그렇다고 전혀 다른 뜻異義的, equivocal으로 해도 안 되고 유비적類比的, analogically으로 사용할 수밖에 없다는 것이다.

상징적 의미로 또는 은유적으로 사용해야 한다고 해도 좋다. 가령 우리가 어떤 사람을 가리켜 "저 친구 곰이야"라고 말할 때, 그를 문자 그대로 곰이라고 생각하는 사람은 아무도 없다. 그렇다고 그가 곰과 전혀 무관하다고 생각하지도 않는다. 그 사람 어디엔가 곰과 같은 특징이 있기 때문에 비유적으로 그렇게 말하는 것이다. 마찬가지로 우리가 하나님에 대해 인간의 속성을 적용할 때—가령 아버지, 주님, 왕, 창조만듦, 말씀, 사랑, 진노, 징벌, 후회, 질투, 용서 등—결코 문자적으로 해서는 안 된다. 자칫하면 하나님을 인간보다도 못한 우스꽝스러운 존재로 만들거나 남용될 소지가 많기 때문이다. 예로부터 신을 인간처럼 생각하는 조잡한 신인동형론이나 하나님에 대한 의인적擬人的, anthropomorphic 표현을 경계해 온 이유가 여기에 있다. 지금도 이 때문에 하나님에 대한 성서의 언어, 교회의 언어, 신자들의 언어가 유치하게 들려서 불편하게 느끼는 사람이 부지기수이다. 무한자 하나님을 유한한 존재로 생각하게끔 하기 때문이다.

성서문자주의 신앙과 더불어 초자연주의적인 신관도 반드시 극복해야 할 현대신학의 과제이다. 현대의 신관은 하나님의 세계 초월성 못지않게 세계 내재성을 강조하는 방향으로 가야 한다는 말이다. 창조주 하나님과 세계, 초월과 내재, 초자연주의적인 신관과 만물을 신성시하는 범신론의 대립을 넘어 양자를 아우르는 포월적抱越的 신관이 필요하다. 이런 의미에서 만물에서 하나님의 얼굴을 보고 하나님 안에서 만물의 존재의 신비를 보는 범재신론凡在神論, panentheism이 현대신학계에서 많은 관심을 끌고 있다는 사실에 유의할 필요가 있다. 이 문제는 다음 몇 장을 통해 더 상세하게 논할 것이다.*

사실의 진리와 의미의 진리

진리에는 '사실의 진리'와 함께 '의미의 진리'도 있다는 점을 인식해야 한다. 형이하학적 진리도 있고 형이상학적 진리도 있으며, 세상 사물에 대한 진리도 있고 하나님에 관한 진리도 있다. 이성의 진리가 있는가 하면 신앙의 진리도 있고, 자연계에 대한 진리가 있는가 하면 인생에 대한 진리도 있다. 종교와 신앙의 세계에서는 오히려 의미의

---

* 이 책, "'하나' 하나님: 유일신 신앙의 의미"(135쪽)와 "가까이 계시는 하나님"(155쪽)을 참조하라.

진리, 신앙의 진리가 사실적 진리보다 더 중요하다. 예수의 동정녀 탄생 이야기를 예로 생각해 보자.

많은 사람이 예수가 처녀의 몸에서 태어났다는 것을 사실적 진리로 받아들이기 어려워한다. 당연하다. 나부터도 도저히 있을 수 없는 일, 하나님이라도 해서는 안 될 일이라고까지 생각한다. 그렇다면 예수의 동정녀 탄생을 사실로 믿지 못하는 사람은 신앙이 없는 사람인가? 바로 이런 것이 문제이다. 사실의 진리만이 중요하고 전부라면 그런 결론은 불가피하다. 하지만 동정녀 탄생 이야기는 깊은 의미의 진리, 신앙의 진리를 담고 있다.

예수가 동정녀의 몸에서 태어났다는 말은 예수의 참 아버지는 하늘 아버지라는 뜻이다. 그리고 이것은 바로 예수 자신의 자기 이해였고 믿음이었다. 예수는 물론 '요셉의 아들'이었다. 이것은 사실의 진리이다. 그러나 의미의 진리, 신앙의 진리는 그 이상이다. 예수는 하나님을 어린아이들이 아버지를 부를 때 사용하는 애칭인 '아빠'라고 불렀으며, 자신뿐 아니라 모든 사람이 하나님의 아들(딸)임을 믿고 가르쳤다. 제자들에게 가르쳐준 기도문은 하나님을 "우리 아버지"라고 부른다. '우리'라는 말은 물론 자기 자신과 제자들을 함께 지칭하는 말이다. 예수는 하늘 아버지의 뜻을 행하는 사람은 누구나 자기 형제자매이고 어머니라고 말했다. 예수의 눈에는 모든 사람이 하늘 아버지를 모신 하나님의 가족이며 하나님의 백성이다. 이는 예수의 핵심적인 가르침이다.

신앙의 진리로 이해하는 동정녀 탄생의 이야기는 예수 한 사람만의 이야기가 아니라 우리 모두의 이야기가 된다. 우리가 모두 하나님의 모상으로 지음을 받아 하늘 아버지를 닮은 존재이고, 하나님을 아버지로 모시고 사는 하나님의 아들이라는 신앙의 진리를 말해주기 때문이다. 우리가 하늘 아버지를 모신 하나님의 아들이라면, 예수의 동정녀 탄생 이야기는 우리도 육신의 아버지를 넘어 하늘 아버지를 둔 하나님의 아들로 새롭게 탄생해야 한다는 메시지를 담고 있다. 중세의 도미니코회 신학자이며 영성가인 마이스터 에크하르트Meister Eckhart는 바로 이 점을 그의 사상의 핵심으로 삼았다. 우리 마음이 철저히 비워지고 가난해져서 동정녀처럼 순수해질 때, 하나님의 아들이 우리 영혼에 탄생한다는 것이다.

나에게는 예수의 동정녀 탄생이 기적이 아니라 인간이 하나님의 아들이라는 진리가 한없이 더 신비롭고 의미 있는 기적이다. 동정녀 탄생은 분명히 신화적 이야기이다. 그러나 신화는 단지 허구적 이야기가 아니다. 신화는 사실적 진리는 아니지만 '신화적 진리'를 담고 있다. 신화를 아무런 근거가 없는 환상이나 관념의 산물 정도로 생각하면 신화에 대한 큰 오해이다. 동정녀 탄생 이야기는 예수뿐 아니라 모든 인간이 혈육의 아버지를 넘어 하늘 아버지를 모시고 사는 하나님의 아들딸이라는 중요한 신앙의 진리를 표현하고 있는 신화이다.

인간 예수의 삶은 이러한 신앙의 진리를 신화적 이야기 형태로 표현하게끔 촉발하는 결정적 계기를 제공했다. 하늘 아버지를 모시고 하나님의 효자 아들로 산 예수의 삶은 이 신앙의 진리를 결코 입증하지는 못하지만, 적어도 그를 따르던 제자들과 초대교회 신자들에게는 예수를 하나님의 아들로 부를 만한 충분한 근거를 제공했다. 나는 이런 점에서, 우리가 사는 세상에 일찍이 하늘 아버지에 대한 깊은 신앙을 가지고 자신이 믿는 그대로 실천한 '하나님의 아들' 예수라는 사람이 살다가 갔다는 사실 하나만으로도 하나님의 존재를 인정하고 인간에 대한 희망을 가질 수 있다고 생각한다. 이런 것이 신앙의 논리이다.

동정녀 탄생 이야기는 전통적으로 예수의 신성과 더불어 그의 무죄성sinlessness을 뒷받침하는 이야기로 이해되기도 했다. 하나님의 아들 예수는 당연히 죄를 짓지 않는 존재일 뿐 아니라 태어나면서 부모로부터 물려받는 원죄original sin에서도 자유롭다는 교리이다. 하지만 복음서에는 분명히 예수가 '요셉의 아들'이라는 표현이 나올 뿐 아니라 설령 마리아가 요셉과 성관계 없이 예수를 잉태했다고 해도 예수는 원죄로부터 자유로울 수 없다. 원죄는 어머니를 통해서도 유전될 수 있기 때문이다. 이래저래 동정녀 탄생 이야기는 문자적 사실의 진리로 이해하는 한, 신앙에 도움이 되기는커녕 방해만 될 뿐이다.

우리는 전통적 기독교 신학의 초석과도 같은 또 하나의 성서 이야기도 동정녀 탄생 이야기와 유사한 방식으로 접근할 수 있다. 곧 하나님의 말씀Logos이 육신이 되셨다는 성육신Incarnation 이야기이다. 성육신 이야기나 예수의 동정녀 탄생 이야기나 문자적으로 믿기 어려운 것은 매한가지다. 어쩌면 하나님이 2,000년 전에 한 유대인 예수의 몸으로 태어났다는 이야기가 그가 처녀의 몸에서 태어났다는 이야기보다도 훨씬 더 '사실'로 믿기 어려운 이야기일 것 같다. 하지만 두 이야기 모두 예수가 하나님의 아들이라는 신앙의 진리를 신화적 형태로 표현한 것이다. 예수의 제자들을 비롯한 초대교회 신자들이 예수를 만나 경험한 진리를 신화적 언어로 표현했다는 말이다.

요한복음의 성육신 이야기는 후세 니케아 공의회나 칼케돈 회의에서 정식으로 교리화됨으로써 형이상학적 진리로 강화되었다. 예수와 하나님의 본성적·본질적 동일성을 객관적이고 명제적인 언어로 주장하는 교리가 된 것이다. 사실 신화로 표현하는 것이 추상적인 교리적 명제로 표현하는 것보다 해석의 신축성을 허락하는 장점이 있지만, 교리이든 신화이든 그 배후에는 신앙의 진리가 있다는 점을 간과해서는 안 된다.

신화적 이야기이든 교리이든, 동정녀 탄생 이야기나 성육신 이야기는 아무런 '사실적' 근거 없이 날조된 허구가 아니다. 그 배후에는 엄연히 예수라는 한 유대 청년을 만나서 경험하고 증언한 제자들과 초대교회 신자들의 신앙적 진리가 들어 있다. 인간 예수를 '하나님의 아들'로 이해하고 고백할 정도로 그들은 예수의 의지와 뜻, 삶과 행위에서 하나님 자신의 모습을 본 것이다. 두 이야기는 예수 자신이 증언한 바와 같이 우리도 모두 그분처럼 하늘 아버지를 절대적으로 신뢰하면서 그의 뜻을 행하는 삶을 살아야 한다는 보편적 진리를 표현하고 있다. 예수에게서 일어난 신인합일神人合—은 예수와 하나님 사이에 존재하던 의지와 뜻, 삶과 행위, 의식과 인식, 믿음과 사랑의 합일이지 후세 교회가 주장하는 것처럼 본성과 본질의 합일까지는 아니다. 요한복음의 성육신 사상은 이 중간쯤 위치한 것이라 하면 옳을 것이다. 하지만 나는 본성적 합일의 교리도 해석 여하에 따라서 여전히 신앙의 진리를 담고 있다고 생각한다.*

사실의 논리와 신앙의 논리

사실의 논리와 신앙의 논리에 대한 이야기를 좀 더 계속해보자. 예수가 처녀의 몸에서 기적적으로 태어났기 때문에 하나님의 아들이라는 것은 사실의 논리이지만, 신앙의 논리는 거꾸로다. 예수는 하나님의 아들이기 때문에 반드시 처녀의 몸에서 태어나야 했다는 식이다. 동정녀 탄생 이야기는 말씀이 육신이 되었다는 성육신 이야기와 더불어 예수의 신성을 뒷받침하는 이야기로 간주되어 왔지만, 문자적이고 사실적인 진리에 길들여진 현대인들은 이제 그런 식으로는 기독신앙의 진리를 표현하거나 뒷받침할 수 없게 되었다. 교육받은 현대인치고 예수가 동정녀의 몸에서 탄생했기 때문에 하나님의 아들이라는 논리를 수용할 사람은 아무도 없을 것이기 때문이다.

신앙의 논리가 오히려 더 설득력이 있을 수 있다. 적어도 복음서에 나타난 인간 예수에 대해 단 한 번이라도 깊은 인상을 받은 적이 있는 사람이라면, 예수가 하늘 아버지에 대한 절대적 신뢰를 가지고 산 존재였으며 자신은 물론이고 적어도 그를 만난 제자들도 그런 뜻에서 예수를 '하나님의 아들'로 여기고 따랐다는 사실만은 인정할 수 있을 것이다. 이런 점에서, 예수를 하나님의 아들이라고 고백하는 그들의

---

* 이 책, "하나님은 왜 인간이 되셨나"(282쪽)를 참조하라.

신앙이 터무니없다거나 도무지 무슨 말인지 모르겠다는 식의 반응은 보이지 않을 것 같다. 다른 이유라면 몰라도, 적어도 동정녀 탄생 이야기 같은 것 때문에 기독교 신앙을 수용하지 못하겠다는 말은 하지 않을 것이다.

또한, 우리는 '하나님의 아들'이라는 말도 문자적으로 이해하거나 후대 교회가 교리화한 의미로 이해해서는 안 된다. 마치 하나님이 우리 인간처럼 아들을 둔다거나 낳는다는 식으로 생각하면 곤란하다. 예수가 하나님의 아들이라는 신앙고백을 사실의 언어로 이해하면, 당연히 믿지 못할 말이 되어버린다. 사람들은 그것이 사실이냐고 묻고 따지고 왈가왈부하게 된다. 심지어 니케아 공의회가 제정한 삼위일체 교리나 칼케돈 회의의 기독론도 문자적 의미로 예수를 하나님의 아들로 간주했다고 생각하면 곤란하다. 하지만 신화적 언어와 교리의 언어 사이에 차이가 있는 것만은 부정할 수 없다. 신화는 해석을 둘러싸고 다양한 견해가 비교적 자유롭게 표출될 수 있지만, 권력화된 교리는 다양한 해석을 용납하지 않는다. 그래서 이단 논쟁이 촉발되었고 사상의 탄압이 이루어지게 된 것이다.

여하튼 나는 신화이든 교리이든 그 어떤 논리를 동원해도 그리고 제아무리 위대한 신학자라 해도 예수가 문자 그대로 또는 객관적으로, 하나님의 아들임을 주장하거나 설득할 수 있는 사람은 아무도 없다고 확신한다. 예수가 하나님의 아들이라는 것을 사실적 진리보다 의미의 진리, 신앙의 진리로 이해해야 하는 이유가 여기에 있다. 그렇다고 예수가 하나님의 아들이라는 의미의 진리, 신앙의 진리가 아무런 근거나 뒷받침이 없는 순전한 관념뿐이라는 말은 아니다. 그야말로 예수에 '미쳐버린' 초대교회 신자들이 만들어낸 터무니없는 과장이 아니라는 것이다. 아니, 미쳐버렸다 해도 그럴 만한 이유가 있었을 것이고, 과장이라 해도 그럴 만한 근거가 있었을 것이다.

나는 동정녀 탄생 이야기 자체는 신화이고 꾸며낸 이야기라고 생각하지만, 인간 예수 그리고 우리가 모두 '하나님의 아들'이라는 생각과 신앙고백은 어느 정도의 '사실적' 근거가 있다고 생각한다. 적어도 그 나름의 뒷받침이 있다는 말이다. 하나님처럼 권위 있게 말씀하신 예수, 하늘 아버지와 같이 초월적 사랑을 몸소 보여주신 예수, 그의 십자가의 죽음과 부활 등이 그런 신앙고백의 배경이 되고 있기 때문이다. 예수가 하나님의 아들이라는 신앙의 진리를 모든 사람이 인정하도록 입증하는 길은 없지만, 그렇다고 아무런 근거도 없는 자의적인 주장은 아니라는 말이다. 그런 생각, 그런 고백이 나올 만한 상황과 근거가 있었기 때문이다. 우리가 모두 하나님의 아들딸이라는 신앙의 진리는 인간에 대해 그리고 하나님에 대해, 어떤 중요하고 심오한 의미를 지닌 '사실적 진리'를 말해주고 있다.

우리는 '사실'이라는 것이 매우 다층적이고 다차원적임을 알아야 한다. 사실에는 표피적 차원의 사실, 누구나 인정할 수밖에 없는 객관적 사실 말고, 우리의 미묘한 감정이나 직관, 인생의 깊은 체험이나 심오한 종교적 경험에서 포착되는 사실도 많다. 우리는 예수가 하나님의 아들이라는 말을 '지금 비가 온다'와 같은 차원의 사실로 받아들일 수는 없다. 그보다 훨씬 더 깊고 큰 '사실 너머의 사실', 즉 하나님이라는 초월적 실재와 인간에 관한 언어이기 때문이다. 예수가 하나님의 아들이라는 표현은 우리가 일상적으로 사용하고 있는 사실적 언어가 아니라 하나의 메타포라고 생각해도 좋다. 메타포는 우리의 미묘한 감정이나 직감적 인상 같은 것을 더 잘 표현하며, 때로는 이성적 관찰이나 분석보다 훨씬 더 사실의 진리를 잘 포착하고 표현한다. 그래서 우리는 일상적 삶에서도 종종 메타포를 사용하는 것이다. 메타포는 결코 시인들의 전유물이 아니다.

역사적 사실과 보편적 진리

설령 우리가 성서에 나오는 온갖 기적 이야기를 문자 그대로 다 인정한다 해도—정상적인 지성으로는 불가능하지만!—그래서 어쨌다는 말이냐는 질문이 따른다. 사실로 받아들인다 해도 성서의 기적적 사건은 시간과 공간의 제약 아래 특정 민족이나 인물에게만 발생한 사건이기 때문에 결코 보편적 의미를 지닐 수 없고 보편적 진리가 될 수도 없다. 아무리 특별한 사건이라 해도, 사건은 사건일 뿐이다. 가령 예수 그리스도의 동정녀 탄생이나 부활 같은 사건도, 어디까지나 한 특정 인물에게 일어난 사건일 뿐이고, 그 사건이 모든 사람의 운명에 관계된 것일 수는 없다. 사건 자체보다는 또 그 사건의 사실성 여부보다는, 그 사건을 둘러싼 사람들의 기대나 이해 같은 것이 있다면, 오히려 이것이 우리에게도 어떤 보편적 의미를 지닐 수 있을 것이다. 의미에 대한 해석과 이해는 보편적 진리가 될 수 있지만, 사건 자체는 그것을 경험한 당사자들에게만 국한된 일이기 때문이다.

예수의 동정녀 탄생과 죽음과 부활은 2,000년 전 지구 한구석에서 일어난 사건이었지만, 그 의미는 시공을 초월하여 지금 여기서 우리 모두의 운명이 달린 보편적 의미와 보편적 진리를 지닌다고 기독신앙은 말한다. 성서의 이야기에서는 사실의 진리보다 의미의 진리, 신앙의 진리가 훨씬 더 중요하다. 바로 이런 점을 밝혀주는 것이 신학자들이나 교회 지도자들이 할 일이지, 믿지 못할 '사실'을 무조건 믿으라고 강요하는 것, 무슨 의미를 지닌 이야기인지도 모르고 무조건 믿으라는 것은 안 통한다. 믿기도 어렵지만 믿어도 무의미하기 때문이다.

성서의 이야기는 아무리 특별하다 해도 과학적 사실이 지닌 보편타당성이 없고, 수학의 진리 같은 필연성도 없으며, 인생을 현명하게 사는 법을 알려주는 지혜의 가르침이 지닌 보편성도 없다. 그럼에도 문자주의 신앙은 이 특별한 이야기들이 하나님이 하시는 일이기 때문에 묻지도 말고 따지지도 말고 사실로 받아들여야만 한다고 고집한다. 믿을 수 없는 것은 고사하고 도대체 왜 믿어야 하는지, 그 사건이 사실이라 해도 그래서 어떻다는 것인지 알지도 못하면서 묻지 마 신앙을 강요한다.

그래서 성서나 기독신앙을 가르치려는 사람은 성서 이야기들의 사실적 진리를 따지기에 앞서 그 뜻과 의미를 먼저 이해해야 한다. 그러면 그 이야기가 나의 존재와 삶에 결정적 의미를 지닐 수 있다는 점을 깨닫게 되면서, 오히려 사실적 진리의 문제에도 더 진지하게 다가갈 수 있다. 무조건 믿으라는 말은 통하지 않는다. 일단 의미의 문제로 넘어가면, 단순한 사실적 진리보다 더 깊은 차원의 의미의 진리가 관심사로 부상하게 된다. 그러면서 이 의미의 진리를 나 자신의 신앙의 진리로 받아들이고 내 인생을 걸고 살 수 있는지 또 그래야만 하는지, 진지한 자기 성찰과 신앙의 결단이 따르게 되는 것이다. 신뢰하는 믿음의 진짜 테스트가 여기서 시작된다.

행위하시는 하나님

그렇다고 우리는 성서 이야기들이 전하고 있는 하나님의 행위에 대해 무조건 그 사실성을 의심해서도 안 된다. 우리의 과학적 상식으로는 인정할 수 없는 이야기라 해도, 절대로 있을 수 없다고 부정하는 것 역시 또 다른 독단이 될 수 있기 때문이다. 나는 여기서 이 문제를 더 상세하게 논할 수는 없지만, '하나님의 행위'에 대해 다음 몇 가지 점을 간략하게 지적하겠다.

첫째, 우리는 우선 '기적'이 상대적 개념이라는 사실을 알아야 한다. 과학이 지금처럼 발달하기 전에는 기적으로 간주되는 현상이 지금보다 훨씬 더 많았다. 옛날 사람들이 하늘을 나는 점보 여객기를 목격했다면, 기적이라 여기고 놀라 자빠졌을 것이다.

둘째, 우리는 하나님이 반드시 자연법칙을 어기면서 기적을 행한다고 생각할 필요가 없다. 인간도 자연법칙을 파악하고 이용해서 엄청난 일을 하는데, 하물며 자연의 입법자이신 하나님이야 말할 것 있겠는가?

셋째, 인간을 자유로운 존재로 내신 하나님 역시 당연히 자유와 인격성을 지니고 있다. 하나님께서 우리 인간과 똑같은 방식으로 '생각'하거나 '의도적' 행위를 하시는 것은 아니지만, 하나님도 자유로운 행위를 하실 수 있다. 다만 나는 하나님의 자유가 사람들이 흔히 생각하듯이 그야말로 자의적이고 무제약적이라고 생각하지는 않는다. 하나님의 자유도 인간의 자유와 마찬가지로 하나님 자신의 '본성의 제약' 아래 행사된다고 생각하기 때문이다. 여하튼 과학자들이나 철학자들이 아직 인간의 자유가 어떻게 가능한지 밝히지 못하고 있다는 사실을 감안할 때, 하나님의 자유로운 행위 역시 신비에 속한다.

넷째, 하나님의 자유뿐 아니라 하나님의 행위도 구체적으로 어떠한 경로를 통해 사물이나 현상에 영향을 주는지 아무도 모른다. 밝힐 수 없기 때문이다. 여기에는 역설적인 측면이 있다. 만약 우리가 밝힐 수 있다면, 하나님의 행위가 물리적 인과관계의 또 하나의 고리처럼 될 것이기 때문이다. 우리가 영Spirit이신 하나님의 힘이 물리적이라고 생각하지 않는 한, 하나님의 힘과 행위는 우리에게 영원한 신비로 남을 수밖에 없을 것이다. 나는 하나님의 힘이 물질을 산출하고 물질계에 내재한다고 보지만 그렇다고 물질의 일부는 아니라고 생각한다.

다섯째, 세계의 모든 현상은 전체와 부분이 분리될 수 없게 연결되어 있다는 점에서, 하나님의 행위는 어떤 특정한 사건을 위해 전체를 움직이기보다는 전체의 선을 위하는 섭리의 일환으로 부분에 영향을 미칠 것이라는 점이다. 우리의 이기적 관점과 달리, 모든 피조물을 내신 공평무사하신 하나님에게는 개별 사건보다는 전체가 우선일 수밖에 없을 것이기 때문이다.

사실과 가치의 괴리

마지막으로, 현대과학은 또 하나의 면에서 기독신앙에 중대한 도전이 된다. 이 도전은 기독교 신앙과 세계관에 대한 위협일 뿐 아니라 현대의 세속적 세계관에 대해서도 심각한 위협이 된다. 따라서 기독교 세계관과 과학적 세계관이 정면승부를 피할 수 없다. 이게 무슨 말인가?

과학적 세계관은 중세신학의 목적론적teleological 세계관, 즉 세계가 창조로부터 종말에 이르기까지 하나님의 구원의 섭리에 따라 일정한 목적을 향해 움직이는 의미 있는 과정이라는 생각을 근본에서부터 무너뜨렸다. 세계가 하나님께서 정하신 목적과 의미를 실현해가는 의미 있는 과정이라는 믿음이 근대 과학의 기계론적 세계관에 의해 여지없이 붕괴된 것이다. 아니, 무시되고 무의미하게 되었다는 것이 더 정확한 표현일지도 모른다. 세계는 이제 단순히 눈에 보이는 사물과 사실의 총체일 뿐이며, 세계에서 일어나는 사건은 예외 없이 엄격한 물리적 법칙에 따라 발생한다. 인간이 추구하는 가치, 목적, 의미 같은 것은 이제 과학이 인식하는 세계와 무관하다. 그런 것들은 객관적 사실의 세계와는 무관한 우리 인간의 주관적 신념일 뿐이며, 냉혹한 사실의 세계에 투사된 인간들의 바람과 욕망일 뿐이고 환상에 지나지 않는다.

이렇게 철저히 의미를 상실하고 탈가치화된 자연은 이제 인간이 원하는 대로 지배하고 이용할 수 있는 대상이 될 뿐이며, 거기에서 어떤 정신적 의미나 영적 가치, 신의 경륜이나 뜻 같은 것은 발견할 수 없다. 세계의 철저한 세속화, 탈신성화脫神聖化가 이루어진 것이다. 막스 베버 같은 사회학자는 이를 두고 세계의 탈주술화disenchantment of the world라고 불렀다. 세계에는 이제 인간 외에 다른 어떤 영적 존재나 힘 같은 것은 존재하지 않는다. 현대인들은 '초자연적' 신이나 신령 등이 사라져버린 삭막하고 무의미한 세계에서 살아가게 되었다. 온갖 물질적 풍요와 장수를 누리게 되었지만, 현대인들은 세계의 구조와 성격 자체에 기반을 둔 삶의 의미와 목적 같은 것이 사라진 그야말로 무의미한meaningless 세계에서 무의미한 인생을 살게 된 것이다.

　　의미라는 게 존재한다면, 각자가 자기 입맛대로 선택한 주관적이고 자의적인 의미일 뿐이다. 삶에 의미를 줄 만한 어떤 객관적 가치라는 게 없다면 내가 좋아하는 것이 가치라는 가치주관주의나 가치상대주의는 피할 수 없다. 내가 좋아한다고 말하면 대화 끝이다. 왜 좋아하는지, 그래서는 안 된다는 설득은 무력하고 필요 없는 말이 된다. 가치의 객관적 기반에 대한 오랜 믿음이 사라졌기 때문이다. 그나마 우리나라와 같이 전통과 관습의 힘이 아직 좀 남아 있고 남의 눈치를 많이 보아야 하는 사회라고 해도, 개인의 욕망 앞에서 가치의 객관성에 대한 믿음이나 신념은 무력하기 짝이 없다. 부모도 친구도 모두 자기가 좋아하는 것에 따라 사는 마당에, 누가 누구를 타이르고 설득할 수 있단 말인가?

이에 더하여, 다윈 이후의 진화론은 기독교의 전통적 인간관에 결정적인 타격을 가했다. 생명의 진화 과정이 무수한 돌연변이와 자연선택에 의해 지배된다는 진화론은 인간이 하나님의 모상으로서 하나님의 특별한 섭리와 배려의 대상이라는 성서적 인간관을 무너뜨렸다. 진화론은 인간도 여타 동물과 마찬가지로 철저히 자연에 속한 존재라는 사실을 보여 주었다. 물리적 세계이든 생명의 세계이든 하나님의 섭리가 설 자리는 사라지고, 인간의 출현도 어떤 특별한 의미가 있는 게 아니라 무수한 우연의 연속에 의해 이루어진 것에 불과하다.

그런가 하면, 전지전능하신 사랑의 하나님이 세계와 인류 역사를 인도하신다는 성서적 믿음은 현대인들이 겪는 끔찍한 악의 경험에 의해 설득력을 잃게 되었다. 선하고 전지전능하신 하나님이 세계와 인간사를 주관하신다는 믿음이 우리가 종종 접하는 천재지변이나 전염병 같은 자연 악 그리고 홀로코스트 같은 인간이 저지르는 끔찍한 악의 경험에 의해 흔들리게 된 것이다.

결론적으로, 현대인의 의식에는 자연과 역사 어느 곳에도 하나님이 설 자리를 찾아보기 어렵게 되었다. 현대인들이 과학기술과 산업의 발달이 가져다준 전대미문의 물질적 풍요를 누리고 있음에도 불구하고 커다란 정신적 공허감을 느끼는 근본 원인이 여기에 있다. 신이 사라진 세계나 인류역사가 무의미하게 보이기 때문이다. 과학기술을 통해 인간은 자연을 지배하고 이용하지만, 자연은 인간에게 아무런 말을 하지 않고 의미를 제공하지 않는다. 세계가 우리에게 아무 말도 하지 않고 아무 메시지도 전하지 않는 거대한 물체 덩어리로 변해버렸는데, 우리가 어떻게 거기에서 인생의 의미나 목적 같은 것을 찾을 수 있겠는가? 사실fact의 세계가 우리가 추구하는 가치value와 무관하다면, 가치란 개인들이 각자 자신의 취향에 따라 선택하는 주관적 현상일 뿐이다. 가치란 결국 나에게 유용한 것, 아니면 다수 인간에게 유용한 것이라는 공리주의적 사고가 현대 세계를 지배하는 것도 당연하다. 모든 것은 나를 위해, 인간을 위해 존재한다는 이기주의나 인간중심주의도 필연적이다.

목적과 의미가 사라진 세계

근대적 세계관과 인생관이 중세 신본주의의 질곡에서 인간을 해방시켰다는 것, 그리하여 땅을 무시하고 하늘에만 목을 매달고 살던 삶, 현세를 비하하고 내세만을 바라보고 살던 삶, 육체와 욕망을 폄하하고, 영혼에만 매달리던 소외된 삶에서 인간을 해방시켰다는 주장은 부인할 수 없는 사실이다. 하지만 해방된 근대인, 자유와 주체성을 확보한 인간이 이제 무엇을 어떻게 추구하며 살아야 할지, 어디에 삶의 가치와 의미를 두어야 할지, 어렵게 확보한 자유를 무엇을 위해 사용할지, 새로운 삶의 질서와 권위는 어떻게 세워야 할지에 대해 현대사상은 아직 뚜렷한 답을 제시하지 못하고 있다.

근대 이후의 서구 사상사는 한마디로 신이 사라진 자리를 대체할 만한 새로운 질서와 의미를 찾는 역사라 해도 과언이 아니다. 19세기 초까지만 해도 과학의 눈부신 발전은 인류역사가 끝없이 진보를 향해 나아간다는 낙관적 생각이 서구 지성인들 사이에 팽배했지만, 20세기 세계대전의 참사를 겪고 핵전쟁의 위험과 환경생태계의 위기를 맞고 있는 오늘날, 인류의 미래에 대해 낙관적인 전망을 하는 사람은 별로 없다.

현대인이 당면한 가장 큰 인생의 문제는 불교에서 강조하는 인생무상無常도 아니고 기독교에서 강조하는 죄의 문제도 아니다. 현대인의 최대 문제는 삶의 의미meaning의 위기이다. 잘 먹고 잘 사는 데도 삶이 근본적으로 무의미하게 보이고 죽음도 무의미하다. 아니 죽음이 무의미하기 때문에 삶도 무의미하다고 해야 옳을 것 같다. 삶에 의미가 있다면, 사는 날까지 할 수 있는 대로 즐겁고 편하게 살자는 것뿐이다.

솔직히 말해서, 나는 삶의 의미를 찾고 새로운 질서를 구축하고자 하는 현대적 기획이 모두 실패했다고 본다. 현대인의 정신적 방황은 당연하다. 그래서 나는 아직도 기독교의 신관과 세계관에 미련을 버리지 못하고 있다. 만약 내가 과학적 세계관, 특히 과학자 대다수가 암묵적으로 믿고 있듯이, 물질이 세계와 인간의 궁극적 실재이고 토대라는 유물론materialism을 최종적 진리로 믿는다면, 나는 신앙이고 신학이고 종교학이고 인문학이고 삶의 의미의 문제이고 뭐고 당장 다 집어치울 것이다. 내가 이렇게 과격한 생각을 하게 된 이유는 인생에 거대 의미라는 게 없다고 해서 결코 우리 각자의 인생이 추구하고 있는 크고 작은 의미가 모두 무가치하고 무의미하다고 생각하기 때문은 아니다. 그런 의미들은 얼마든지 있을 수 있고, 실제로 대다수 사람은 각자 자기들이 생각하는 가치를 붙들고 삶의 거센 파고를 헤치며 살아가고 있다. 하지만 나는 이런 작은 의미들이 거대 의미가 사라져버린 이 시대 현대인의 삶에 도사리고 있는 허무주의의 구멍은 메우지 못한다고 생각한다. 이것이 내가 아직도 신이라는 화두를 놓지 못하고 삶의 거대 의미에 대한 집착을 포기하지 못하는 까닭이다.

서머셋 몸의 소설에 나오는 필립이라는 청년의 고백은 지극히 역설적으로 인생의 거대 의미를 찾는 일을 포기한 사람의 엄청난 자유를 매우 인상적으로 그리고 있다.

> 필립은 하나님에 대한 믿음의 하중이 그의 어깨를 누르지 않았던 소년 시절처럼 기뻐했다. 마지막 책임감의 짐이 그에게서 사라진 것 같았고, 그는 처음으로 완전한 자유로움을 느꼈다. [우주 안에서] 그의 하잘것없음이 힘이 되었고 그를 핍박하는 듯했던 잔인한 운명과 자기가 갑자기 대등해짐을 느꼈다. 만약 인생이 무의미하다면 세계는 그 잔인성이 박탈당하기 때문이다. 그가 한 일이든 하지 못한 일이든 아무 의미가 없었다. 실패도 중요하지 않았고 성공도 아무것도 아니었다. 그는 잠시 지구 표면을 차지했던 저 떼거리 인류 가운데 가장 보잘것없는 존재일 뿐이다. 그는 혼돈으로부터 허무의 비밀을 알아냈기 때문에 전능한 존재가 되어버렸다. 그는 펄쩍 뛰며 노래하고 싶었다. 몇 달 동안 그렇게 기쁜 적이 없었다.*

---

* John Hick, *Death and Eternal Life* (New York: Harper & Row, 1976), 151에서 재인용. Somerset Maugham, *Of Human Bondage* (London: Heineman, 1952), 655.

하지만 나는 필립이 될 수 없다. 의미 찾기를 포기할 수 없기 때문이며, 의미는 반드시 존재할 것이라는 직관적 통찰과 믿음과 희망을 가지고 있기 때문이다.

나는 또 철학자 러셀B. Rulssel이 젊은 시절에 한 무모할 정도로 용기 있는 선언에도 동의할 수 없다.

인간이란, 도달하게 될 목적에 대해 아무것도 모르고 있는 원인들의 산물이라는 것, 인간의 기원과 성장과 희망과 두려움, 사랑과 신념은 단지 원자들의 우연적 배합의 결과일 뿐이라는 것, 한 개인의 그 어떤 열정과 영웅적 행위, 제아무리 강렬한 사상이나 감정이라도 그를 무덤 너머로 보존해주지 못한다는 것, 시대에 걸친 모든 수고, 천재 인간들의 모든 헌신과 영감과 대낮같이 찬란한 업적도 태양계의 거대한 죽음 속에 사라질 수밖에 없으며, 인간들의 성취의 전당 전체가 파멸한 우주의 잔해 속에 피할 수 없이 묻혀버릴 수밖에 없다는 것—이 모든 것이 논란의 여지가 아주 없지는 않다 해도 거의 확실하기 때문에, 이런 사실들을 거부하는 그 어떤 철학도 성립되기를 바랄 수 없다. 오직 이러한 진리의 발판 위에서만, 오직 가차 없는 절망의 튼튼한 토대 위에서만 영혼의 안전한 주거지가 지어질 수 있다.*

---

* 같은 책, 150쪽에서 재인용. B. Russell, *Mysticism and Logic* (London: Longmans, 1918), 47-48. 힉은 이 말을 인용하면서, 러셀이 1962년에 쓴 편지에서 자기가 젊은 시절에 쓴 이 말의 스타일을 화려한 수사로 간주했지만, 그의 자서전에서 "우주와 인생에 대한 나의 입장은 근본적으로 변한 것이 없다"라고 밝히고 있음을 지적한다. 힉, 같은 책, 167.

러셀은 이러한 사상을 가지고 98세의 나이로 삶을 마치기까지 무척이나 창조적이고 존경받을 만한 삶을 살았지만, 나는 그가 말하는 것이 우주와 인생의 궁극적 실상이라면 그리고 그 자신이 보여 준 진리에 대한 열정과 창조적 삶 자체도 '원자들의 우연적 배합'의 산물에 지나지 않는다면 그 위에는 우리의 영혼이 거할 안전한 집을 결코 지을 수 없다고 생각한다.

인생은 거대한 도박

나에게 인생은 아직도 거대한 의미meaning와 무의미meaning-lessness, 유신론과 무신론적 유물론materialism의 싸움이며 대결이다. 만약 인생, 역사, 우주의 탄생과 소멸을 아우르는 어떤 거대 의미 같은 것이 없다면—이것은 나에게는 신이 존재하지 않는다는 뜻과 같다—우리가 삶에서 추구하는 크고 작은 사적 의미의 추구는 궁극적으로 시시하고 무의미하다. 나에게 인생은 신을 두고 벌이는 의미와 무의미의 한판 승부이며 '전부 아니면 전무all or nothing'의 싸움과도 같다. 신을 두고 하는 이런저런 사소하고 구차한 거래가 아니라 모든 것을 얻든지 아니면 모든 것을 잃는 거대한 도박이다. "신의 존재에 베팅하면 손해 볼 일이 없다"라는 파스칼 식 도박론의 변형이라 해도 좋다. 물론 무모한 도박이라고 생각하지는 않으며, 아직도 신에 대한 믿음이 부족하고 거대 의미가 거대 무의미를 이길 것이라는 확신도 부족하지만, 나는 젊은 시절부터 이런 생각을 하면서 살아왔고 지금도 여전히 이 싸움에 모든 것을 걸며 살고 있다는 사실 하나만은 정직하게 말할 수 있다.

　나에게 신, 신성God, Divinity은 우주와 인생 전체를 아우르는 '궁극적 의미ultimate meaning' ─크고 작은 일시적 의미, 부차적 의미들penultimate meanings 말고─의 보루이며 근원/근거/토대ground이다. 만약에 정말 하나님이라는 영적 실재spiritual reality가 존재하지 않고 모든 것이 물질로 환원될 수 있다고 한다면, 나에게 인생은 궁극적으로 무의미할 것 같다. 운 좋은 극소수를 제외하고는 인간다운 삶을 살아보지도 못하고 대다수 사람이 죽어버리는 것이 인생의 전부이고 최종 진리라면, 인간의 가치와 존엄성은 공허한 관념에 지나지 않을 것이라는 생각을 지워버릴 수 없다.

　그래서 삶을 조용히 관조하며 사는 극소수의 지혜로운 자들─철인, 현자, 냉소주의자, 회의주의자─이 인생을 처음부터 끝까지 어리석고 맹목적인 드라마라고 보는 반면, 맹목적 욕망에 사로잡힌 어리석은 중생들은 자기들이 무엇 때문에 그리고 누구의 장단에 맞추어 춤을 추고 있는지도 모르고 날뛰다 가는 가련한 광대 같은 존재로 보이나 보다.

기독교와 동양 종교들과의 본격적인 만남

　기독교 신앙에 대한 근대 과학의 도전은 단지 자연과학만으로 끝나지 않는다. 19세기부터 본격화되기 시작한 역사학의 도전은 어쩌면 이보다 더 심각하다. 현대 세계에 일반화되어 있는 역사적 사고방식과 세계관에 따르면, 인간의 모든 제도와 사상, 심지어 종교까지도 예외 없이 역사적 산물이다. 다시 말해서, 특정한 역사적 상황과 조건 속에서 인간에 의해 만들어진 역사적 산물로서, 절대적인 것은 하나도 없다. 이러한 역사적 사고와 의식은 이제 현대인들에게 상식화되었다. 존재하는 모든 것이 시간의 흐름과 역사의 변화 속에서 형성되었고 진화하고 발전한다는 사실이 의심의 여지 없이 드러난 것이다. 심지어 불변한다고 여겼던 창조 혹은 자연의 질서, 가령 생물의 종마저도 영원불변하는 것이 아니라 오랜 진화 과정을 통해 형성되었다. 인간도 진화의 결과로 생겨난 것으로 간주된다. 문물과 제도가 신이 제정해준 신성한 것이라는 신화적 사고나 종교적 관념은 설 자리를 잃었다. 인류 역사 대부분을 지배해 온 신화적 사고가 힘을 잃고 신화 myth와 역사history가 확연히 구별되면서 신화는 현대인들에게 이제는 믿기 어려운 허구 정도로 간주된다.

신화는 문자 그대로 신들의 이야기이다. 신화적 사고에 의하면, 세계와 인생에 주어져 있는 가장 근본적인 현상은—가령 세계의 기원이나 질서, 남녀의 차이나 결혼과 가족 제도 등—우리 인간이 만든 것이 아니라 신들이 제정해준 영원한 질서이다. 바로 이러한 믿음이 현대에 와서 깨진 것이다. 영원한 것은 아무것도 없고 모든 것이 시간과 역사의 산물이라는 역사주의적 사고와 세계관이 현대인의 의식을 지배하면서, 신성하고 절대적 권위를 가진 것은 더 이상 존재하지 않는다. 따라서 모든 것이 역사적 산물이며 문화적 현상이라는 역사상대주의나 문화상대주의가 상식이 된다.

영원불변하고 절대적인 것은 이제 존재하지 않기 때문에 모든 것이 인간의 합리적 판단과 편의에 따라 바뀔 수 있다. 그 어떤 제도나 사상, 사회 체제나 질서, 가치나 권위, 전통이나 관습도 투명한 이성의 합리적 비판에서 제외될 수 없으며, 사회적 합의에 의해 언제든지 바뀔 수 있다. 이것이 계몽주의와 함께 시작된 혁명의 이념이며, 현대인들은 이러한 혁명의 시대, 역동적 해방의 시대를 살고 있다. 모든 것이 인간의 행복을 위해 존재하며, 이에 반하는 것은 무엇이든 제거되어야 마땅하다. 인간은 스스로 만들어놓은 제도의 족쇄와 전통의 권위에서 벗어나 자신의 권리를 되찾게 되었다. 불합리한 전통과 관습에 억눌린 권리와 자유를 되찾고, 인간을 소외시키는 제도나 사상은 어떤 것이든 더 이상 용납될 수 없다는 인간 해방의 이념이 보편화되어 만인의 인권, 주체성, 자유, 평등 등이 현대인의 양도할 수 없는 신성한 가치로 자리 잡게 된 것이다.

이런 와중에서 종교라고 예외가 될 수 없었다. 특히 서양 문명의 토대였던 기독교는 심한 타격을 입지 않을 수 없었다. 교회의 전통과 권위도 과학적 사고, 역사적 비평, 이성적 비판에서 자유로울 수 없게 되었다. 성서의 '신화들', 즉 '하나님 이야기'가 세계와 인생을 설명해주던 종래의 권위를 상실하게 된 것이다. 성서 이야기들은 과학적으로 이해가 되지 않을 뿐 아니라 역사적 사실도 아니라는 생각이 일반화되었다. 역사학자들과 성서 연구가들은 이제 성서 이야기들이 언제 어떻게 형성되었고 어떤 경로를 통해 전해지고 권위를 인정받게 되었는지를 낱낱이 밝히게 되었으며, 성서와 전통교리을 더 이상 절대불변의 진리로 주장하기 어렵게 되었다. 최근 신학계에서 많이 논의되고 있는 '역사적 예수'의 문제도 좋은 예이다. 교회가 가르쳐온 도그마의 그리스도, '신앙의 그리스도', 천상의 그리스도를 '역사적 예수', 나사렛 예수, 인간 예수에 대비시키고 차별화하는 사고는 역사와 신화를 명확히 구별하는 현대의 역사적 사고의 산물이다.

현대 기독교는 더 이상 이러한 역사적 사고와 역사적 진리를 외면할 수 없게 되었다. 현대신학은 이제 역사적 사실에 입각해 기독교 신앙과 신학의 전통을 밑바닥에서부터 다시 재해석하고 재구성할 수밖에 없게 된 것이다. 성서의 문자적 권위를 강조하는 근본주의 신앙은 물론이고, 교회의 전통적 교리와 가르침도 역사적 사고가 상식화된 현대인들에게는 더 이상 절대성을 지니기 어렵게 되었기 때문이다. 뿐만 아니라, 현대의 역사적 연구들은 교회가 어떻게 인간의 자유로운 사고를 억압해왔는지, 어떻게 봉건적 사회질서를 신성화했는지를 훤히 밝히고 있으며, 기독교가 저지른 수많은 죄악도 고발하고 있다. 교회가 어떻게 하나님의 이름으로 인간성과 인권을 짓밟았는지, 어떻게 내세를 위해 현세를 희생시키고 하늘을 위해 땅을 팔았는지, 어떻게 영혼을 위해 육체를 폄하하고 인간 소외를 조장했는지 낱낱이 폭로했다. 기독교가 전파하던 복음 대신 이제는 인간 해방과 인간의 복권을 외치는 세속적 '해방의 복음'이 현대인의 의식을 지배하게 된 것이다.

현대의 역사의식과 지식 그리고 전 세계로 확대된 현대인의 문화 상식과 지식은 기독교가 세계의 여러 종교 가운데 단지 하나일 뿐이라는 사실을 사람들의 마음에 뚜렷하게 각인시켰다. 기독교의 경전, 제도, 전통, 신관과 기독론, 세계관과 인생관 등 모든 것이 여러 종교와 문화적 전통 가운데 하나일 뿐이라는 의식이 상식화되면서, 기독교는 더 이상 절대적이고 배타적인 진리 주장을 펼 수 없게 되었다. 역사적 상대주의, 문화상대주의 앞에서 모든 종교가 상대화되고 더 이상 과거에 누리던 절대적 권위를 누릴 수 없게 된 것이다.

특히 불교나 힌두교 같은 동양 종교들이 탈기독교 시대를 살고 있는 서구 지성인들을 매료시키면서, 기독교의 우위성과 배타적 진리 주장은 심각한 타격을 받을 수밖에 없게 되었다. 동양 종교들의 도전은 지금도 진행 중이며, 근대 과학의 도전에 버금갈 만한 파괴력을 가지고 있다. 교회의 가르침이야 어떠하든, 기독교도 여러 종교 중 하나라는 사실은 그 자체로 이미 종교의 배타적 진리 주장을 무력화시킨다 해도 과언이 아니다. 종교다원주의는 이런 상황에 대한 과감한 대응이다.

1920년대에 들어 트뢸치Ernst Tröltsch라는 독일 신학자는 서구 신학자들 가운데에서 처음으로 솔직하고 명시적으로 기독교가 진리의 절대성·보편성 주장을 포기해야 한다는 대담한 견해를 표명했다. 아직도 기독교와 타종교의 관계를 어떻게 정립할 것인가 하는 문제를 놓고 신학자들이 여러 입장으로 나뉘어—흔히 배타주의exclusivism, 포용주의inclusivism, 다원주의pluralism라는 세 입장으로 정리된다*—갑론을박

---

* 이 책, "한국 기독교의 배타성은 어디에서 오는가"(117쪽)를 참조하라.

하고 있지만, 기독교의 역사적 상대성, 문화적 상대성은 이미 세계인의 상식이 되어버린 지 오래다. 성직자들이나 신학자들이 뭐라고 하든, 양식 있는 현대인들은 거의 모두가 암묵적인 종교다원주의자들이라 해도 과언이 아니다.

가톨릭교회는 1960년대 초에 개최된 제2차 바티칸공의회를 통해 타종교에 대해 문을 활짝 열고, 교회 밖에는 구원이 없다는 종래의 배타주의를 과감히 청산했다. 그 결과 지금 우리나라에서 가톨릭과 타종교들은 서로 존중하는 원만한 관계에 있다. 하지만 개신교는 사정이 전혀 다르다. 일부 진보적 신학자들이나 지성인들을 제외하고 한국 개신교 신자들의 절대다수가 이웃 종교에 대해 꽉 막힌 배타주의자들이라 해도 결코 과장이 아니다. 잘못된 배타적 유일신 신앙으로 단단히 무장하고 거기다가 '오직 믿음', '오직 은혜', '오직 성서'라는 '오직주의'로 무장한 편협하기 짝이 없는 신앙이 개신교계에서 판을 치고 있다. 무한자 하나님과 하나님의 말씀이며 진리인 로고스Logos 그리스도를 편협한 울타리 속에 가두어버린다.

이런 일은 무지했던 시절 서양 선교사들이 한 일이라면 몰라도, 우리 선조들이 목숨을 걸고 가꾸고 지켜온 사상적 전통과 탈종교 시대를 사는 세계 지성인들이 현대 문명의 대안으로 주목하고 있는 동양사상에 비추어볼 때, 어처구니없기 짝이 없는 일이다. 한국 개신교의 배타주의 신앙은 성서문자주의 신앙, 근본주의 신앙과 더불어 반드시 청산되어야 할 병폐 중의 병폐라고 나는 확신한다. 이에 비하면 한국 교회의 다른 모든 문제는 부차적이다.

인류의 대다수를 단지 예수 그리스도를 믿지 않았다는 이유 하나만으로, 그것도 전혀 자기 책임도 아닌데, 영원한 지옥으로 보내는 하나님을 우리가 어떻게 사랑의 하나님으로 믿을 수 있겠는가? 그런 하나님은 온 인류를 창조하시고 죄악에서 구원하기를 원하시는 보편적 사랑의 하나님이 아니다. 천지 만물을 창조하신 하나님은 예수 그리스도를 보내신 분이라 해도 결코 그리스도인이 아니다! 그렇다고 불자나 이슬람 신자도 아니다. 모든 종교가 하나님을 지향하고 있지만, 하나님은 종교를 초월하는 분이시며 어느 한 종교의 독점물이 될 수 없다.

종교란 인간이 하나님께로 나아가는 길을 제시해 주지만 결코 그 자체가 목적이 아니다. 이런 면에서 종교는 달을 가리키는 손가락이지 달 자체는 아니다. 종교는 인간으로 하여금 그 자체를 넘어 궁극적 실재인 하나님을 향하도록 하는 데 그 존재 이유가 있다. 어떤 종교도 자기를 절대화하거나 하나님을 독점하거나 가둘 수 없다. 하나님을 독점하고 자기 종교에 가두려는 유혹은 종교가 극복해야 할 마지막 유혹일지도 모른다. 이러한 자기 절대화의 유혹은 하나님의 특수한 계시를 받았다고 주장하는 유일신 신앙의 종교들, 특히 기독교 신앙이 가장 경계해야 할 사항이다. 타종교의 진리를 인정하는 것은 결코 자기 종교의 자살행위가 아니라 오히려 살길이다. 성 아우구스티누스가 말하기를 기독교의 진리는 영원하지만, 그리스도가 세상에 오심으로 비로소 기독교라는 이름을 지니게 되었다고 했다. 진리는 누가 말했든 상관없이 진리이다. 진리는 언제 어디에서 누구에게나 진리이다. 진리가 진리라면, 어느 종교가 말했는지에 관계없이 모든 종교가 경청해야 한다. 간디의 말대로, 진리satya는 곧 하나님이다. 진리 앞에 겸손하자.

현대 기독교 사상이 나아갈 길

그러면 기독교는 이상과 같은 현대 세계의 도전 앞에서 어떻게 해야 할까? 현대 기독교 신학의 과제는 무엇이며 어디로 나아가야 할 것인가? 이 글의 앞부분에서 다룬 신앙의 두 측면, 즉 신뢰하는 믿음과 신앙 내용을 수용하는 믿음을 구별하면서 현대 기독교는 후자, 다시 말해 믿음의 내용인 신앙의 진리를 현대 세계에서 새롭게 이해해야만 한다. 이런 관점에서 현대 기독교 사상이 나아가야 할 방향을 다섯 가지로 정리해 본다.

첫째, 문제를 회피하거나 은폐해서는 안 된다. 문제를 있는 그대로 정직하게 인정하고 정면으로 다루어야 한다. 현대신학은 우선 과학적 세계관과 진지하게 대화해야 한다. 가령 창조론이나 종말론 같은 주제를 논할 때, 진화론이나 현대 우주물리학이 말하는 진리를 과감히 반영하는 데 주저해서는 안 된다. '창조과학' 같은 사이비 과학, 사이비 신학에서 도피처를 찾으려고 해서는 안 된다. 신앙의 진리와 과학의 진리는 차원이 다르다고 하면서 문제를 안이하게 대하거나 회피해서도 안 된다. 심각한 갈등이 있더라도, 현대신학은 과학적으로 확실하게 밝혀진 사실이 신앙의 진리에 대해 지니는 의미를 깊이 숙고해야만 한다. 결코 쉽지 않은 일이지만, 피할 수도 없고 피해서도 안 되는 일이다.

기독교 신학은 어떠한 경우에도, 과학적 진리에 명백하게 반하는 것을 사실적 진리로 고집해서는 안 되고, 그런 것을 억지로 믿는 것을 신앙으로 간주해서도 안 된다. 우리가 앞에서 고찰한 바와 같이 사실의 진리와 의미의 진리 내지, 신앙의 진리를 동일한 차원의 문제로 여겨서도 안 되지만, 그렇다고 둘이 전혀 무관한 다른 차원의 문제라고 쉽게 결론을 내려서도 안 된다. 하나님에 관련된 신앙의 진리는 단순한 사실적 차원을 넘어선다. 인간과 세계에 관련된 신앙의 진리도 그렇다. 그렇다고 신앙의 진리를 아무런 근거 없는 환상이나 독단이라든지, 또는 우리의 주관적 의지나 실존적 결단에 맡길 문제로 간주하는 것은 모두 만족스럽지 못한 입장이다. 또 신앙의 진리는 결코 사실적·역사적 차원의 진리로 입증할 수 없으며, 그래서도 안 된다는 신앙주의fideism에서 도피처를 찾아서도 안 된다. 신앙의 문제에서는 입증과 근거가 다르다. 신학은 신앙의 근거를 묻고 제시하는 일을 결코 소홀히 할 수 없다. 기독교 신학이 해야 할 가장 중요한 작업이기 때문이다.

이런 입장을 다른 말로 하면, 한편으로는 과학의 진리가 신앙의 진리를 판단하는 궁극적 기준이 되어서는 안 된다는 것이다. 과학적 지식도 바뀔 수 있다. 과학을 절대시하는 과학주의자가 되어서 신앙의 진리를 마구 재단하려고 해서는 곤란하다. 과학의 역사는 과학적 지식도 변하며 결코 절대적이지 않다는 사실을 보여주고 있다. 뉴턴의 물리학이 수세기 동안 진리의 기준으로 군림했고, 지금도 여전히 매

크로 세계에서는 잘 통하지만, 아인슈타인의 상대성 이론 이래 절대 공간과 절대 시간이란 존재하지 않는다는 사실이 밝혀졌다. 양자역학 역시 미립자의 세계에서는 고전 물리학의 상식이 통하지 않는 이상한 현상이 일어난다는 사실을 보여주고 있다. 건전하고 겸손한 과학과 오만한 과학주의scientism는 구별되어야 한다. 참 과학은 언제나 새로운 발견, 새로운 진리에 열려 있어야 한다. 과학을 절대시하는 '과학근본주의'는 성서의 문자적 진리를 고집하는 '성서근본주의'와 닮은꼴이다. 어디에서나 대화와 배움을 불가능하게 만드는 맹신과 근본주의가 문제이다.

둘째로, 역사적 상대주의와 문화상대주의의 상식을 무시하는 독단적 신학이나 타문화, 타종교를 백안시하는 배타적 신학이 오늘의 세계에서 더 이상 설 자리가 없다는 점도 명백하다. 현대 기독교 신학은 단순히 타종교에 대한 존중과 대화의 차원을 넘어 타종교의 진리, 사상, 영성, 수행 등에 대해서 배우고, 수용할 것은 과감히 수용해야만 한다. 현대신학은 배타주의나 포괄주의를 넘어 솔직하고 용기 있게 다원주의 신학으로 나아가야만 한다. 어렵지만 불가피한 선택이다. 종교다원주의는 자기 종교의 진리만을 고집하는 배타주의자들에게 자살행위로 보일지 모르지만, 타종교에 겸손히 귀 기울여 배우고자 하는 열린 마음에는 한 종교에 갇혀 있던 종래의 시야를 벗어나서 자기 종교의 이해를 오히려 더 깊고 풍부하게 할 수 있다. 그럼으로써 고사해 가는 현대 기독교에 활력을 불어넣을 수도 있다. 하나님을 기독교의 울타리에 가두지 말자. 무한자 하나님은 가둘 수 있는 존재가 아니다. 천지를 창조하신 하나님은 결코 기독교의 전유물이 될 수 없다.

셋째, 현대 기독교는 계몽주의 이래 보편화된 인간의 주체성과 존엄성에 기초한 인간 해방의 복음—인권, 자유, 평등, 정의를 외치는—을 외면할 수 없다. 한국교회와 사회에 만연한 권위주의, 성性차별, 인간 차별과 억압을 과감히 청산하자. 인권, 자유, 정의, 민주주의, 사회주의 같은 근대적 가치의 기독교적 뿌리를 재발견하고 확인하면서 교회의 가르침 안에 수용하고 발전시켜 나아가자. 특히 성서의 '윤리적 유일신 신앙ethical monotheism'의 정신과 예수의 가르침에 담겨 있는 인간 해방의 정신을 적극적으로 살려 나가자. 해방신학, 민중신학, 흑인신학, 여성신학, 인도의 달리트Dalit, 불가촉천민들 신학 등, 바로 이런 정신을 반영하는 현대신학의 다양한 목소리에 귀를 기울이자.

넷째, 현대 기독교 신학과 사상은 근대 문명의 근본적 한계로 지적되고 있는 환경생태계 위기에 주목해야만 한다. 오늘의 기독교는 인간의 권리와 해방뿐 아니라 자연의 생존권과 해방으로까지 관심의 폭을 넓혀야 한다. 현대신학은 기독교가 인간중심주의를 고취함으로써 오늘의 환경생태계 위기를 초래한 이념적 근거가 되었다는 비판을 겸허히 수용해야만 한다. 동시에 기독교의 오래되고 풍부한 전통 내에 존재하는 환경생태적 영성을 발굴하고 살려 나가야 한다.

다섯째, 현대신학은 현대인의 삶을 송두리째 위협하고 있는 삶의 의미의 문제에 대해서 보다 많은 관심을 기울여야만 한다. 의미의 기반이 무너진 현대 문명, 추구해야 할 가치와 목적을 상실한 세계에서 우리가 절대 포기해서는 안 되는 가치와 의미를 어떻게 되찾을 수 있을지 기독교 신학은 고심에 고심을 거듭해야 한다. 종전의 배타적 방식으로는 안 된다. 가치상대주의, 가치다원주의, 종교다원주의를 통과하지 않은 배타주의와 근본주의로는 결코 오늘의 세계가 당면한 과제들을 해결할 수 없다는 사실을 직시해야 한다.

현대 기독교 사상은 적어도 이상과 같은 다섯 가지 관심, 즉 과학적 진리의 존중, 인간의 존엄성에 기초한 인간 해방에 대한 관심과 실천, 다원주의 입장 위에서 타종교와의 대화와 일치와 연대 그리고 무엇보다도 21세기 문명의 최대 화두로 부상한 환경생태계 위기에 대한 관심과 삶의 의미의 문제 등에 적극적으로 대처해야 한다. 이를 위해서 현대신학은 기독교 전통을 새로운 안목으로 해석하고 개혁할 것은 과감하게 개혁해야 한다. 이것은 결코 신앙의 진리를 세상 풍조에 맞게 타협하자거나 복음의 진리보다 현대의 사상을 우선시하자는 말이 아니다. 세상과 대화를 거부하고 전통을 고수하려는 신학, 시대와 호흡하지 않고 화석화된 전통에 집착하는 신앙은 결코 살아 있는 신앙이 될 수 없고, 기독교 자체에도 도움이 되지 못한다. 지켜야 할 것만 지키고 버려야 할 것은 과감히 버리는 용기와 지혜만이 현재에도 미래에도 기독교가 살길이다.

세상과의 대화는 결코 시대의 풍조를 맹종하는 것이 아니다. 대화는 신학의 본래적 작업이고 신학의 존재 이유이다. 종교는 사람을 위해 존재하며 세상을 위해 존재한다. 기독교도, 교회도 당연히 세상을 위해 존재한다. 교회가 세상이 알아듣지 못하는 언어를 고집하면서 사람들을 소외시킨다면 복음을 전해야 하는 책임을 방기하는 것이나 다름없다. 무엇보다도 생각 있는 신앙인들로 하여금 기독신앙을 외면하게 만들 것이다. 현대신학, 현대 기독교 사상은 시대가 안고 있는 문제의식과 부단히 씨름하면서 성서의 말씀과 교회의 전통을 세상이 알아듣는 언어로 새롭게 해석하고 이해하는 노력을 소홀히 할 수 없다. 예수 그리스도를 통해 계시된 하나님에 대한 신뢰와 헌신은 날로 깊어져야 하지만, 하나님과 예수 그리스도를 이해하는 방식은 진지하게 묻기를 주저하거나 두려워하지 말아야 한다. 이것이 한국 기독교뿐만 아니라 세계 기독교 전체가 살길이다. 이것은 기독교가 박물관의 유물로 남지 않고 현대인의 마음을 움직이고 미래를 이끌 수 있는 신앙이 되기 위해서 피할 수 없는 과제이다. 한국 기독교계의 각성과 분발이 절실히 요구된다.

교회에 갇힌 하나님과 예수

예수의 하나님 나라 운동과 그의 죽음과 부활의 메시지로 시작한 기독교는 2,000년 역사를 통해 다양한 사상과 사조를 접하고 대화하고 창조적으로 흡수함으로써 생명력을 유지해왔다. 간단히 말하면 기독교는 그리스 철학의 도전에 창조적으로 응답함으로써 서양 고대와 중세 문명을 주도하는 역할을 수행할 수 있었다. 이제 근대 과학의 도전과 동양 종교와의 만남이라는 새로운 도전 앞에서 기독교는 다시 한번 근본적 패러다임의 전환을 요구받고 있다.

현대 기독교 신학은 이 도전에 대해 아직도 확실한 응답을 하지 못한 채 우왕좌왕하거나 두려움 속에서 전통을 고수하고 있는 형편이다. 생각하기를 포기하고 묻지 마 신앙에 젖어 있는 한국교회, 기독교 전통 내에 있는 풍부한 사상과 영적 자산조차 무시할 정도로 편협한 한국 개신교는 반드시 변해야만 한다. 신앙의 진리는 불변이지만 신앙의 진리를 이해하는 우리의 시각과 사고는 항시 변해야만 한다. 그래야 산 진리가 되고 산 신앙이 되기 때문이다.

현대 기독교, 특히 한국 개신교의 가장 심각한 문제는 하나님과 예수를 교회의 아성과 낡고 편협한 전통의 굴레 속에 가두어 버렸다는 것이다. 역설적이지만, 현대 기독교가 나아가야 할 방향은 기독교가 독점하고자 하는 하나님과 교회의 울타리에 갇힌 예수를 과감히 놓아주는 데 있다. 그러기 위해서는 교회 지도자들과 평신도들의 각성이 있어야만 한다. 깨어나야만 한다. 타성에 젖은 묻지 마 신앙을 박차고 나와 기독교 신앙의 진리에 대해 깊이 생각하고 고민하는 신앙이 필요하다. 이것이 한국 기독교를 살릴 수 있는 길이다. 소수의 깨어난 신자만 있어도 살릴 수 있다.

잘못된 과거를 청산하고 타성에 젖은 현재를 벗어난다는 것은 죽음을 의미한다. 그만큼 괴롭고 힘들다. 하지만 한국 기독교는 죽어야 산다. 죽어야 산다는 진리, 죽는 것이 참으로 사는 길이라는 사즉생死即生의 진리는 개인 영성의 차원을 넘어 한국 기독교계와 빈사 상태에 있는 세계 기독교 전체에 해당되는 진리이다.

아직도 교회 다니십니까*

외면당하는 한국교회

요즘, 사람들 사이에는 "아직도 강북에 사십니까?"라는 말이 유행한다고 한다. 나는 이 말을 패러디해서 "아직도 교회 다니십니까?"라고 묻고 싶다. 오늘날의 교회란 일요일이 되어도 갈 곳 없는 사람이 가는 곳, 아니면 삶이 너무 버겁고 절망적이어서 무엇이든 매달리지 않고서는 견디지 못하는 사람이 찾는 곳으로 인식되고 있다. 적어도 '정상적인' 지성을 가지고 삶을 즐길 만한 여유가 있는 사람은 교회에 다닐 필요가 없다고 생각하는 사람이 꽤 많다.

---

* 이 글은 2000년 7월 새길교회에서 한 설교문을 바탕으로 하였다.

어렸을 때는 주일에 교회를 안 가면 벌을 받는다는 생각에, 또 예수 안 믿으면 지옥 간다는 협박에 은근히 겁이 나서 응당 교회에 가야 하는 줄 알았지만, 지금 누가 지옥을 믿으며 누가 벌이 두려워서 교회에 가겠는가? 또 누가 교회에 다녀야만 구원을 받는다고 생각하겠는가? 도대체 '구원'이 무엇이기에 그렇다는 말인가? 만약 교회에 안 다녀서 지옥에 간다면 세계 인구의 대다수가 지옥에 갈 것인데, 이렇게 인류의 대다수를 지옥에 보내는 하나님을 누가 사랑의 하나님이라고 믿겠는가? 사실 이런 배타적 구원관, 인류의 다수를 멸망시키고, 선택받은 소수만을 구원하시는 무자비한 하나님이 지성인들로 하여금 기독교를 외면하게 만드는 큰 원인이 되고 있다.

왜 사람들은 교회를 외면하며 잘 다니던 사람들도 떠날까? 사회의 고통은 외면한 채 자기 몸집 불리기에만 열중하는 교회의 모습, 무허가 신학교에서 저질 목사들을 양산하는 한국 기독교의 한심한 작태, 목사나 장로들의 독선과 권위주의, 재벌도 해서는 안 될 세습을 강행하는 일부 대형교회들의 행태, 툭하면 반말로 교인들을 윽박지르는 목사들의 막말, 각종 명목으로 강요하는 헌금과 투명하지 못한 사용처, 앉아서 듣기 거북할 정도로 유치하고 저질스러운 설교 등, 교회를 멀리하고 싶은 이유를 들라면 한도 끝도 없을 것이다.

그러나 생각해 보면, 이런 현상을 만들어낸 한국 기독교의 신앙적 풍토에 무엇인가 본질적인 문제가 있는 것은 아닌지 묻지 않을 수 없다. 특히 전통적인 기독교 신앙과 그 메시지 자체가 더 이상 사람들에게 호소력과 설득력을 지니지 못하게 되었기 때문에 신앙의 이름으로 온갖 비리와 탈선이 판을 치고 있지는 않은지 묻게 된다. 너무나도 인간의 모습을 닮아 유치하기까지 한 기독교의 대중적 신관, 감싸 주고 품어 주기보다는 단죄하고 군림하는 엄한 가부장적 하나님, 무소불위의 힘을 휘두르는 전제군주 같은 하나님, 건전한 지성과 상식으로는 믿지 못할 기적 이야기로 가득한 성서의 말씀, 기독교의 핵심이라고는 하지만 아무리 해도 궤변처럼 들리는 삼위일체 교리 그리고 자유, 책임, 사랑, 정의 등 온갖 좋은 것은 몽땅 하나님께 돌리고 인간의 죄악만 들먹이는 신앙, 대강 이런 것들이 사람들이 기독교를 처음 접할 때 느끼는 불편한 점일 것 같다.

이것은 오래 신앙생활을 한 사람도 크게 다르지 않다. 다르다면 생활에 배인 습관 때문에 차마 교회를 떠나지 못하고 있다는 것, 막상 떠나려고 하면 무슨 벌이라도 받을 것 같다는 불안감 같은 것이 어영부영 교회생활을 계속하도록 발목을 잡고 있다는 것이다. 한 종교의 가르침 자체가 좋고 마음에 든다면 그 종교에 몸담고 있는 신자들의 비리나 위선이나 혹은 인간적인 약함과 부족함 같은 것은 그다지 큰 문제가 되지 않는다. 얼마든지 변명을 하고 개선할 수 있기 때문이다. 그러나 한 종교의 근본 메시지 자체가 문제시될 때, 그 종교는 존재 이유가 의문시되면서 본질적 위기를 맞을 수밖에 없다.

요즘 강남의 한 유명한 불교단체에 다니는 신자 중 3분의 1은 새로운 신자이고, 3분의 1일은 기존의 불교 신자 그리고 나머지 3분의 1은 개신교나 천주교에 몸담았던 사람들이라는 말을 들었다. 이들 탈그리스도인들이 또 하나의 기복신앙을 좇아 불교로 갔을까? 그럴 것 같지는 않다. 기복신앙하면 강력한 하나님의 뒷배를 가지고 있는 기독교가 뭐가 부족해서 불교에 기웃거리겠는가? 그렇다고 교회의 타락이나 목사들의 추태 때문이라고 보기도 어렵다. 불교도 이 점에서는 별반 다를 것이 없기 때문이다. 근본적 원인은 역시 성경 이야기나 기독교 교리가 도저히 믿기 어렵고 공허하게 들리는 반면, 불교는 합리적이면서 심오한 지혜의 가르침이 있다는 인상을 주며 적어도 절을 방문한 신자들의 마음만은 편안하게 해주는 장점이 있기 때문이 아닐까 짐작해본다.

얼마 전에 나는 어느 종교 모임에서 일흔이 조금 넘은 한 전직 교수의 종교 편력 이야기를 들었다. 유교, 천도교, 기독교를 전전하다가 결국엔 불교에 정착했다는 이야기였다. 그가 이해한 기독교는 하나님의 아들 예수가 처녀의 몸에서 탄생하여 우리의 죄를 사하려고 십자가에 죽었다가 부활했다는 것을 믿는 종교인데, 자기는 죽어도 그런 것을 믿지 못하겠기에 결국 불교의 문을 두드렸더니 그렇게 좋을 수가 없다고 했다. 나는 그에게 기독교 신앙에 대해 이런저런 이야기를 말해 주고 싶었지만, 엄두가 나질 않아 포기했다. 하지만 그가 이해하는 것이 기독교가 2,000년 동안 가르쳐 온 일반적인 가르침이고, 우리나라 그리스도인들의 일반적인 신앙 이해라는 사실은 부정하기 어려울 것 같다.

맹목적인 예수 숭배

만약 누가 여러분에게 기독교 신앙의 요체가 무엇이냐고 물으면 여러분은 어떻게 답하겠는가? 수많은 그리스도인이 교회에 다닐지 말지 고민하고 있는 형국에서 오늘 나는 이러한 기본적인 문제를 다시 한번 생각해 보려고 한다. 현대 기독교, 특히 우리나라 기독교는 분명히 낡은 교리의 탈을 벗고 새로 태어나야만 한다.

그렇다면 전통적인 기독교 신앙에서 도대체 무엇이 근본적인 문제일까? 많은 것을 얘기할 수 있지만, 나는 단도직입적으로 '맹목적인 예수 숭배'가 가장 큰 문제라고 말하고 싶다. 그리고 이 맹목적인 예수 숭배를 청산하려면 바로 예수 자신의 가르침을 되찾아야 한다는 점을 강조하고 싶다. 한마디로 말해, 현대 기독교는 '예수에 대한 신앙'으로부터 '예수의 신앙'으로 돌아가야만 한다. 예수의 신앙을 제대로 알 때, 비로소 예수에 대한 신앙도 올바른 방향으로 나아갈 수 있다고 생각하기 때문이다.

이제 한국 기독교는 예수를 하나님과 동등한 존재로 떠받들고 신앙의 대상으로만 삼는 일을 그만두고 인간 예수 자신의 신앙 세계에 눈을 돌려야 한다. 우리도 인간 예수의 신앙을 본받아 그 깊은 경지에 들어가서 예수를 따라 살고, 예수처럼 사는 존재가 되어야 한다는 생각을 심어주어야 한다. 예수를 저 높은 곳에 두고, 우러러 섬기는 대상으로만 삼지 말고 그의 신앙, 그의 삶을 따르는 기독교로 다시 태어나야 한다는 말이다. 현대 세계에서 아직도 의미 있게 교회에 다니고,

아직도 의미 있는 신앙생활을 하려고 한다면 나는 이 길밖에는 없다고 생각한다. 어찌 보면 너무나도 당연하고 상식적인 말이다.

어느 종교이든 창시자의 신앙과 그가 품었던 비전을 품고 그의 인격을 흠모하고 그의 가르침에 따라 사는 것은 너무나 당연한 일이다. 그런데도 이러한 상식이 기독교, 특히 한국 기독교에서는 안 통한다. 이러한 어처구니없는 상황이 변하지 않는 한, 한국 기독교는 물론이고 세계 기독교 전체에도 희망이 없다는 것이 나의 판단이다

예수에 대한 신앙에서 예수의 신앙으로

그러면 예수에 대한 신앙에서 예수의 신앙으로 나아가야 한다는 것은 구체적으로 무엇을 뜻하는 것일까? 우리는 먼저 예수가 철저히 '하나님 중심의 신앙'을 가진 사람이었다는 사실을 기억해야 한다. 이는 경건한 유대 청년 예수에게는 너무나도 당연하고 자연스러운 일이었다. 하지만 교회는 바로 이 사실을 망각하고, 예수를 하나님의 자리에 올려놓음으로써 예수의 신성神性을 둘러싸고 수많은 이단 시비를 야기하면서 분열되었다. 하지만 우리가 편견 없이 복음서를 읽어보면 인간 예수의 신앙은 매우 뚜렷하게 드러난다. 예수는 하나님을 '아빠'로 부를 정도로 하나님을 깊이 믿고 사랑하고 그의 뜻을 따르고자 자신을 온전히 비운 존재였다. 철저히 자신을 비웠기 때문에 그는 하나님을 투명하게 보여주는 투명체가 되었고, 사람들은 그를 통해서 보이지 않는 하나님의 모습을 볼 수 있었다. 예수는 하나님의 모습을 너

무나 잘 보여주고 하나님을 똑 닮았다 하여 사람들은 그를 '하나님의 아들'이라고 불렀다. 그는 자신을 철저히 비우고, 전적으로 하나님께 자기를 맡기고 살았기 때문에 하나님의 권능이 그를 통해 고스란히 나타났고, 사람들은 그가 한 일들을 보고 놀랐다. 철저하게 자신의 힘을 뺐기 때문에 그는 하나님의 힘으로 충만했던 것이다.

당시 예수를 접해 본 사람들은 그와 하나님을 분리해서 생각하기 어려울 정도가 되었다. 그런 예수였지만, 예수 자신은 결코 사람들에게 자기를 믿으라고 하지 않았다. 그는 오히려 선한 분은 오직 하나님 한 분뿐이라고 말하면서 제자들이 자기를 선하다고 부르는 것을 용납하지 않았다(막 10:18). 예수는 철저하게 하나님 중심의 신앙을 가진 분이었다.

예수는 또 인간을 지극히 귀하게 여기고 사랑하신 분이었다. 인간을 얼마나 귀하게 여겼는지 보잘것없는 사람들, 당시 유대 사회에서 천대받고 따돌림당하던 사람들, 장애인들과 병들고 가난한 자들을 대변했다. 그들에게 하나님의 자녀로서의 존귀함을 일깨워 주었고, 그들을 비인간화하는 온갖 장벽―종교적·율법적·사회적·신체적 장벽과 편견―을 과감하게 제거해줌으로써 그들로 하여금 인간답게 살 수 있도록 했다. 따라서 예수는 당시 유대 사회의 종교적 편견과 비인간적인 제도에 맞설 수밖에 없었으며, 결국 당시 유대교의 종교 권력과 로마의 정치 권력의 눈 밖에 나서 십자가에서 처형당하는 불운을 겪었다.

예수는 이렇게 철저히 하나님을 사랑하고 인간을 사랑한 분이었으며, 마태복음의 말씀은 이 점을 분명하게 말해준다. '율법 중에서 어느 것이 제일 큰 계명입니까?'라는 바리사이인들의 질문에 대해 예수는 '너의 마음을 다하고 목숨을 다하고 뜻을 다하여 주 너의 하나님을 사랑하라, 네 이웃을 네 몸과 같이 사랑하라는 두 계명이 모든 율법과 예언서의 본뜻이다'라고 간명하게 답했다(마 22:36-39). 만약 예수께서 오늘의 세계에 사셨다면 하나님 사랑과 인간 사랑 외에 자연을 사랑하라는 제3의 계명도 추가하셨을 것이라고 나는 확신한다. 인간의 탐욕으로 인해 하나님의 아름다운 창조세계가 오늘날처럼 망가지게 될 줄은 예수께서도 미처 모르셨을 것이다.

하나님 사랑과 인간 사랑

예수에게 하나님 사랑과 인간 사랑은 분리될 수 없을 정도로 밀접하게 연결되어 있다. 하나님 사랑 없는 인간 사랑이나 인간 사랑 없는 하나님 사랑은 그로서는 생각조차 할 수 없었다. 예수는 인간의 고통은 아랑곳하지 않고 하나님 사랑만 외치는 당시 종교 지도자들의 위선을 고발했다. 예수는 또 하나님 사랑 없이 인간 사랑을 외치는 오늘날 휴머니스트들의 공허한 사랑은 생각할 수도 없었다. 예수의 눈에 인간은 예외 없이 누구나 하나님의 자녀로서 한없이 귀한 존재이며, 하나님 없는 인간의 존엄성이란 생각하기 어려웠기 때문이다. 예수가 보는 하나님은 인간을 도외시하고 홀로 영광 받기를 원하는 독재군주 같은 존재가 아니었다. 나는 그리스도인들이 종종 '당신 홀로 영광을 받으시고'라고 기도할 때마다 민망함을 느낀다. 존귀와 영광을 홀로 차지하는 '나 홀로 하나님'은 자기 백성의 고통은 아랑곳없이 혼자서 부귀영화를 누리는 전제군주 같은 하나님이기 때문이다. 이는 결코 예수 그리스도의 하나님이 아니다. 인간을 노예같이 부리고 인간성을 말살하는 하나님, 인간의 고통과 피조물의 슬픔을 외면한 채 홀로 영광중에 거하시는 하나님은 결코 예수가 믿던 하나님이 아니다.

예수는 말로만 하나님 사랑과 인간 사랑을 외친 존재가 아니었다. 그는 자신을 완전히 낮추고 비워서 사랑을 실천하며 산 사람이었다. 그의 사랑은 추상적이고 관념적이 아니라 병자들을 고쳐 주고 힘없는 자들을 대변해 주는 매우 구체적인 사랑이었다. 그렇기 때문에 그의 사랑에는 대가가 따랐고, 결국 진정으로 인간을 사랑하고 진정으로 하나님을 사랑한 '죄 아닌 죄'로 인해 거짓으로 하나님을 사랑하고 거짓으로 인간을 위하는 사람들에게 핍박을 받았다. 그는 성스럽다는 종교 의례와 관습보다는 하나님 자신을 더욱 사랑했으며 모세의 율법보다는 그런 율법을 지킬 형편이 되지 못하는 사람들을 더욱 사랑한 분이었다. 결국, 그는 이러한 사랑을 부담스럽게 여긴 권력자들의 손에 의해 처형당한 것이다.

예수는 죽기 위해 세상에 오신 것이 아니다

내가 기독신앙의 본질을 이와 같이 예수 자신이 보여준 진정한 하나님 사랑과 인간 사랑으로 파악하는 것은 전통적인 기독교 교리에 대해 불만이 많기 때문이다. 예수 자신이 보여주신 하나님 사랑과 인간 사랑은 전통적인 기독신앙의 이해와는 많은 차이가 있다. 가령, 하나님의 아들이 동정녀 마리아의 몸에서 태어나서 우리의 죄를 사하기 위해 십자가에 못 박혀 죽으시고 사흘 만에 부활하셨다는 신화 같은 이야기와는 한참 거리가 멀다. 더군다나 그런 이야기를 믿기만 하면 구원을 받는다는 식의 신앙과는 엄청난 차이가 있다. 이 엄청난 차이와 그 신학적 의미를 자세히 다 말할 수는 없지만, 한 가지 매우 중요한 점만 지적하고 싶다.

예수는 진정으로 하나님을 사랑하고 진정으로 인간을 사랑하다가 권력자들의 손에 의해 처형당한 것이지, 우리 죄를 대속하기 위해 십자가의 죽음을 자취한 것이 아니라는 사실이다. 하나님은 죄 없는 자기 아들로 하여금 우리의 죗값을 대신 치르게 하신 연후에야 인간의 죄를 용서해 주시는 그런 조건적 사랑의 하나님이 아니다. 그것도 자기가 요구하는 조건을 스스로 충족시키고 죄를 용서해 주시는 우스꽝스러운 하나님은 더욱 아니다.

전통적 교리에 따르면 하나님은 정의를 요구하시는 분이기 때문에 죄가 있으면 누군가가 반드시 죗값을 치러야만 구원을 받는다. 그러나 죄 많은 우리 인간으로서는 죗값을 요구하시는 하나님의 정의를 도저히 만족시킬 길이 없기 때문에 결국 하나님 편에서 인간을 불쌍히 여기셔서 자기 아들로 하여금 대신 형벌을 받게 하고 인류의 죄를 용서하셨다는 것이다. 하지만 이건 그야말로 병 주고 약 주는 식이 아닌가? 솔직히 말해서 나는 그런 용서라면 고맙지만 사양하겠다고 말하고 싶다. 영원히 형벌을 받을지라도 나의 죗값은 내가 치르겠다고 오기를 부리고 싶은 마음까지 생긴다.

나는 죄 없는 자기 아들을 제물로 잡고서야 직성이 풀리는 잔인하기까지 한 하나님을 도저히 받아들일 수 없다. 다행히 그런 하나님은 예수가 가르쳐 주고 보여주신 하나님이 아니다. 집을 나간 탕자가 회개하고 돌아오기 전부터 그를 애타게 기다리면서 마음속에 이미 그의 죄를 물을 생각조차 하지 않으신 아버지 하나님, 돌아온 탕자에게 아무것도 묻지도 따지지도 않고 받아주시는 예수의 '아빠 하나님'은 결코 조건부 용서의 하나님이 아닌 것이다.

예수는 십자가에 달려 돌아가시기 위해 이 세상에 오신 것이 아니다. 좋은 일을 하다 보니까 십자가의 비운을 겪었지, 죽음을 자취한 것이 아니다. 예수는 죽기를 원치 않았고, 할 수만 있으면 살게 해 달라고 마지막 순간까지 하나님께 애원하고 울부짖다가 간 사람이다. 그의 죽음은 비극적 결과였지 처음부터 의도한 목적이 아니었으며 하나님 자신이 의도한 것은 더욱 아니었다. 예수가 무슨 연유로 처형당했는지도 모르고, 무조건 우리의 죄를 대속하기 위해 돌아가셨다고 앵무새처럼 반복하는 것이야말로 맹목적인 예수 숭배이다.

예수의 십자가 사건이 우리의 구원이 되는 이유는 우리도 예수와 같이 자기를 비우고, 하나님과 인간을 진정으로 사랑함으로써 영원한 생명을 얻기 때문이다. 2,000년 전에 우리가 알지도 못하게 일어난 한 사람의 죽음으로 인해 온 인류가 자동적으로 구원을 받게 되었다는 황당무계한 논리 때문이 아니다. 세상만 사랑하고 섬기던 우리가 예수를 만나 하늘 아버지를 모시고 사는 하나님의 자녀가 되었고, 자신만을 사랑하는 이기적 존재이던 우리가 예수를 만나 진정한 인간 사랑을 깨닫게 되었기 때문에 우리가 구원을 얻는 것이다. 바울 사도가 말한 대로 우리도 예수와 함께 십자가에서 죽고, 그와 함께 부활의 참 생명에 동참하게 되었기 때문이다. 이것이 구원이고 영생이며 이 것이 그리스도 안에서 탄생하는 새로운 존재이다.

교회가 아니라 하나님의 나라

하나님 사랑과 인간 사랑이 완전히 실천되고 실현되는 구원의 세계를 예수는 '하나님 나라Kingdom of God'라고 불렀다. 하나님 나라는 세상을 사랑하고 자기만을 사랑하던 우리가 지금까지의 삶의 방식을 과감하게 돌이켜서—회개metanoia—하나님을 사랑하고 이웃을 사랑하는 존재로 변화되고, 우리가 사는 사회도 변화되어 하나님의 뜻이 온전히 이루어지는 세상을 가리킨다. 하나님 나라는 사랑의 왕국이다. 하나님과 인간, 인간과 인간 그리고 인간과 자연 사이에 막힌 담이 허물어지고, 사랑과 용서와 화해의 물결이 넘쳐나는 평화의 세계이다. 예수는 이런 하나님 나라의 소명을 받아 역사의 무대에 등장해서 온몸을 불사르다가 가신 분이다. 교회는 따라서 맹목적으로 예수 찬양, 예수 숭배를 일삼을 것이 아니라 바로 인간 예수가 시작한 하나님 나라의 사역을 이어나가야만 한다. 예수께서 못 다하고 가신 하나님 나라의 사역과 운동 말이다. 교회는 그래서 하나님 나라가 '하늘에서 이루

어진 것 같이 땅에서도 이루어지는' 날까지 포기하지 않고 그 운동을
전개해 가야 하는 사명을 안고 있다.

예수는 하나님의 뜻이 이루어지는 하나님 나라를 전파하셨지 자
기 자신을 믿으라고 돌아다닌 분이 아니다. 예수는 '하나님 나라 선교'
를 하셨지, 교회를 세우고 신도들을 끌어모으는 선교를 하신 것이 아
니다. 예수는 제자들을 파견해서 하나님 나라의 복음, 즉 기쁜 소식을
전파하라고 당부하셨지, 사람들에게 자신의 죽음이 엄청난 의미를 지
닌다고 가르치지 않았다. 교회들을 세우고 확장하라고 하신 것은 더
욱 아니다. 이 모든 것은 후세 기독교가 한 일이며 그때부터 기독교는
예수를 배반하기 시작했고 그의 제자이기를 거부한 셈이다. 맹목적인
예수 숭배를 부추기는 종교로 변모하기 시작했고, 인간 예수의 단순
하고 심오한 신앙을 복잡한 교리로 만들고 교권의 아성을 쌓는 종교
가 되었다. 마르틴 루터 당시 교회가 면죄부 장사를 했듯이 오늘날에
도 기독교는 천상의 예수를 팔면서 살고 있다. 유럽의 돔 성당 꼭대기
에 그려져 있는 천상의 그리스도처럼 그를 높은 곳에 모셔놓고는 "주
님, 당신은 그냥 거기 계시면 됩니다. 우리의 경배와 찬양만 받으시고
여기 땅의 일일랑 우리에게 맡겨주십시오"라고 하면서 인간 예수의
기억을 지워 버린 것이다.

하나님 나라 선교는 사람들을 불러모아 교회를 확장하는 선교가
아니라 인간 예수의 행적을 본받아 하나님 나라의 정의와 사랑, 자비
와 평화를 실천하는 '하나님의 선교missio dei'이다. 그리스도인들은 예수
의 신앙을 본받아 자신을 하나님께 전적으로 맡기고, 자신에 대한 염

려와 근심에서 해방되어 '하나님 나라와 그 의를 구하는' 일에 앞장서는 선교를 해야만 한다. 교회는 하나님 나라가 아니고 그 징표sign이며 선봉대이다. 하나님 나라는 교회의 존재 이유로서 어두운 세상에서 빛의 역사를 구현해 가는 공동체이다. 교회는 결코 그 자체를 위한 집단이 되어서는 안 된다. 교회는 어디까지나 하나님의 나라를 실현하기 위해 부름받은 하나님의 자녀들, 하나님의 백성이 모인 공동체이기 때문이다. 언제 어디에서든지 하나님 나라를 사건화시키면서 하나님 나라 운동을 펼쳐야 하는 사명을 가진 공동체이기 때문이다. 사람들을 기독교로 개종시키고 교회로 끌어들이는 선교가 아니라 하나님의 정의와 평화를 이루는 일에 앞장서는 하나님 나라의 선교를 해야한다.

하나님 나라 운동은 결코 그리스도인들만 하는 것이 아니고 교회만 하는 것이 아니다. 하나님 나라는 기독교의 전유물이 아니고, 그렇게 될 수도 없고 되어서도 안 된다. 사랑, 정의, 평화 같은 하나님 나라의 초월적 가치는 교회 울타리 밖에서도 얼마든지 실현된다. 진정한 회개와 용서와 화해가 이루어지는 곳이면 어디에서든지 하나님 나라는 실현된다. 온 세상을 창조하고 온 인류를 사랑하시는 하나님은 이미 교회 밖에서도 하나님 나라 사역을 하고 계신다. 예수를 통해 하나님 나라의 새 역사에 동참하도록 부름받은 그리스도인들은 이 역사가 언제 어디에서 누구를 통해 이루어지든 상관없이 동역자가 되고 후원자가 되어야만 한다. 교회는 울타리가 있고 배타적일 수 있지만, 하나님 나라는 울타리가 없는 열린 세계이다. 하나님 나라는 종교 간의 장벽, 인종 간의 장벽, 문화의 장벽을 초월해서 하나님의 거룩한 영의 바람이 부는 곳 어디에서나 실현되는 놀라운 세계이다. 그리스도인들은 하나님 나라가 교회의 독점사업이 아님을 명심해야 하며, 바로 이때문에 교회는 세상을 향해 활짝 열려 있어야만 한다.

교회의 존재 이유

교회의 존재 이유는 무엇인가? 교회는 세상의 빛과 소금으로서 어두운 세상에서 하나님 나라의 등불을 밝히기 위해서 존재한다. 진정한 하나님 사랑, 진정한 인간 사랑의 등불을 밝히기 위해서 존재하는 것이다. 예수는 이런 하나님 나라의 백성을 모으려고 세상에 오셨지 교회를 세우려고 오신 것이 아니다. 하나님 나라에 대해 증언하려고 오신 것이지 자기 자신에 대해 증언하고 자기를 믿으라고 촉구하기 위해 오신 것이 아니다. 어둠의 역사를 빛의 역사로 변혁하시는 하나님의 일에 동참할 것을 촉구하러 오신 것이다. 예수는 자기를 믿기만 하면 누구든지 구원받는다는 식의 과대망상에 사로잡힌 분이 아니었다. 그는 누구든지 하늘 아버지의 뜻을 행하는 사람이면 하나님의 자녀이며 자기의 형제이고 자매라고 했다. 예수는 오로지 하늘 아버지의 뜻이 실현되는 하나님 나라의 비전에 사로잡혀 사신 분이었다. 교회는 이제 맹목적인 예수 숭배를 버리고, '예수에 대한 믿음'보다는 '예수의 믿음'을 더 중시하는 공동체로 변해야만 한다. 나는 이것이야말로 현대 세계에서 기독교와 교회가 살아남을 수 있는 참된 길이라고 믿는다.

"아직도 교회 다니십니까?" 이는 그리스도인들이 매일 스스로에게 던져야 하는 질문이다. 그렇다. 우리는 교회가 좋아서, 2,000년간의 교회 역사가 자랑스러워서 교회에 다니는 것이 아니다. 예수라는 존재가 좋아서, 예수라는 사람을 잊지 못해서 교회에 대한 미련을 떨쳐버리지 못하고 그 주변을 맴돌고 있는 것이다. 진정으로 하나님을 사랑하고 진정으로 인간을 사랑하다 가신 하나님의 사람 예수에 대한 기억을 지울 수 없어서, 그의 깊고도 단순한 하늘 아버지 사랑과 신앙을 본받고자 아직도 교회를 찾는 것이다. 그가 시작한 하나님 나라 운동의 감동적인 이야기에 감격하고, 우리 삶을 돌아보고자 아직도 교회를 떠나지 못하고 있다. 기독교를 확장하고 교회를 키우기 위해서가 아니라 사랑이 지배하는 하나님 나라가 그리워서 아직도 교회를 버리지 못하고 있는 것이다.

나는 때때로 제도화된 교회에 대해 실망하면서, 이 교회가 정말 기독교를 표현하고 있는지 회의가 들 때가 한두 번이 아니다. 불현듯 교회를 떠나고 싶은 마음이 일 때도 있다. 그러면서 나 스스로 그리스도인으로서 잘못 살고 있고, 내 삶이 위선으로 덮여 있음을 보면서, 교회를 비판하는 나 자신이 오히려 교회를 욕되게 한다는 생각이 들어서 내가 교회를 떠나는 것이 교회를 살리고 기독교를 가능하게 한 예수의 이름을 욕되게 하지 않을 것이라는 생각이 들곤 한다. 그러면서도 나는 교회를 떠나지 못하고 있다. 그리하여 나는 그럴 용기를 내지 못하는 이유가 무엇인가, 나를 교회에 묶어두는 그 근본은 무엇인가 하고 묻게 된다. 어쩌면 그 이유는 내가 교회를 통해 알게 된 그리스도, 또 그리스도를 통해 알게 된 삶의 핵심을 버릴 수 없기 때문일 것이다. 내가 그리스도인으로서 스스로 부끄럽게 여기는 것도 내가 이 핵심에 대해서 말은 하면서도 이를 나의 온몸으로 소화해 내지 못하기 때문일 것이다.

우리에게도 위로가 되는 어느 신부님의 공개적 '고해성사'이다. 지금 이 순간 나도 이 신부님과 똑같은 심정으로 말하고 있음을 고백한다.

2부

포월적 절대, '하나' 하나님

한국 기독교의 배타성은 어디에서 오는가

'하나' 하나님: 유일신 신앙의 의미

가까이 계시는 하나님

한국 기독교의 배타성은
어디에서 오는가*

우리 사회의 종교 갈등

최근 들어 공과 사를 가리지 못하는 일부 몰지각한 공직자들의 종교 활동이 우리 사회에서 큰 문제가 되고 있다. 이들은 모두 개신교 신자들로서, 민주사회의 기본 질서에 반하는 행위를 하고 있다. 그들의 행동이 순수한 '신앙적' 동기에서 나온 것인지, 아니면 정치적 계산에 따른 것인지 쉽게 판단하기 어렵지만, 분명한 사실은 현 정권의 출

---

* 이 글은 2008년 9월, 감리교신학대학교 기독교통합학문연구소, 성공회대학교 신학연구원, 한신대학교 학술원신학연구소가 공동 개최한 제1회 공동학술대회(주제: 한국 기독교의 배타주의-근원과 현상)에서 발표한 글이다.

범과 더불어 그들의 행위가 심각한 사회적 갈등을 야기하고 있다는 것이다.

지금까지 한국은 다수의 종교가 공존하는 종교다원사회임에도 불구하고 종교 간의 갈등이 사회 전체의 관심이 될 정도로 위험 수위에 달한 적은 없었다. 그 이유는 한국인의 민족적 정체성이 어느 한 종교에 의해서 형성되기보다는 단일 민족, 단일 언어, 공통의 역사적 경험 그리고 무엇보다도 유교 문화라는 공통 요소에 의해 복합적으로 형성되어 있기 때문이다. 종교의 차이에서 오는 분열적 요인보다는 이러한 공통 요소에 의한 민족적 동질성이 훨씬 강하게 작용하고 있다는 말이다.

종교는 언어와 마찬가지로 한 집단의 사회적·문화적 정체성을 형성하는 가장 중요한 요소 가운데 하나이다. 특히 종교와 사회, 문화, 정치가 분리되는 세속화secularization 이전의 전통 사회에서는 하나의 지배적 종교가 사회 구성원 다수를 묶어주는 집단적 정체성의 보루 역할을 했다. 현재 우리나라의 경우 그런 지배적 종교는 존재하지 않는다. 조선조 시대에 유교가 그런 역할을 했지만, 근대 민주국가의 형성과 더불어 제도상으로는 유교가 더 이상 독점적 지위를 누리지 못하게 되었다. 아직도 유교가 한국인의 심성, 사고방식, 생활양식, 가치관 등에 음으로 양으로 영향을 주고 있지만, 조선조 시대에 불교와 천주교를 탄압한 것처럼 타종교를 억압하거나 마찰을 일으키지는 않는다. 오히려 오늘의 유교는 종교의 차이를 넘어 한국인 전체를 하나로 묶어주는 일종의 시민종교civil religion 같은 기능을 하고 있다. 한국인치고 유교 윤리를 따르지 않는 사람은 없다고 해도 과언이 아니다. 유교는 우리 사회에서 거의 대등한 세력을 가지고 있는 불교와 기독교 사이에 완충 역할을 하고 있는지도 모른다.

여하튼 우리 사회에서는 종교 갈등으로 인한 심각한 사회 분열은 없었다. 하지만 이러한 상황이 '장로 대통령' 이명박 정권의 출범과 더불어 위협을 받고 있다. 예전에 '장로 대통령' 이승만 정권 때에도 정권의 기독교 편향이 문제가 되었지만, 그 당시와 현재 상황은 두 가지면에서 판이하다. 하나는 이승만 정권 당시 그리스도인의 수가 지금과는 비교가 안 될 정도로 소수였다는 사실이며, 다른 하나는 당시 불교계가 정치적으로나 종교적으로 잠을 자고 있었다 해도 과언이 아니라는 사실이다. 하지만 오늘날은 사정이 다르다. 기독교는 이미 사회의 주류 종교가 된 지 오래됐고, 불교나 가톨릭보다도 더 큰 사회적 존재감을 나타내고 있다. 한편, 불교계는 종교적 각성과 함께 각종 개혁 세력과 집단이 등장하면서 정치의식이나 사회참여 면에서도 예전과는 사뭇 다른 양상을 보이고 있다. 최근 불교계의 집단적 행보는 이러한 달라진 상황을 반영하고 있다. 결론적으로 말해 오늘의 불교계와 기독교계─소수의 진보적 기독교 진영을 제외한─의 갈등은 잠재적으로 매우 위험한 수위에 도달했다.

기독교 신앙을 가진 일부 공직자들의 몰지각한 행위는 단순한 부주의나 실수라기보다는 그들의 종교적 신념과 사명감을 반영한 것이며, 그러한 신념의 배후에는 타종교에 대한 한국 기독교계 일반의 배타성과 공격적 선교열이 작용하고 있는 것 같다. 따라서 우리는 묻게 된다. 한국 기독교의 지독한 배타성과 공격적 선교열은 어디에서 오는 것일까? "삼천만을 그리스도에게로", "전 국민 복음화 운동" 등 비그리스도인들이 들으면 섬뜩함을 느낄 수밖에 없는 구호를 아무렇지도 않게 외쳐온 한국 기독교, 뻔히 위험 지역임을 알았을 텐데도 그리고 엄연히 기독교 선교가 금지된 국가임을 알면서도 무모하게 전도여행을 감행하는 한국교회의 공격적 선교열은 도대체 어디에서 오는 것일까?

공격적 선교열

이 문제를 다루면서 우리가 먼저 염두에 두어야 할 사항은 종교적 배타성과 공격적 선교가 흔히 생각하듯이 한국 기독교계를 지배하고 있는 이른바 '근본주의' 신앙이나 보수적 복음주의 신앙만의 문제가 아니라는 사실이다. 그렇게 생각하는 것은 문제를 지나치게 단순화하는 것이고, 문제의 근본적인 해결에 도움이 되지 못한다. 기독교는 본래부터 선교하는 종교이다. 처음부터 선교의 사명을 강조하고 실천하는 종교로 시작했다. 그리스도인치고 땅끝까지 복음을 전하라, 모든 민족을 제자로 삼아 아버지와 아들과 성령의 이름으로 세례를 주라는 명령을 귀에 못이 박히게 듣지 않은 사람이 있을까?

사실 선교는 기독교만의 전유물이 아니다. 모든 종교는 자기가 믿는 진리를 전파하는 포교 활동을 한다. 어디 종교뿐이랴. 철학자들, 과학자들 그리고 문학가들도 진리를 추구하며 자기가 깨닫거나 발견한 진리를 다른 사람에게 알리려고 한다. 모두가 다 자기가 깨달은 진리가 보편타당한 진리라고 믿고 행동하는 것이다. 내가 틀릴 수도 있다, 내가 미처 보지 못한 것이 있을 수도 있다, 나의 주장이 내가 속한 사회나 문화의 영향을 받은 편견일 수도 있다, 아니 내가 사용하는 언어 자체가 나의 사고를 지배하고 있을지도 모른다, 혹시 나도 의식하지 못한 욕망이 나의 주장을 사로잡고 있지나 않을까 하고 겸허하게 자기 성찰을 가지고 말하는 사람은 많지 않다. 모든 진리 주장은 따라서 폭력성을 띠기 쉽다. 예수는 진리가 우리를 자유롭게 한다고 했지만, 진리란 자칫하면 매우 위험하다. 진리에 대한 확신이 지나치면 자유는커녕 진리의 이름으로 타인에 대한 폭력을 부추기고 정당화하기 때문이다.

이러한 위험은 '보편적' 진리, '절대적' 진리를 주장하고 신봉하는 종교에서 더욱 두드러진다. 자기가 믿는 진리가 만인을 위한 구원의 진리, 전 세계를 위한 보편적 진리를 가지고 있다고 확신하고 이 진리를 모르는 사람들에게 전해야 한다는 사명감이 강한 종교일수록 진리의 이름으로 '제국주의적' 폭력을 행사하기 쉽다. 종교학자 월프레드 캔트웰 스미스는 불교, 기독교, 이슬람 그리고 공산주의와 세속적 휴머니즘secular humanmis을 진리의 보편성을 앞세우고 선교하는 세계의 5대 '선교적 종교missionary religions'로 꼽고 있지만, 이 가운데에서 하나를 꼽으라면 단연 기독교다. 불교를 제외한 나머지 셋은 모두 기독교의 영향을 받았거나 배웠다 해도 크게 틀리지 않을 것이다.

우주 만물을 창조한 신을 믿는 유일신 신앙의 출현은 인류 역사상

매우 획기적인 사건이었다. 유일신 신앙이 출현하기 전의 다신숭배 시대에는 인류가 주로 토착적 지역신, 혈연에 관계된 조상신, 부족신, 민족신을 섬겼다. 따라서 한 집단이 섬기는 신을 다른 집단도 믿어야 한다는 생각은 별로 없었다. 하지만 천지를 창조하고 전 인류를 내고 인류 역사 전체를 주관하는 신을 믿는 유일신 신앙의 출현과 더불어 '우상숭배'라는 개념이 등장하게 되었으며, '참 신'과 '거짓 신'의 구별이 생겨나게 되었다. 지극히 역설적이지만, 유일신 신앙은 시작부터 보편성과 배타성이라는 양면을 지니고 출발한 셈이다.

유일신 신앙의 원조격인 유대교의 경우에는 하나님이 이스라엘 민족과 특별한 관계를 맺은 '이스라엘의 하나님'이라는 민족신 개념과 선민의식으로 인해서 타민족, 타종교에 대한 배타성을 보이기도 했지만, 다른 한편으로는 그것이 오히려 보편주의의 폭력성을 제어하는 요소가 되기도 했다. 더욱이 유대교는 역사적으로 타민족, 타종교를 정치적으로 지배할 만한 힘을 누려본 적이 없기 때문에 그들을 힘으로 개종시키려는 제국주의적 신앙의 유혹에 노출되지도 않았다. 유대교는 유일신 신앙에도 불구하고 특정한 메시지를 인류 구원의 보편적 진리로 전파하는 선교적 종교의 범주에는 들지 않는다.

이와는 대조적으로 새로운 '하나님의 백성', '새 이스라엘'을 자처하는 기독교는 처음부터 선교하는 종교로 출발했다. 기독교에 따르면 인류의 구원을 위한 하나님의 경륜상, 유대교는 구약성서의 예언을 성취한 예수 그리스도의 출현과 더불어 더 이상 존재 이유가 사라진 '극복된' 종교이며 또 '극복되어야 할' 종교이다. 이런 의미에서 기독교는 애초부터 반유대주의를 안고 출발한 종교라 해도 과언이 아니다. 그런가 하면 지중해 문화권 일대로 진출한 기독교는 가는 곳마다 토착적인 다신숭배의 문화, 이른바 이방종교paganism를 파괴하거나 대체하는 배타적 종교가 되었다.

기독교는 그리스, 로마, 이집트 등에 있던 다신숭배의 요소를 성인saints숭배로 흡수하거나 대체하는 한편, 그리스 철학사상은 적극적으로 차용해서 신학을 발전시키고 정교한 교리체계를 수립함으로써 진리의 '보편성'을 확보하고 강화했다. 유일신 신앙과 그리스 철학의 주지주의 전통이 손을 잡고 이를 강력한 교권이 뒷받침하면서 기독교는 서양 고대와 중세를 지배하는 종교로 군림했다. 율법과 실천 중심의 유대교 신앙이 이론과 교리 중심의 신학적인 종교로 변하면서 '정통교리'의 이름 아래 인간의 자유로운 사상을 통제하고 억압하는 종교가 된 것이다.

기독교 신학에서 유대교의 유일신 신앙과 그리스 철학이 손을 잡았다고는 하지만, 둘은 물과 기름처럼 융화되기 어려웠다. 실제로 서구 지성사는 계시와 이성, 자연과 초자연, 철학과 종교의 대립과 조화를 위한 끊임없는 노력의 역사였다. 둘은 결코 완벽하게 하나가 되지 못했으며, 크게 보아 마르틴 루터의 종교개혁 이후 각기 다른 길을 가게 되었다. 그리고 18세기 계몽주의 이후의 서구 사상사는 간단히 말해서, 이성이 하나님의 위치를 대신하게 된 역사라고 할 수 있다.

기독교의 유일신 신앙과 인간 이성에 대한 믿음은 서구 역사에서 보편주의 정신의 두 뿌리이다. 둘 다 보편주의가 지니고 있는 개방성과 배타성을 동시에 지니고 있다. 유일신 신앙은 인종이나 민족이나 사회적 신분의 차이를 넘어 모든 인간을 하나님의 자녀로 보는 평등주의의 정신을 고취했으며, 상대적인 것을 절대화하는 우상숭배를 거부하는 예언자적 비판 정신을 심어주었다. 그러나 다른 한편, 타종교에 대해 적대적이고 자유로운 사상을 억압하는 배타주의를 낳았다.

이성을 중시하는 서구의 합리주의 정신 또한 한편으로는 인간을 비합리적이고 억압적인 사회제도나 문화전통으로부터 해방시키는 힘으로 작용했지만, 다른 한편으로는 인간의 신체성과 감성을 억압하고 인간의 공동체적 유대를 해체하는 개인주의와 문화적 다양성을 파괴하는 획일주의의 폐해를 낳았다. 특히 유일신 신앙과 근대적 합리주의 모두 인간 중심적 세계관과 가치관을 고취함으로써 오늘날 전지구적인 환경생태계의 위기를 초래한 이념적 원천이 되었다는 비판에 직면해 있다.

계시신앙의 문제점

유일신 신앙의 종교적 배타성은 단적으로 말해, 계시신앙에서 온다. 유대교, 기독교, 이슬람교는 모두 천지 만물을 창조하고 전 인류 역사를 섭리하는 창조주 하나님을 믿는 종교이지만, 이와 동시에 하나님으로부터 각기 특별한 역사적 사건을 통해 하나님의 특별한 계시special revelation를 받았다는 신앙에 기초하고 있는 이른바 '계시종교'이다. 유대교는 모세를 통한 율법의 계시, 기독교는 하나님의 아들이자 그의 육화Incarnation인 예수 그리스도 그리고 이슬람은 무함마드를 통해 전해진 하나님의 말씀인 쿠란을 하나님의 최종적이고 결정적인 계시로 믿는다.

세 종교 모두 기독교 신학에서 말하는 일반계시 혹은 보편적 계시, 즉 하나님이 모든 인류로 하여금 창조의 질서를 통해서 그를 알 수 있도록 자신을 계시했다는 관념을 가지고 있지만, 세 종교의 핵심은 어디까지나 자기 종교가 받은 특수한 계시에 대한 믿음에 있다. 바로 이러한 믿음이 세 종교 간의 갈등의 뿌리이며, 나아가서는 계시신앙이라는 것이 존재하지 않는 동양 종교들과 초자연적 계시 자체를 부정하는 세속적 합리주의자들의 눈에 세 종교를 배타적으로 보이게 하는 근본 원인이다.

따라서 세 종교가 자기들의 특수계시에 입각한 신앙을 어떻게 이해하고 주장하느냐에 따라 세 종교 간의 관계 그리고 동양 종교들에 대한 배타성과 갈등의 문제가 달려 있다고 해도 과언이 아니다. 천지만물을 지으신 하나님이 역사의 우연처럼 보이는 한 특정한 사건을 통해서 자신을 결정적으로 계시했다는 믿음을 어떻게 이해하느냐가 세 계시종교가 공통적으로 안고 있는 핵심적인 문제라는 말이다. 다시 말하면, 창조주 하나님을 믿는 신앙의 보편성과 하나님의 특별한 계시를 믿는 계시신앙과의 긴장관계를 어떻게 해석하느냐의 문제이다. 기독교의 경우, 하나님과 예수의 관계를 논하는 기독론의 문제 그리고 이슬람의 경우는 쿠란의 위상을 어떻게 해석하느냐가 피할 수 없는 문제의 핵이고 뇌관이다.

동방교회, 서방교회, 개신교 할 것 없이 기독교 신앙의 특징은 간단히 말해서 예수 그리스도를 통해 계시된 하나님을 믿는 신앙이다. 신학자들이 예수 그리스도와 하나님과의 이 특별한 관계를 어떻게 이해하든—계시자, 중보자, 대변자, 현현, 아들, 육화 등—그리스도인들에게 예수는 하나님의 존재와 성품, 그의 뜻과 특별한 섭리를 가장 결정적으로 보여주신 분이다. 따라서 하나님을 알려면 예수를 알아야하고 예수를 이해하려면 그와 하나님과의 특별한 관계를 이해해야만한다. 여기서 제기되는 핵심적인 문제는 예수 그리스도가 하나님의 '유일무이한' 계시인가? 하는 물음이다. 그래서 '오직 예수'를 통하지 않고서 인간은 하나님을 알 수 없으며 하나님께 나아가는 길이 없는가 하는 문제이다. 예수 그리스도에 대한 신앙을 통하지 않고 하나님의 사랑과 구원은 주어지지 않는가? 이 문제에 대해 그렇다고 대답하는 한, 다시 말해 기독교가 사랑의 하나님께로 나아가는 계시의 독점권을 주장하는 한, 기독교 신앙의 배타성은 영원히 해결되지 않을 것이라고 나는 확신한다.

종교다원주의 신학의 출현

현대 기독교 내의 종교다원주의 신학은 이 문제를 더 이상 회피하지 않고 정면으로 다룬다. 예수 그리스도는 그리스도인들에게 하나님을 만날 수 있는 '결정적' 통로이며 타종교와 타문화권 사람들 역시 예수 그리스도를 통해 하나님을 만날 수 있지만, 그렇다고 예수 그리스도가 하나님을 알 수 있는 '유일한' 통로는 아니라고 다원주의 신학은 주장한다. 세계를 창조하고 모든 인간의 구원을 원하시는 사랑의 하나님은 타종교와 타문화를 통해서도 자신을 계시했고 구원의 길을 열어놓았다는 것이다. 하나님, 즉 우주 만물의 궁극적 실재는 결코 기독교의 전유물이 아니며 그럴 수도 없다는 입장이다.

신학자들 가운데는 태초부터 존재하시는 영원한 하나님의 말씀인 로고스Logos, 즉 우주적 그리스도라는 개념에 의거해서 기독교의 진리를 보편적인 것으로 이해함으로써 기독신앙의 배타성 문제를 해결하려는 입장도 있다. 이른바 포괄주의inclusivism의 입장이다. 포괄주의는 타종교들에서 발견되는 모든 긍정적 가치—거룩함, 선함, 진리, 진실, 사랑, 정의, 아름다움 등—를 우주적 그리스도의 활동으로 간주하여 기독교 밖에도 숨겨진 '익명의 그리스도인들'이 있음을 인정한다. 예수를 통하지 않고서도 로고스 그리스도라는 우주적 실재를 만날 수 있다는 가능성을 열어놓은 것이다. 그리스도의 보편성을 역사적 예수의 특수성과 분리하여 보편이 특수에 선행하고 우위를 점한다고 보는 신학적 입장이다.

이러한 우주적 그리스도 중심의 신학은 타종교들에 대해 매우 개방적으로 보이지만, 자기 종교의 논리에 따라 타종교를 이해하고 평가한다는 점에서 배타주의보다도 오히려 더 폭력적이고 제국주의적이라는 비판을 받기도 한다. 타자의 타자성을 인정하지 않기 때문이다. 하지만 다른 한편으로는, 포괄주의가 타종교를 단지 시민윤리의 차원에서 공존과 존중의 대상으로 간주하는 차원을 넘어, 비록 자기 종교의 신앙적 논리에 따른 것이기는 해도 타종교를 마음으로부터 인정하고 존경하는 길이 된다는 장점은 인정해야 한다.

기독교 전통에는 하나님의 특별계시에 선행하는 보편계시에 대한 믿음이 줄곧 존재해왔다. 보편계시는 인간이 하나님에 의해 부여받은 자연적 이성을 통해서 창조세계 속에 드러나는 하나님의 존재를 어느 정도 알 수 있다는 믿음이다. 이와 같은 믿음에 근거하여 기독교 신학은 그리스 철학을 수용했으며, 철학과 신학의 대화와 철학적 신학을 발전시켜 왔고 인간의 이성과 문화 일반에 대해 긍정적 태도도 가질 수 있었다. 가톨릭 신학은 토마스 아퀴나스의 영향으로 대체로 이러한 전통이 개신교보다 강하지만, 정통 개신교 신학에서도 보편계시를 수용하는 입장이 없지는 않다.

그러나 20세기 초 칼 바르트의 계시 중심의 신학이 개신교계를 강타한 후로는 이러한 보편계시, 자연신학, 철학적 신학의 전통이 많이 약화되었고 현대 개신교 신학의 주류에서 밀려나게 되었다. 특히 한국 기독교계 일반을 지배하고 있는 성서문자주의 신앙이나, 예수의 대속의 죽음을 복음의 핵심으로 삼는 '복음주의' 진영에서는 거의 무시되고 있다.

한국의 주류 기독교 신앙은 종교다원주의 신학은 물론이고 우주적 그리스도 개념이나 보편계시의 개념조차 도외시하고 있다. 더욱이 2,000년 기독교 역사에 등장한 다양한 신학사상이나 영성도 무시한 채 기독교 신앙을 오직 성서문자주의와 대속신앙으로 축소시켜 버린다. 아무리 경건하고 도덕적인 사람이라도 예수를 통해 죄 사함을 받지 않는 한 구원은 없다. 인간의 이성이나 도덕적 노력, 심오한 종교적 경험이나 통찰도 아무 소용 없고, 타종교의 성인이나 성자들도 구원의 반열에서 제외될 수밖에 없다. 이것이 한국 복음주의 기독교의 지독한 편협성과 배타성 그리고 거기에 근거한 공격적 선교의 배후에 있는 신학이다.

나는 한국 기독교는 물론이고 기독교 일반이 지닌 배타성의 문제는 그리스도인들이 타종교에도 하나님의 계시가 있고 하나님께로 나아가는 구원의 진리가 있음을 인정하지 않는 한, 결코 해결될 수 없다고 생각한다. 기독교 신학은 이제 이 사실을 직시하고 기독교의 역사적 한계를 솔직히 인정하면서 타종교에 대해 겸손하고 개방적인 자세를 가져야 한다. 이것이 현대 기독교의 지적·도덕적·신학적 의무이다.

사실 배타성의 문제는 비단 기독교만의 문제는 아니다. 현대 다원 사회를 살고 있는 세계의 모든 종교가 이제는 자기 자신의 전통만을 알던 우물 안 개구리 식의 편협성을 넘어 타종교의 전통을 배우려는 겸손과 개방성을 요구받고 있다. 이는 결코 자신의 전통을 경시해도 좋다는 말이 아니다. 오히려 타종교와의 잠재적 갈등을 해소하고 진지한 대화를 통해서 자기 종교의 사상과 영성을 더 심화하고 풍요롭게 하는 계기가 될 수 있다.

기독교는 19세기 후반 내지 20세기 초에 이르기까지 한 번도 힌두교, 불교, 유교, 도교와 같은 아시아의 위대한 철학적 종교를 제대로 알아보거나 본격적으로 대면한 적이 없다. 서양의 기독교는 중세시대까지 주로 그리스 철학을 수용하여 신학을 발전시켰으며, 근대 이후로도 각종 서구의 철학 사상에 의거해서 신학적 사고를 전개해왔다. 칸트 철학, 실존주의 철학, 마르크스주의 철학 등이 그 좋은 예이다. 기독교와 동양의 철학적 종교들의 본격적 만남은 20세기에 들어와서야 비로소 이루어지기 시작했고, 이것이 현대 종교다원주의 신학의 출현에 결정적 역할을 하게 되었다.

종교학자 스미스의 지적대로, 기독교 신학에서 동양 종교와의 만남은 현대 과학적 세계관과의 만남에 못지않을 정도로 혁명적 사건이다. 이 두 가지 도전 중에 어느 하나라도 무시하고는 현대 기독교가 살아남지 못할 정도이다. 그러나 정작 이러한 사실을 먼저 깨닫고 종교다원주의 신학을 전개한 이들이 서구 신학자들이었다는 사실은 실로 아이러니이며, 우리 아시아 신학자들에게 수치가 아닐 수 없다.

종교다원주의와 역사적 사고

종교다원주의 신학은 현대인에게 상식화된 역사적 상대주의 내지 문화적 상대주의의 피할 수 없는 결과이다. 종교다원주의는 인간의 역사적·문화적 제약성에 대한 자각에서 출발한다. 인간이 만든 모든 사상과 제도, 종교와 문화는 역사적 산물이며, 예외 없이 상대적이다. 신앙적으로 말하면, 그 어떤 것도 하나님과 같은 절대성을 지닐 수 없다는 것이다. 하나님은 절대적이지만 하나님을 접하고 알고 논하는 종교는 역사적 상대성을 벗어나지 못한다. 어떤 종교도 하나님 자체를 알지 못하며 드러내지 못한다. 하나님은 종교를 초월한다. 종교가 자기 절대화의 우상숭배에 빠지지 않으려면, 항시 하나님의 초월성과 신비를 위한 자리를 남겨두어야 한다.

기독교 신앙이 인간의 생각이 아니라 하나님의 특별한 계시에 근거한다 해도, 하나님을 아는 인간의 언어와 생각과 지식은 여전히 유한하고 상대적일 수밖에 없다. 하나님의 계시가 인간이 알아들을 수 있는 인간의 언어로 전달되는 한, 하나님의 계시도 역사적 상대성을 벗어나지 못하기 때문이다. 하나님의 계시는 그것을 수용하는 인간의 역사성과 분리될 수 없다. 하나님의 말씀은 인간의 언어로 전달되며, 인간의 언어로 이해되지 않는 하나님의 말씀은 상상 속에서만 존재한다. 하나님 자신의 육화로 간주되는 예수도 한 유대인으로 태어나서 유대 문화와 종교의 절대적 영향 아래 활동한 역사적 존재였으며, 하나님의 영원한 말씀이며 지혜인 로고스 그리스도를 증언하는 성서의 언어와 개념 역시 시대적·문화적 제약 아래 다양하게 형성되었다.

성서도 시대마다 새롭게 해석되어 왔다. 인간의 시대적 언어로 이해되지 않는 하나님의 계시나 말씀, 인간에 의해 해석되지 않는 '순수한' 복음은 어디에도 존재하지 않는다. 설령 존재한다 해도 인간의 몫은 아니다. 한국 기독교의 근본주의 성서신앙의 배타적 편협성은 이러한 명백한 사실을 모르거나 무시하는 데에서 온다.

그리스도인들에게 하나님을 만나는 통로 또는 창구는 하나님의 말씀이며 특별한 계시로 간주되는 예수 그리스도와 성서 그리고 교회의 전통이다. 하지만 이러한 통로와 창구 자체는 역사적 상대성과 유한성을 지니고 있다. 하나님의 계시의 빛은 이 창구를 통해 굴절되고 제한된 형태로만 인간에게 전해지고 수용된다. 하나님 이외의 모든 것은 상대적이다. 하나님에 대한 모든 관념과 이야기들이 그렇고, 유대인으로 태어나서 자란 인간 예수도 예외일 수 없다.

가톨릭이나 개신교 할 것 없이, 기독교의 배타성의 근본 원인은 일차적으로는 예수 그리스도를 절대화해서 하나님 자신의 위치에 올려놓은 데에서 비롯된다. 한국 기독교 특유의 지독한 배타성은 이에 더하여 교회의 다양하고 풍부한 신학과 영성을 무시한 편협한 성서문자주의 신앙과 값싼 은총을 남발하는 대속신앙에서 온다. 하지만 나는 이 모든 것이 예수 자신의 신앙이나 가르침과는 무관하다고 생각한다.

인간을 구원하는 것은 하나님의 사랑

나는 인간 예수 자신은 결코 자기 자신을 신앙의 대상으로 여기거나 그런 신앙을 요구한 적이 없었으며, 자신을 하나님과 동등하게 올려놓은 후세의 기독교 신학을 용납하지 않았을 것이라 생각한다. 예수는 오히려 하나님 앞에서 한없이 자신을 비우고 낮춘 분이었다. 그는 선한 분은 오직 하나님 한 분뿐이라고 말했다. 예수는 철저한 자기 비움을 통해서 하나님과 일치를 이룬 존재이며, 모두에게 자기 비움과 자기 부정의 십자가의 길을 가도록 촉구했다.

예수는 무조건적인 하나님의 사랑과 은총을 전하고 가르쳤다. 선한 자나 악한 자를 가리지 않고 햇빛과 비를 내리시는 하나님의 은총을 말했으며, 그의 삶은 인간이 만들어놓은 온갖 편견과 차별의 장벽을 허무는 하나님의 놀라운 사랑을 증언하는 삶이었다. 종교다원주의 신학은 예수의 말씀과 삶을 통해 드러난 하나님의 무차별적 사랑과 보편적 구원의 의지에서 출발한다. 그리스도인들은 예수를 통해서 하나님의 사랑을 깊이 알면 알수록 그 사랑이 특정한 역사적 매개체에 의해서 제한될 수 없다는 사실을 더욱 깊이 깨달을 수밖에 없다.

인간을 구원하는 것은 궁극적으로 하나님의 사랑 자체이지, 이 사랑의 특정한 표현이나 통로나 매개체가 아니다. 하나님의 사랑이 인간을 구원하시기 위해 예수 그리스도를 세상에 보내신 것이지, 예수 때문에 혹은 예수를 보내심으로 인해 하나님이 인간을 사랑하고 구원하시는 것이 아니다. 기독교 신앙은 예수 그리스도를 통해 계시된 하나님의 보편적 사랑과 은총을 깨닫고 수용하고 증언하는 인간의 응답이지, 인간의 신앙이 하나님의 사랑을 움직이는 것은 아니다. '오직 믿음으로만' 구원을 받을 수 있다는 개신교 신앙의 구호는 자칫 이러한 근본적 사실을 간과하게 만들 위험이 있다. 누구보다 하나님의 은총을 강조한 바울 사도도 우리는 '하나님의 은총에 의해서 믿음을 통해 구원을 얻는다' 말하고 있다는 사실에 주목할 필요가 있다. 인간을 구원하는 것은 그 어떤 교리나 사상이 아니며, 하나님의 특별한 계시나 인간의 믿음이 아니다. 이 모든 것의 배후에 있는 하나님의 사랑만이 인간을 구원하는 힘이며, 이 사랑에서 배제되거나 영원히 배제될 인간은 존재하지 않는다. 예수는 바로 이러한 진리를 가르치고 보여주신 분이다.

지금까지의 논의를 바탕으로 하여, 한국 기독교가 편협한 배타성을 극복하기 위해서 해야 할 일을 크게 세 가지로 정리해 볼 수 있다.

첫째, 한국 개신교는 이성을 중시해 온 서구 신학의 전통을 충실히 이어받아 반지성주의를 청산해야 한다. 인간의 이성은 자유의지와 마찬가지로 잘못 사용될 수 있음에도 불구하고 하나님이 주신 귀한 선물이며, 신앙은 이성을 초월하는 진리를 추구하지 이성에 반하는 것을 진리로 받아들이는 억지 행위가 아니다. 계시와 이성은 서로를 견제하면서 보완적이어야 한다.

둘째, 한국 개신교는 획일화되고 단순화된 근본주의 성서신앙과 복음의 이해에서 벗어나 2,000년 기독교 전통 속에 담긴 다양하고 풍부한 사상과 영성을 배워야만 한다. 이를 위해서 한국 기독교는 '오직 성서', '오직 믿음', '오직 은총'이라는, 이제는 그 해방적 성격을 상실하고 이데올로기화된 개신교의 신학 전통을 과감하게 극복해야만 한다.

셋째, 한국 개신교는 교회의 울타리에 갇힌 하나님과 예수를 해방시켜야 한다. 하나님은 동양의 지혜의 종교들뿐 아니라 세계 여러 민족의 토착적 신앙을 통해서도 말씀하신다는 사실을 인정하고 배우는 신학적 개방성이 필요하다. 오늘의 세계는 더 이상 한 종교의 자기 절대화나 진리의 독점을 허용하지 않는다. 이러한 사실을 무시하는 종교는 끊임없이 대립과 갈등을 부추길 것이며 스스로 고립을 면치 못할 것이다. 특히 서구 사회와 달리, 명실상부한 종교다원사회에 살면서 풍부한 종교문화의 전통을 소중한 자산으로 가지고 있는 한국 기독교는 서구 기독교가 세워놓은 울타리를 과감히 벗어나, 세계 모든 종교와 대화하고 배우는 열린 신학의 길에 앞장서야만 한다. 하나님은 결코 기독교의 전유물일 수 없기 때문이다.

'하나' 하나님
: 유일신 신앙의 의미

　구약성서 신명기 6장 4절, '들어라, 이스라엘아. 주님은 우리의 하나님이시요, 주님은 오직 한 분뿐이시다. 마음을 다하고 뜻을 다하고 힘을 다하여, 주 하나님을 사랑하라'는 이스라엘의 철저한 유일신 신앙을 나타낸다. 유대인들은 예루살렘 성전이 파괴된 후 세계 곳곳에 흩어져 살면서도 아침저녁 회당에서 드리는 예배에서 '들어라, 이스라엘아shema'로 시작하는 이 신앙고백을 하면서 힘든 삶을 이어갔다. 이 신앙고백은 수천 년 고난의 역사 속에서도 유대인들의 신앙을 지켜준 말이자 우주 만물과 인간을 지으신 오직 한 분이신 하나님에 대한 신앙고백이다.

　이 구절은 우리 인생에서 가장 중요한 일이 온 마음을 다해 하나님을 사랑하는 일임을 말하고 있다. 오죽하면 이 말씀을 "자녀에게 부지런히 가르치며, 집에 앉아 있을 때나 길을 갈 때나, 누워 있을 때나 일어나 있을 때나, 언제든지 가르치십시오. 또 당신들은 그것을 손에 매어 표로 삼고, 이마에 붙여 기호로 삼으십시오. 집 문설주와 대문에도 써서 붙이십시오"(신 6:5-9)라고 했겠는가?

이슬람에서도 이와 유사한 샤하다shahada라는 신앙고백 내지 증언이 있다. "하나님Allah 외에는 하나님이 없다. 무함마드는 하나님의 사자messenger이다"라는 이 증언은 모든 무슬림이 반드시 지켜야 하는 신앙의 5대 의무 가운데 가장 으뜸이다. 무슬림들은 아기가 태어날 때 이 말을 귀에 속삭여준다고 한다. 네가 사람으로 태어나서 이것만은 반드시 알고 살아야 한다는 뜻일 게다. 무슬림은 또 다른 신앙의 의무로서 매일 메카를 향해 다섯 번 기도를 드리게 되어 있는데, 모스크의 첨탑에서 구성진 음성으로 흘러나오는 기도의 초대에도 이 증언이 선포된다.

기독교도 물론 이 야웨 하나님, 유일신 신앙을 고백하기 때문에 우상숭배를 금한다. 세상 어느 것도, 사물이든 사람이든 혹은 우리가 만들어놓은 어떤 제도나 전통이든, 하나님과 같은 절대성을 부여하고 섬겨서는 안 된다는 신앙이다. 무엇보다 예수 자신도, 어느 것이 가장 위대한 계명이냐는 질문을 받았을 때, 바로 이 신명기의 말을 인용하면서 "네 마음을 다하고, 네 목숨을 다하고, 네 뜻을 다하여, 주 너의 하나님을 사랑하라"(마 22:37)고 말씀하신 것으로 전해지고 있다.

이 오직 한 분이신 하나님, '하나'이신 하나님을 믿는 유일신 신앙은 오늘날 인류의 절반에 육박하는 사람들이 간직하고 사는 신앙이며, 그들의 신관, 세계관, 인생관을 지배하는 신앙이다. 인류 역사를 통하여 이보다 더 큰 영향을 끼친 신앙이나 사상은 아마도 없을 것이다. 이 유일신 신앙이 가지는 의미와 의의를 몇 가지로 되새겨보고자한다.

유일신 신앙의 의의

첫째, 유일신 신앙에 의하면, 존재하는 모든 것은 선하고 좋다. 하나님이 세상을 창조하고 보시니 '좋았다, 참 좋았다'라는 말은 우리가 살고 있는 이 세계가 결코 악이 지배하는 세계나, 선과 악이 대등한 세력으로 끊임없이 투쟁하는 전쟁터가 아니라 선한 하나님이 창조하신 아름답고 좋은 세계라는 것이다. 따라서 우리 인생도 좋은 것이라는 긍정적 신앙을 담고 있다. 한마디로 말해 살 만한 세상, 살 만한 인생이라는 것이다.

존재하는 모든 것이 예외 없이 한 분이신 하나님의 피조물이기에, 각기 존재할 이유와 가치가 있는 귀한 존재이다. 들에 핀 백합화와 공중에 나는 새 한 마리도 하나님께서 돌보시는 귀한 존재인데, 하물며 인간이야 말할 것 있겠는가!라고 예수는 말씀하셨다. 아무리 하찮은 존재라 할지라도 하나님으로부터 존재를 부여받아 생명을 누리고 있는 한, 모두 귀하고 아름다운 존재이다. 그 가운데에서도 인간은 하나님의 형상을 지닌 존엄한 존재이다. 모든 인간은 하나님을 닮은 그의 자녀로서 하나님 앞에서 근본적으로 평등한 존재라는 것이 유일신 신앙에 내포된 진리이다.

둘째, 온 우주 만물을 지으신 창조주 하나님에 대한 믿음은 존재하는 모든 사물이 서로 차이가 있고 막힌 것 같으나 실은 하나의 힘, 하나의 원리, 하나의 실재로 통하며 통합된다는 것이다. 특히 온 인류가 한 분 하나님을 존재의 뿌리로 가지고 있기 때문에 인간은 가족이나 부족이나 민족의 차이를 넘어 모두가 한 족속이며 형제자매들이라는 뜻을 함축하고 있다. 따라서 한 분이신 하나님을 믿는 사람들은 세상에서 일어나는 일은 무엇이든 관심을 가져야 하며, 나와 가족이나 친족 또는 민족이나 종족을 넘어 모든 인류의 운명에 관심을 가질 수밖에 없다. 유일신 하나님은 결코 부족이나 민족이나 종족의 신이 아니기 때문이다. 하나님께서 만물을 품고 만인을 사랑하듯이, 유일신 하나님을 믿는 신앙인들도 그런 보편적 관심과 광대한 사랑을 가지고 살아야 한다는 것이다.

셋째, 유일신 신앙은 그 어떤 피조물도, 어떤 인간도 하나님의 자리를 차지할 수 없다는 엄숙한 진리를 내포하고 있다. 그 어떤 피조물이라도 하나님처럼 두려워하거나 섬겨서는 안 된다는 뜻을 가지고 있다. '우상'이란 단지 돌이나 나무로 만든 어떤 형상이나 조각을 가리키는 말이 아니라 인간이 만든 제도나 문물, 어떤 것이든 절대화하면 우상인 것이다. 하나님만을 섬기라는 말은 얼핏 생각하면 인간을 하나님의 절대적 권위에 복종시킴으로써 인간을 비하하는 것으로 여길 수 있지만, 그 참뜻은 오히려 우리가 스스로 만든 제도나 질서를 절대화하거나 동료 인간을 섬기는 노예가 되지 말라는 인간 해방의 뜻을 담고 있다. 이스라엘의 예언자들은 이러한 의미를 가장 잘 이해한 사람들이었으며, 그들의 비판 정신은 유일신 신앙이 인류 역사에 준 최대의 선물이다.

넷째, 유일신 신앙은 인류에게 고도의 윤리의식을 심어준다. 정의, 평화, 사랑은 하나님의 보편적 뜻이며, 인간은 이러한 하나님의 도덕적 의지와 명령에 따라 살아야 하는 존재라는 것이다. 도덕질서는 인간이 마음대로 정해놓은 것이 아니라 누구도 어겨서는 안 되는 하나님의 거룩한 뜻이며 절대적 질서라는 말이다.

다섯째, 창조주 하나님에 대한 신앙은 눈에 보이는 피조물의 세계를 넘어 보이지 않는 초월적 실재로 향하게 한다. 인간으로 하여금 모든 유한하고 상대적인 피조물에 대한 종속과 집착에서 벗어나게 하고 세상의 속박을 벗어나게 하는 초월적 시각과 자유를 제공한다. 인간은 버러지같이 땅속에 코를 박고 살 존재가 아니라 땅 위에 살면서도 하늘을 향해 나는 존재, 초월의 세계로 개방된 존재라는 것이다. 세상을 창조하신 하나님의 초월성을 믿는 신앙은 동시에 인간의 초월성을 말해주고 있다.

도전받는 유일신 신앙

하지만 이러한 해방적 의미를 지닌 유일신 신앙이 현대 세계로 접어들면서는 점차 골칫거리가 되고 있으며 지성인들로부터 외면당하고 있다. 의혹과 불신의 눈초리를 받고 있으며 거센 비판의 대상이 되기도 한다. 대체로 다음 세 가지가 유일신 신앙의 문제점으로 지적된다.

첫째, 창조주와 피조물을 엄격하게 구분하는 유일신 신앙은 창조 세계로부터 하나님을 멀리 떨어지게 함으로써 자연의 신성성을 박탈해서 자연에 대한 경외심이 사라지게 했고, 자연을 마음대로 착취하게 하는 결과를 초래했다는 비판이다. 유일신 신앙과 사상이 오늘날의 환경생태계 위기를 초래한 이념적 뿌리가 되었다는 비판이다.

둘째, 유일신 신앙이 가부장적 권위주의를 낳았다는 비판이다. 창조주와 피조물을 엄격히 구분하는 유일신 신앙은 만물을 낳고 품어주며 보듬고 기르는 어머니 같은 하나님보다는 만물 위에 군림하고 명령하는 가부장적 아버지의 모습, 전제군주와 같이 권력을 독점하고 마구 휘두르는 존재로 하나님을 생각하게 만들었다는 비판이다. 특히 하나님을 '아버지', '왕', '만군의 주'라고 부름으로써 권위주의적 인간상을 더욱 강화했다는 비판을 받고 있다. 사실 전지전능하신 하나님의 존재 자체가 자칫하면 인간의 주체성과 자유를 제한하고 억압할 수 있는 가능성을 내포하고 있다는 것은 부인하기 어려운 사실이다.

셋째는 오늘의 세계에서 누구도 부정할 수 없는 비판으로서, 모든 인간을 내신 창조주 하나님에 대한 신앙이 오히려 인류의 분열과 갈등을 조장해왔다는 비판이다. 유일신을 믿는 종교 간에 오랜 갈등과 하나님의 이름으로 자행되어 온 과거의 수많은 범죄는 말할 것도 없고, 지금도 유일신 신앙의 종교들은 직간접으로 심각한 집단 간의 갈등에 휘말려 있다. 기독교와 유대교 배경의 미국과 이슬람 극단주의 세력 간의 갈등, 이스라엘과 팔레스타인의 그칠 줄 모르는 분쟁, 얼마 전까지만 해도 끈질기고 격렬했던 북아일랜드 가톨릭 신도들과 개신교 신도들 사이의 싸움 등은 유일신 신앙과 무관하지 않다. 이런 모습을 보면서 많은 사람이 하나님 신앙 자체에 의심의 눈초리를 돌린다. 사랑과 일치의 하나님이 증오와 분열의 하나님으로 작용하는 것 같기 때문이다. 유일신 신앙에 무엇인가 근본적인 문제가 있는 게 아닌지 사람들은 묻는다.

멀리 갈 필요도 없이 우리나라 개신교 신자들이 타종교에 대해 가지고 있는 심한 배타성도 바로 이 유일신 신앙에 근거하고 있다. 다른 종교를 잘 알지도 못하면서 툭하면 '우상숭배' 또는 '범신론'이라 매도하고 배격한다. 우리 민족의 전통적인 하늘 신앙을 이어받는 '하느님'이라는 말 대신 굳이 '하나'에다 부자연스럽게 '님' 자를 붙여 '하나님'이라는 말을 고집하는 개신교는 기독교의 유일신 신앙을 우리 전통사상이나 타종교와의 차별성을 강조하는 배타적 논리로 사용하고 있다.

유일신 신앙은 배타적 신앙인가

그렇다면 과연 유일신 신앙이 이렇게 분열과 배타의 논리를 가르치는 신앙일까? 정말 그렇다면, 차라리 이러한 유일신 신앙은 깨끗이 포기하고 무신론자나 세속적 휴머니스트가 되어 종교적 독선이나 편견 없이 모든 인간을 품는 인도주의적 사랑을 실천하는 편이 훨씬 더 나을 것이다. 아니면 아예 다신숭배자가 되어 너의 하나님과 나의 하나님은 다르다고 힘겨루기를 하는 편이 오히려 더 솔직할지도 모른다.

사실, 한 분 하나님을 믿는다는 유일신 신앙은 자칫하면 모든 사람이 다 같은 하나님을 믿어야 한다는 획일성의 횡포를 낳기 쉽다. 다신숭배에서는 아예 너의 신과 나의 신, 이 지역의 신과 저 지역의 신이 따로 있어 굳이 나의 신앙을 타인에게 강요할 필요가 없다. 그래서 선교라는 것이 필요 없고 하지도 않는다. 다신신앙은 자연스럽게 퍼지거나, 또는 전쟁을 통해 한 신에 대한 신앙이 다른 신에 대한 신앙을 몰아내는 일은 있을지언정, 자기 신만이 유일한 신이고 자기 신앙만이 옳다는 독선은 없다. 다른 모든 사람이 자기 신을 믿어야만 한다는 선교의 사명감 같은 것도 없다.

이와 달리 유일신 신앙인들은 자기들이 믿는 하나님이 온 인류의 하나님이라는 생각으로 자기 종교의 특정 신앙을 온 세계에 전파하고 강요하는 '종교제국주의'의 모습을 띠기 쉽다. 유일신 신앙의 종교 가운데에서 유대교는 '이스라엘의 하나님'이라는 표현이 말해주듯이 그래도 민족신적 신앙을 가지고 있기 때문에 비교적 자신들의 신앙에만 충실했고 타민족에게 자기들의 신앙을 강요한 적이 별로 없다. 차라리 우상타파라는 명분으로 타민족의 신앙을 말살하려고 노력했을지언정, 자기들의 신을 믿어야 한다는 선교열 같은 것은 없었다. 그러나 유대교에 남아 있는 민족주의적 성격을 말끔히 제거하고 '세계' 종교가 된 기독교와 이슬람은 경우가 달랐다. 아이러니하게도, 기독교와 이슬람은 바로 이 '보편성' 때문에 자기들의 신앙을 모두에게 강요하는 배타성을 띠게 된 것이다.

생각해 보면 어이없는 일이다. 천차만별의 차이를 지닌 세계 수십억 인구가 어떻게 똑같은 하나님을 믿을 수 있으며, 다양한 문화를 가진 민족들이 어떻게 동일한 하나님 관념과 동일한 교리를 가질 수 있다는 말인가? 인류의 절반에 육박하는 인구가 유일신 신앙의 영향권에서 생활하고 있지만, 이들 각자의 신관이 모두 다를 테니까 실제로 신이 30억 이상이 되는 것이나 마찬가지다!

그런데도 유일신 신앙인들은 거의 본능적으로 무한자 하나님, 인간의 인식을 초월하는 하나님에 대해 자기들만이 바른 인식을 가졌다고 집하면서 자기들의 신앙을 다른 사람들에게 강요한다. 그런가 하면, 만물을 내시고 모든 인간을 사랑하시는 하나님이 자기편이라고 생각하는 편견과 독선도 보인다. 하나님의 보편성을 내세우면서 오히려 특정 역사와 문화의 산물일 수밖에 없는 자기 종교의 절대성을 확보하려는 고약한 형태의 자기숭배, 자기 절대화의 '우상숭배'를 범하고 있는 것이다. 보편주의는 자칫하면 자기와 다른 사람의 신앙이나 사상을 인정하지 않는 배타주의를 낳고, 종교적 제국주의와 함께 문화적 배타주의로 이어지기 쉽다는 사실에 유의할 필요가 있다.

이것은 마치 현대 세계에서 서구 합리주의가 보편적 진리로 군림하면서 서구 문화가 전 세계 문화의 척도인 양 행세하는 현상과 흡사하다. 근대 역사의 주도권을 쥔 서구 사회는 최근에 '세계화'라는 바람을 타고 이른바 '글로벌 스탠다드'를 전 세계에 강요하고 있다. 세계를 획일적 가치와 척도 밑에 한 줄로 세우고 있는 것이다. 역사적으로 보면, 근대 서구 문화의 보편성과 절대주의는 기독교 유일신관의 후예이다. 유일신 신앙과 이 신앙을 부정하고 나선 근대 세속적 합리주의는 아이러니하게도 닮은꼴이다. 오늘날 유행하고 있는 포스트모더니즘이라는 사조는 바로 이러한 보편주의와 획일주의에 대한 반발로 이해될 수 있다. 이성이든 하나님이든, 포스트모더니즘은 획일적 질서와 기준을 거부한다. 다원주의를 표방하는 포스트모더니즘은 '현대판 다신숭배'라고도 할 수 있다.

무한한 하나님을 자기편으로 만들려는 끊임없는 유혹에도 불구하고, 엄연한 사실은 하나님은 기독교 신자도, 이슬람 신자도, 가톨릭 신자도, 개신교 신자도 아니라는 것이다. 하물며 어느 교파나 어느 대형교회 신자이겠는가? 신앙인들은 너무나도 명백한 이 사실을 신앙이라는 이름으로 무시하고 하나님을 자기 울타리 안에 가두려는 유혹에 빠지고 있다. 그럴 바에는 차라리 다신숭배자들이 되면 더 좋지 않을까 묻고 싶다.

옛날 구약성서의 예언자들은 하나님의 선민으로 자처하는 이스라엘 백성이 하나님을 무조건 자기들 편이라고 생각하던 무지와 편견을 고발하고, 이스라엘 민족에 볼모 잡히신 하나님을 해방시켰다. 그 후 이스라엘이 또다시 율법과 예루살렘 성전의 이데올로기로 하나님을 가두자 예수는 하나님을 율법과 성전 이데올로기로부터 해방시켰다. 불행하게도 오늘의 이스라엘은 또다시 하나님을 이스라엘 땅에 가두면서 미국의 힘을 업고서 힘없는 팔레스타인인들을 억압하고 있다. 그들이 이렇게 생존을 위해 수단 방법을 가리지 않게 된 데에는 물론 과거 기독교가 저지른 잘못이 있다. 반유대주의의 기치 아래 유대인들을 못살게 굴면서 하나님을 교회의 울타리에 가둔 것이다. 하지만 아무리 과거가 억울하다 해도 현재 이스라엘이 보이고 있는 힘의 횡포는 결코 정당화될 수 없다.

기독교는 로마제국의 국교가 된 후 다른 종교를 억압하는 횡포를 일삼아왔다. 동서고금을 막론하고 세계 종교 가운데에서 기독교만큼 선교적이고 전투적이고 배타적인 종교는 없다. 우리는 흔히 이슬람을 매우 배타적이고 호전적인 종교로 생각하지만, 이는 전혀 사실과 다르다. 이슬람은 적어도 유대교인이나 그리스도인에게는 선교를 하거나 개종을 강요하지 않았다. 그들을 같은 유일신 신앙의 종교, 성서가 있는 종교라고 생각했기 때문이다.

'하나'의 참뜻

그러면 우리는 이렇게 말도 많고 탈도 많은 유일신 신앙을 포기해야만 하는가? 오직 한 분이신 주님이라고 할 때, 이 '하나'의 참뜻은 과연 무엇일까? 이 말을 어떻게 이해하는가에 유일신 신앙의 모든 것이 달려 있다고 해도 과언이 아니다.

우선, 무한하신 하나님에 대하여 우리가 '하나'라는 개념을 사용할 때, 이 하나는 수를 헤아릴 때 사용하는 숫자 '하나'가 아님을 알아야 한다. 우리는 하나님을 마치 한계를 지닌 어떤 사물처럼 숫자를 적용할 수 있는 대상으로 착각하는 경향이 있다. 특히 하나님을 인간처럼 생각하는 인격 신관을 가진 신앙인들은 하나님이 어떤 한계를 지닌 대상적 존재―물론 엄청나게 거대한 힘을 가진 존재이지만―그야말로 '초인'인 것처럼 생각한다.

하나님은 숫자로 셀 수 있는 개체가 아니다. 하나님은 숫자를 초월하시는 분이다. 따라서 하나님을 '하나'라고 할 때 우리는 그것이 숫자적 의미의 하나가 아니라 모든 숫자를 초월하는 의미의 하나이며, 숫자 아닌 숫자, 수를 가진 모든 것들의 근원으로서의 하나임을 알아야 한다. '하나'는 숫자를 가진 모든 유한한 사물의 배후에서 그것들을 하나로 묶어주는 무한하고 포괄적인 실재를 가리키는 말이다. 따라서 하나와 여럿, 일과 다는 반대가 아니라 '하나' 하나님 안에서 상통한다. '하나' 하나님은 모든 유한한 사물에 통하고 사물 사이에 막힘이 없도록 하는 '무차별적' 실재이다. 유한한 사물은 모두 분명한 한계와 차별성을 지니고 있기 때문에 서로 막힘이 있다. 하지만 하나님은 다른 사물과 구별해주는 차별성이 없다. 이러한 하나님의 무차별성이야말로 차별성을 지닌 모든 피조물과 하나님을 차별화하는 하나님의 차별성이라고 말할 수 있다. 이것이 '하나'라는 말이 나타내고자 하는 참뜻이다. '하나'는 하나님의 무한성, 무차별성을 가리킨다. 이를 가리켜 우리는 하나님이 무소부재하신 분이라고 말한다. 하나님은 어떤 장소나 공간에 구애받지 않고 거리의 제약을 초월하신다. '하나'는 하나님의 무한성, 무제약성, 무차별성, 초월성을 뜻하기 때문에 누구도 하나님을 제약하거나 독점하지 못한다. 우상이란 무한하고 무차별적인 하나님을 유한하고 차별성을 지닌 사물이나 인간처럼 생각할 때 생겨나는 가짜 하나님이다. 우리가 마음대로 컨트롤하고 우리의 언어로 가둘 수 있는 하나님은 참 하나님이 아니라 우상이다. 숫자로 표시할 수 있는 하나님은 가짜 하나님이고, 진짜 하나님은 숫자를 초월하되 숫자를 가진 모든 사물을 포용한다. '하나'는 하나님이 '무엇'이라고 규정하고 제한할 수 없는 실재임을 말해주는 일종의 부정적 언사이다. 숫자 아닌 숫자, 개념 아닌 개념, 이름 아닌 이름이다.

'하나'는 무한의 다른 이름이다. '하나'는 결코 여럿과 대립하는 상대적 하나가 아니라 절대적 하나이다. 참 절대는 상대적인 것들과 차별화되고 대립하는 절대가 아니다. 상대와 대립되는 절대는 참 절대가 아니라 상대적 절대에 불과하다. 참 절대는 상대를 포섭하고 포괄하고 초월하는 포월적抱越的 절대이다. 무한한 하나님은 유한한 사물과 대립되는 존재가 아니라 모든 유한한 사물을 품고 기르는 절대이다. 바울 사도의 표현대로, "만물이 그로부터, 그를 통해서 그리고 그를 향해 존재하는"(롬 11:36) 절대이며, 우리가 그 안에서 "살고 움직이고 존재하는"(사 17:28) 그런 실재이다. 이것이 '하나' 하나님이 뜻하는 것이다. 따라서 우리는 '하나' 하나님이 여럿을 포용하고 포괄하는 광대무변의 무한자임을 알아야 하고, 그런 하나님을 믿는 신앙 또한 존재하는 모든 것을 품는 무한히 넓고 열린 신앙이어야 함을 알아야 한다.

하나님 사랑과 세상 사랑

신명기 6장 4절은 이러한 무한한 '하나' 하나님을 '마음을 다하고 뜻을 다하고 힘을 다하여 사랑하라'고 말한다. 우리는 이 '하나' 하나님을 사랑하라는 사랑의 의미에 대해 깊이 생각해 볼 필요가 있다. 하나님 사랑과 피조물 사랑, '하나' 사랑과 잡다한 사물의 사랑과의 관계를 바르게 이해하는 것은 신앙생활의 가장 근본이다.

오직 한 분이신 하나님을 믿는 유일신 신앙은 우선 창조주와 피조물, 하나님 사랑과 세상 사랑 사이에서 하나만을 선택해야 한다. 잡다한 세상 사물을 먼저 사랑하는 사람은 결코 진정으로 '하나' 하나님을 사랑할 수 없고 세상의 사물도 제대로 사랑할 수 없다는 것이 위대한 기독교 영성가들의 가르침이다. 이런 면에서 하나님 사랑은 일단 모든 피조물에 대한 사랑을 배제하는 선택적 사랑이다. 보이는 피조물에 대한 사랑이 아무리 소중하다 해도, 보이지 않는 하나님에 대한 사랑을 대신하거나 대체할 수는 없다. 그렇기 때문에 성 아우구스티누스는 무생물보다는 식물, 식물보다는 동물, 동물보다는 인간 그리고 인간보다는 하나님을 더 사랑해야 우리가 진정으로 행복할 수 있다면서 '사랑의 질서'를 강조한 것이다.

인간은 본래 자기를 창조하고 자기 존재의 근원인 하나님을 갈망하고 사랑하도록 되어 있다. 이는 자식이 어미를 찾듯이 자연스럽고 필연적이다. 그래서 성 아우구스티누스는 그의 『고백록』 서두에서 자기 영혼이 하나님을 만나기까지는 안식을 얻을 수 없었다고 고백한다. 세상의 모든 좋은 조건을 다 갖추었는데도 영혼이 허전해서 방황하는 것은 아직 존재의 뿌리이자 근원이신 '하나' 하나님의 품에 안기지 못했기 때문이다.

피조물 가운데에는 하나님의 모상으로 창조된 인간이 하나님 다음가는 사랑의 대상이다. 인간 사랑을 통해서 우리는 하나님의 사랑을 경험하고, 구현하도록 되어 있다. 따라서 하나님 사랑과 인간 사랑 그리고 사물의 사랑 사이에는 우선순위가 분명하다. 사람보다 사물을 더 사랑하거나 하나님보다 사람이나 돈을 더 사랑하는 것은 사랑의 질서를 어기는 일이며 불행을 초래하기 마련이다. 피조물은 결코 우리가 '마음을 다하고 뜻을 다하고 힘을 다해' 사랑할 존재가 아니기 때문이다. 그렇게 사랑해야 할 존재는 오직 '하나' 하나님뿐이라는 것이 유일신 신앙의 근본 진리이다.

세상을 사랑하는 사람은 하나님을 사랑하기 위해서 일단 세상에서 정을 떼야 한다. 하나님이냐 세상이냐를 놓고 치열한 영혼의 고투를 해본 경험 없이는 신앙이 참으로 무엇인지 알기 어렵다. 세상에 코를 박고 있는 사람은 하나님 사랑이 무엇인지, 초월이 무엇인지, 신앙인의 자유가 무엇인지를 모른다. 상대적인 것을 절대적인 것으로, 유한한 것을 무한한 것으로, 조건적인 것을 무조건적인 것으로 착각하고 집착하면서 모든 사랑을 우상숭배로 둔갑시켜 버리기 때문이다.

사실, 사랑 가운데 최고의 사랑은 보이지 않는 하나님에 대한 사랑이며 무한자를 끝없이 갈망하는 사랑이다. 모든 유한한 것은 불완전하고 언제나 우리를 실망시킬 수밖에 없다. 끝내 우리 영혼을 만족시키지 못하고 괴로움을 안긴다. 불교에서는 심지어 모든 덧없는 것들은 그 자체가 괴로움이라고 가르친다. 영성의 대가들은 인간이 '하나' 하나님을 사랑하는 대신 잡다한 세상 사물을 사랑하면, 영혼 자체가 잡다해지고 지리멸렬해진다고 말한다. 영혼 자체가 초점을 잃고 '해체'되기 쉽다는 것이다. '하나'만을 사랑하는 데에서 오는 통일성과 순수성을 상실하고 갈팡질팡 방황하다가 돈의 노예, 사물의 노예로 전락해버리고 만다. 이것이 인간의 비인간화이며 영혼의 사물화이다.

사랑에는 역설적인 면이 있다. 인간 사랑에서도 이루어질 수 없는 사랑이나 이루어지기 전의 사랑이 더 강렬하고 순수하듯이, 보이지 않고 잡히지 않는 초월자 하나님에 대한 사랑이야말로 가장 강렬하고 순수한 사랑이다. 무한자 하나님에 대한 사랑은 끝없이 갈망하는 사랑이다. 사랑은 이루어질 때보다 그리워할 때가 더 행복하다는 말이 있다. 보이지 않는 하나님에 대한 사랑, 잡힐 듯 잡힐 듯하지만 끝내 잡히지 않는 하나님에 대한 사랑은 사후에 하나님을 대면하기 전까지는 갈망으로 그칠 수밖에 없다. 하지만 이 갈망하는 사랑, 그리워하는 사랑은 죽는 날까지 그치지 않는, 아니 사후에서도 계속될지 모를, 영원한 사랑이다.

이렇게 일단 하나님 사랑과 세상에 대한 사랑, 무한자에 대한 사랑과 유한한 사물에 대한 사랑 사이의 배타적 선택을 분명히 하고 나면, 우리는 세상과 새로운 관계를 가질 수 있게 된다. 부정되던 세상이 새롭게 긍정되면서 새로운 사랑의 대상이 된다. 하나님을 사랑하는 사람은 하나님 안에서 만물을 새롭게 대하게 되며, 더 순수한 마음으로 만물을 사랑하고 품는다. 자기중심적 사랑에서 벗어나 하나님의 눈으로 사물을 보게 된다. 하나님 안에서 모든 사물을 품는 하나님의 무차별적 사랑을 배우기 때문이다.

피조물은 하나님의 베일

　하나님은 아주 보이지 않는 존재가 아니라 보일 듯 말 듯한 존재이다. 창조주 하나님은 피조물 속에 자신의 흔적을 남기며, 무한자는 유한한 사물들을 통해 자신의 얼굴을 살짝 보여준다. 그렇기 때문에 우리는 하나님을 사랑하기 위해서 피조물들로부터 눈을 돌릴 필요가 없다. 하나님을 만나기 위해서 일단 돌렸던 눈이 다시 피조물로 돌아온다. 피조물 속에서 하나님의 현존을 느끼고 하나님을 사랑하는 영적 기술을 터득하게 되는 것이다. 그런 사람에게는 하나님 사랑과 피조물 사랑이 더 이상 둘이 아니다.

　피조물들은 인간과 하나님의 관계에서 베일과도 같다. 베일은 가리기도 하지만 살짝 보여주기도 한다. 피조물들은 우리에게 하나님을 가리는 베일이지만, 볼 수 있는 영적 눈만 있다면 이 베일은 동시에 하나님을 만나는 통로가 된다. 베일이란 베일임을 모르는 자에게만 베일일 뿐이다. 베일이 베일임을 아는 자는 이미 그 뒤에 혹은 그 안에서 더 크고 놀라운 신비를 발견할 수 있다. 이렇게 피조물들이 하나님을 발견하게 하는 베일 아닌 베일임을 아는 사람은 언제 어디에서든 하나님을 발견하고 사랑할 수 있는 풍부한 영성의 소유자가 된다. 그에게는 하나님 사랑과 피조물 사랑이 둘이 아니기 때문이다. 모든 불완전한 사물은 그로 하여금 완전한 것을 찾도록 하며, 사물 가운데에서 느끼는 아름다움은 아름다움 자체이신 하나님을 만나는 통로가 된다. 세상사에서 깨닫게 되는 진리가 진리 자체이신 하나님을 드러내는 계시가 되며, 삶 속에서 경험하는 좋은 것이 모두 선 자체이신 하나님을 경험하는 은총의 수단으로 변하기 때문이다. 이것이 '하나' 하나님을 믿는 창조신앙의 영성이고 축복이다.

우리로 하여금 하나님을 발견하고 하나님께로 인도해주는 피조물 가운데에서, 하나님의 모상으로 지음받아 하나님을 닮은 인간이야말로 으뜸가는 존재이다. 인간에 대한 바른 사랑은 하나님 사랑과 분리할 수 없다는 것이 성서의 증언이며 예수의 가르침이다. 그리고 인간 가운데 흠 없는 인간 예수 그리스도는 우리와 달리 가장 투명하고 완벽한 하나님의 모상으로서 하늘 아버지를 빼닮은 그의 아들이기에, 우리도 그분의 형상을 닮아감으로써 하나님을 닮은 하나님의 아들딸이 될 수 있다는 것이 기독교 신앙의 요체이고 진수이다.

영적 빈곤 속에 사는 현대인

현대인들은 하나님께 나아가는 다양한 길이 차단된 세속화된 세계에 살고 있다. 물질적으로는 풍요로울지 모르나, 영적으로는 어쩌면 고대나 중세 사람들보다 가난한 세계에 살고 있다. 신화가 사라진 세계, 성화와 성상들이 자취를 감추고 종교적 상징물과 상상력이 고갈된 삭막한 세계에 살고 있다. 이른바 '사실'과 실증만이 진리로 통하는 '일차원적' 세계에서 살고 있기 때문이다. 아이러니한 것은 창조신앙이 함축하는 영성을 상실한 유일신 신앙, '하나' 하나님에 대한 왜곡된 이해에 따른 유일신 신앙이 바로 이러한 세속화를 초래한 장본인으로 비판받고 있다는 사실이다. 특히 개신교는 역사적으로 이런 결과를 초래하는 데 크게 기여했다는 지탄을 받고 있다.

이에 관해 우리는 두 가지 점을 지적할 수 있다. 먼저, 개신교는 '우상' 타파라는 이름 아래 중세의 풍부한 종교적 상징들을 일거에 쓸어버림으로써 사람들을 종교적 불모지에서 생활하도록 만드는 데 큰 역할을 했다. 개신교 신앙은 인간이 하나님께 나아가는 다양한 통로를 차단하고 '오직 믿음', '오직 은총', '오직 성경', '오직 예수'만을 외치는 좁고 편협한 신앙이 되어버렸다. 이런 개신교가 지배하는 풍토에서 자연과 문화의 세속화가 제일 먼저 전개되었다는 사실은 결코 역사의 우연이 아니다. 또 이렇게 하나님께 가는 다양한 길이 차단된 개신교 풍토에서 전투적이고 배타적이고 메마른 성서문자주의 신앙과 편협한 근본주의 신앙이 기승을 부리게 된 것 역시 이상한 일이 아니다. 좀 단순화시켜 말하자면, 개신교가 조성한 메마른 영적 풍토는 사람들을 극단적인 양자택일의 상황으로 몰고 갔다. 일체의 신성한 존재나 초월적 실재를 거부하는 세속적 근본주의자가 되든지, 아니면 편협한 종교적 근본주의자가 되든지 선택을 강요받게 된 것이다.

더 근본적인 문제는 개신교 신학이 전통적으로 인간의 죄악성을 지나치게 강조하면서 자연을 통한 하나님의 계시나 인간 이성을 통해 하나님을 아는 자연신학의 길을 무시해왔다는 사실이다. 이성을 도외시한 계시, 창조의 영성을 도외시하고 구속의 은총을 일방적으로 강조함으로써 자연세계와 하나님이 분리되게 만든 것이다. 결과적으로 개신교 신앙은 세계를 탈신성화하고 탈영성화하는 데 공헌한 셈이 되고 말았다. 의도했든 아니든, 기독교의 유일신 신앙, 특히 개신교를 통해 굴절된 유일신 신앙은 역사적으로 달갑지 않은 결과를 초래했다. 한편으로는 자연과 초자연, 피조물과 창조주를 엄격히 구별함으로써 자연계로부터 하나님을 몰아냈고 성스러움을 앗아갔다. 자연이라는 영성의 보고를 텅 비게 만들어서 오늘의 환경위기를 초래하는 데 일조한 것이다. 다른 한편으로는, 자연계와 인간 이성을 통한 하나님의 일반적 계시를 무시하고, 오직 신앙, 오직 은총, 오직 성서만을 외치는 편협한 신앙을 통해서 종교적 독선과 배타성을 조장하는 근본주의 신앙을 낳는가 하면 이에 상응하는 세속적 근본주의를 낳는 데에도 기여했다.

이제 우리는 유일신 신앙의 의미를 새롭게 이해함으로써 우리의 영성을 풍부하게 가꾸어가지 않으면 안 된다. 우리는 '하나' 하나님에 대한 사랑이 결코 신앙의 획일성과 편협한 배타성을 담보하는 것이 아니라 오히려 다양성과 차이를 존중하고 기뻐하는 개방과 긍정의 영성임을 알아야 한다. 이는 존재하는 모든 것을 품고 사랑하는 무한자 하나님의 넓은 마음과 여유로움을 닮는 영성이다. 또한, 만물 가운데 계시며 만물을 통해 우리에게 말씀하시는 하나님의 음성을 듣는 영성이며, 만물 속에서 하나님의 다양한 얼굴을 볼 수 있는 영성이다. '하나' 하나님은 결코 여럿을 배제하는 하나님이 아니라 여럿을 품고 기르는 하나님이며, 언제 어디에서나 중심이 되는 무소부재의 하나님이시기 때문이다.

가까이 계시는 하나님

가을에는 기도하게 하소서

가을이 되면 누구나 시인이 되고 철학자가 된다. "가을에는 기도하게 하소서"라는 어느 시인의 기도대로, 경건한 마음이 되어 기도드리고 싶은 생각이 저절로 든다. 잎이 무성하던 나무들이 앙상한 가지를 드러내기 시작하면 누구나 인생의 무상함과 생명의 유한성을 뼈저리게 느낀다. 봄이 생명의 탄생과 환희를 노래하는 계절이라면 가을은 생명의 소멸과 덧없음을 의식하게 하는 계절이다. 도대체 이 모든 생명의 나고 죽음은 무엇 때문이며, 끝없이 되풀이되는 생명의 순환과정에 어떤 의미나 목적 같은 것이 있는지 우리는 묻게 된다.

그리스도인들은 물론 이러한 계절의 순환과 덧없이 흘러가는 시간의 변화 속에서 우주 만물의 존재의 뿌리이자 생명의 근원이 되시는 영원하신 하나님을 의식하게 된다. 바울 사도는 로마서 11장 36절에서 '만물이 그로부터 그리고 그를 통하여 그리고 그를 향해 있다'라고 말하고 있다. 만물이 하나님으로부터 와서 하나님 안에서 존재와 생명을 누리다가 종국에는 하나님께 되돌아간다는 것이다. 다시 말해, 하나님은 우주 만물의 알파와 오메가, 처음이고 나중이며 또 중간이라는 말이다.

새번역 성경은 "만물이 그에게서 나고, 그로 말미암아 있고, 그를 위하여 있습니다"라고 번역하는데, "그에게서 나고"는 문자 그대로 "그로부터"라고 해야 하며 마지막 구절 "그를 위하여 있습니다"는 잘못된 번역이다. "만물이 그를 위하여 있습니다"는 말은 마치 하나님이 자신의 영광을 위해서 만물을 창조하시고 만물이 그를 섬기기 위해 존재한다는 인상을 준다. 바울 사도는 아테네 설교에서 "하나님께서는 무슨 부족한 것이 있어서 사람의 손으로 섬김을 받으시는 것이 아닙니다"라고 말하고 있다. 참으로 통쾌한 말이다! 하나님은 아쉬운 것이 있어서, 무슨 필요 때문에 우주 만물을 창조하신 분이 아니다. 더욱이 하나님은 만물 위에 군림하면서 홀로 섬김받고 영광 받기를 즐기는 우주의 전제군주 같은 분이 아니시다.

그리스어 원문은 간단히 전치사 3개를 사용하고 있다. 'Ex' 즉 'from', 'dia' 즉 'through' 그리고 'eis' 즉 'to, toward' 혹은 'into'라는 전치사이다. 다시 말해서, 온 우주 만물이 하나님'으로부터' 왔으며 하나님을 '통해' 존재와 생명을 유지하다가 하나님'께' 되돌아간다는 뜻이다. 하나님은 우주 만물의 알파와 오메가일 뿐 아니라 현재 잠시 존재하는 것들도 모두 하나님을 떠나서는 한순간도 존재할 수 없다는 것이다. 바울은 유명한 아테네 설교에서 '우리는 하나님 안에서 살고, 움직이고, 존재하고 있다'라고 말하고 있으며, 또 '하나님은 모든 사람에게 생명과 호흡과 모든 것을 주시는 분'이라고 한다.

하나님의 영광을 위해서?

그리스도인들은 어떤 일을 할 때 툭하면 '하나님을 위해서' 혹은 '하나님의 영광을 위해서'라고 말한다. 마치 종이 주인을 섬기듯이, 또 하나님이 인간을 자기 종처럼 부리기를 원하시는 분처럼 말이다. 우리는 헌금 몇 푼 내면서, 교회 봉사 좀 하면서 하나님의 사업을 위해서라고 곧잘 말하곤 한다. 우리가 하나님을 돕는 것처럼, 아니 도울 수 있기나 한 것처럼 착각하면서 말이다.

그리스도인들은 또 종종 "당신 홀로 영광받으시고"라고 기도하는데, 이는 좋지 않은 기도라고 생각한다. 하나님이 자신의 생명과 존재를 나누어주시는 사랑의 하나님이 아니라 모든 것을 독점하고 '홀로' 영광 받기를 즐기시는 이기적인 존재로 들리기 때문이다. 물론 우리가 어떤 일을 할 때 우리 자신을 드러내고 자신이 영광을 받기 위함이 아니라는 뜻에서 그렇게 기도하지만, 정말 하나님이 '홀로' 영광 받기를 즐기시는 분인지, 우리가 정말 그런 하나님을 믿는 것인지 의심스럽다.

하나님을 찬양하는 교회음악에서 전통적으로 사용하는 가사에 "당신 홀로 거룩하시도다"라는 가사가 있는데, 이것은 좋다. 피조물이 아무리 아름답다 해도 거룩하지는 않고, 하나님만이 거룩하시기 때문이다. 그렇지만 하나님은 자기 혼자만 섬김을 받고 자기 혼자만 영광받기를 원하시는 이기적인 존재, 독재군주 같은 존재가 아니다. 예수는 주님의 이름이 거룩히 여김을 받으시며 주님의 나라가 임하시며 주님의 뜻이 이루어지기를 간구하는 기도를 가르쳐주었지만, '주님홀로', '당신 홀로' 식의 기도는 가르치지 않았다. 그런 하나님은 만물을 내고 품고 기르시는 사랑의 하나님이 아니라고 생각했을 것이다.

여하튼 한 가지 분명한 것은 우리가 하나님을 필요로 하지, 하나님이 우리를 필요로 하는 것이 아니라는 사실이다. 하나님은 자기가 낳은 자식과도 같은 피조물을 위해 모든 것을 베풀어주시고 돌보아주시지, 우리가 하나님을 위해 할 수 있는 것은 아무것도 없다. 도대체 '우리 것'이라고 주장할 수 있는 것은 아무것도 없기 때문이다. 우리가 할 수 있는 것은 오직 모든 것이 하나님으로부터 왔다는 사실, 우리의 존재와 생명이 우리 자신의 것이 아니라 하나님의 것이며, 하나님으로부터 잠시 빌린 것임을 깨닫고 감사하며 사는 일뿐이다.

앞서 인용한 바울 사도의 말씀, 즉 '만물이 하나님으로부터, 하나님을 통해, 하나님을 향해 존재한다'라는 로마서의 말씀과 '우리는 하나님 안에서 살고, 움직이고, 존재하고 있다' 혹은 '하나님은 모든 사람에게 생명과 호흡과 모든 것을 주시는 분'이라는 아테네 설교의 말씀은 현대신학의 용어로 표현하면 이른바 범재신론汎在神論, 즉 만물이 하나님 안에 존재하며 하나님이 만물 안에 존재와 생명의 근원으로 계신다는 신관을 나타내는 말이다.

범재신론은 만물 자체가 신이라는 범신론과 구별되고, 창조주 하나님과 피조물, 무한자와 유한자를 엄격하게 분리해서 하나님을 먼 격절隔絶적인 존재로 여기는 전통적 신관도 거부하는 제3의 신관으로 최근에 신학자들이 많이 주목하고 있는 새로운 신관이다. 범재신론은 '사실, 하나님은 우리 각 사람에게서 멀리 떨어져 계시지 않다'라는 바울의 말과 같이 우리에게 지극히 가까이 계시는 하나님을 강조하는 신관이다.

만물 안에 계시는 하나님, 만물의 자궁과도 같아 존재와 생명의 근원이신 어머니 하나님, 결국 모든 것이 돌아갈 고향과도 같은 하나님, 그래서 나 자신보다도 나에게 더 가까이 계시는 하나님, 바울 사도는 이런 하나님을 증언한다. 저 높이 하늘 보좌에 앉아 계시는 하나님, 인간이 벌벌 떨며 복종하고 섬기는 만군의 주 하나님, 만물을 통치하면서 홀로 영광 받기를 즐기는 독재군주 같은 하나님이 아니라 언제 어디에서 누구에게나 자신의 존재와 생명을 나누어주고 보듬어주시는 지극히 가까이 계시는 하나님에 대해 증언하고 있는 것이다.

무신론을 낳는 초자연주의 신관

하나님과 세계, 창조주와 피조물, 초자연과 자연, 무한자와 유한한 사물을 이분법적으로 구별하고 분리해 온 기독교의 전통적 신관, 그래서 하나님의 초월성을 일방적으로 강조해 온 신관은 크게 네 가지 문제점을 지니고 있다.

첫째는, 하나님을 가부장적이고 권위주의적인 하나님으로 생각하게 만든다는 것이다. 다시 말해 하나님을 지배자, 통치자, 군주, 엄한 아버지, 섬겨야 할 주인처럼 생각하게 만든다는 것이다. 둘째는, 하나님을 멀리 떨어져 계시는 격절적인 존재로 만든다는 것이고, 셋째는, 만물 안에 계시는 하나님의 내재성을 도외시하여 만물의 신성성을 몰아냄으로써 오늘의 환경위기의 이념적 주범이 되었다는 비판을 받고 있다는 것이다. 넷째는, 신을 자연 밖에서 자연을 움직이고 개입하는 이른바 '초자연적' 존재로 간주함으로써 자연을 벗어나는 어떠한 존재도 인정하지 않으려는 근대 과학의 자연주의적 세계관과 정면으로 충돌해서 결국 '무신론'을 낳게 했다는 비판이다.

얼마 전에 어느 영국 사람이 "하나님은 없으니 두려워하지 말고 인생을 즐겨라"는 문구가 적힌 광고 글을 런던의 시내버스에 부착하는 운동을 벌였다는 해외토픽 뉴스가 있었다. 문제는 그가 부정하는 하나님이 어떤 존재냐 하는 것인데, 답은 뻔하다. 서구 문화를 지배해 온 대중적 신관, 즉 전지전능한 존재, 마음만 먹으면 언제든 자기가 제정한 자연법칙을 어기면서 기적을 행하는 초자연적인 신, 독재군주 같은 무소불위의 존재, 인간의 생각과 행위를 일일이 간섭하고 감찰하시다가 사후에 상벌을 내리시는 무서운 하나님, 뭐 대충 이런 것이 그가 생각하는 하나님이 아닐까? 정말 우리가 믿는 하나님이 그런 존재라면 그리스도인들이 앞장서서 무신론 운동에 동참해야 할지도 모른다. 그렇지만 한 가지 분명한 사실은 기독교의 초자연적인 신관이 바로 이러한 신관을 낳았다는 것 그리고 거기에 상응하는 무신론을 낳았다는 사실이다. 어쩌면 기독교의 초자연주의적 신관은 처음부터 무신론을 잉태하고 키워왔다는 것이다.

내가 세계 종교사를 공부하면서 깨달은 한 가지 중요한 사실이 있다면 우리가 서양에서 빌려와 사용하고 있는 '무신론'이라는 개념은 비서구 문화권에서는 존재하지도 않거나 별 의미가 없는 개념이라는 것이다. 무신론이라는 개념과 현상은 적어도 유대교-기독교-이슬람교라는 3대 유일신 신앙의 종교가 지배하지 않는 문화권, 가령 인도나 중국이나 우리나라 같은 아시아 문화권 또는 아프리카 문화권 같은 데에서는 존재하지 않거나 별 의미가 없다는 말이다. 서구 무신론자들이 제창하고 있는 무신론은 엄밀한 의미에서 성서적 유일신관이나 초자연주의적인 신 관념이 낳은 부산물이다.

기독교의 초자연적 신관에 따라서 본의 아니게 자연 세계로부터 신성神性, divinity을 몰아내고 자연을 철저히 세속화시킨 서구 문화는 인류 역사상 지극히 예외적인 현상이다. 본격적인 무신론, 전투적인 무신론이 제일 먼저 기독교가 지배하던 서구 문화에서 발생했다는 사실은 매우 의미심장하다. 기계론적 자연관, 유물론적 자연관이 서구 세계에서 제일 먼저 등장해서 일반화되었다는 사실, 자연이 성스러움을 잃고 인간의 탐욕을 위한 수단으로 전락하게 되었다는 사실은 결코 우연이 아니다. 따라서 기독교가 오늘날의 전 지구적 환경생태계 위기의 이념적 원천이 되었다는 비판은 매우 일리 있는 비판이다. 이는 현대 기독교가 반드시 경청해야 하고 반성해야 할 점이다.

다신숭배, 혼령이나 신령을 믿는 신앙, 우리가 애니미즘, 샤머니즘, 혹은 '원시'신앙이라고 곧잘 폄하하는 소박한 신앙이 지배하는 문화에는 무신론이란 게 없다. 또 다양한 사물의 배후 혹은 그 근거에 어떤 통일적이고 근원적인 실재가 깔려 있다는 내재적 신관 내지 일원론적 형이상학이 지배하는 인도나 중국 문화에서도 사람들은 막연하게나마 자연에는 어떤 성스러운 힘, 눈에 보이지는 않지만 어떤 신비한 실재가 근저에 있다고 믿고 살았다. 이것은 지금도 마찬가지다. 딱 부러지게 신의 존재를 부정하는 전투적 무신론은 기독교가 지배하는 서구만의 특징이라고 해도 과언이 아니다. 서구 무신론은 기독교의 초자연적 신관과 부단히 싸우면서 자란 서구적 자연주의의 산물이기 때문이다. 이런 의미에서 무신론과 초자연적 신관은 반대인 것 같지만 동전의 양면과도 같이 분리할 수 없는 현상이다. 하나가 다른 하나를 낳는다는 말이다. 이런 불행한 선택이 더 이상 계속되지 않으려면 반드시 새로운 신관이 필요하다. 만물에 내재하며 우리에게 가까이 계시는 하나님 말이다.

무신론이란 하나님을 우주 만물과 멀리 떨어져 저 하늘 높이 계시는 분, 우리가 살고 있는 이 자연계나 물질계 그리고 육체를 지니고 사는 현세에서는 만나기 어렵고 사후에 천상에서나 만날 수 있는 초월적 존재로 간주해 온 서구 신학의 전통적 신관이 낳은 결과이다. 이러한 신관이 지배하는 풍토에서 발달한 근대 과학기술과 산업문명이 지금 서구뿐 아니라 세계 어디에서나 기승을 부리고 있는 것이다. 초자연적 하나님이 자연에서 밀려남에 따라 자연은 이제 인간 마음대로 해도 되는 수단적 존재로 전락하게 되었다. 신앙인들은 말로는 세계가 하나님의 창조라고 하고 하나님은 무소부재하신 분이라고 하지만, 실제로는 하나님과 무관하게 세계를 이해하면서 살고 있다. 기독교 신앙이 근대 세계에서 고전을 면치 못하게 된 근본 원인이 여기에 있다고 해도 과언이 아니다.

앞에서 살펴본 바울 사도의 신관에 따르면 세계와 하나님, 유한한 사물과 무한자는 상호 대립적이거나 배타적일 수 없다. 무한하신 하나님은 유한한 사물을 감싸고 지탱하고 있으며, 유한한 것들은 무한한 하나님 안에서 "살고 움직이고 존재하고 있기" 때문이다.

하나님은 인간을 비롯한 모든 피조물과 한순간도 떨어져 존재하는 법이 없다. 하나님은 유한한 것들에게 생명과 호흡을 주시는 분이라고 바울은 말한다. 유한한 것들은 무한자 하나님으로부터 왔고 그 안에서 그리고 그를 통해 잠시 존재와 생명을 누리다가 결국은 그에게 되돌아간다. 존재의 뿌리가 되고 생명의 원천이 되시는 하나님은 언제 어디에나 계시는 분이다.

사실 '하나님으로부터', '하나님을 통해', '하나님께로'라는 표현 자체도 공간적 의미로 이해하면 곤란하다. 무한자 하나님에게 만물과의 공간적 분리란 있을 수 없기 때문이다. 무한한 실재이신 하나님에게 안과 밖이라는 공간의 구별은 있을 수 없다. 굳이 '안'이라는 개념을 사용한다면 만물이 하나님 안에 있고 하나님이 만물 안에 있다는 식으로밖에는 표현할 수 없다. 하나님은 저 멀리 높은 곳에 계시는 것이 아니라 세계의 가장 낮고 깊은 곳에 계시면서 모든 유한한 것들을 감싸고 품으시는 분이라는 말이다. 우리가 하나님을 이렇게 생각할 때 하나님을 멀리서 찾을 필요가 없다. 또 무슨 이상한 방법이나 특별한 수단을 통해서 찾을 필요도 없다. 하나님은 눈에 보이지 않지만 모든 유한한 사물과 생명의 근원이시고 뿌리이시고 힘이시고, 언제 어디에서나 존재하시는 '존재 자체'이기 때문이다.

문제는 우리가 유한한 사물에 현혹되어 그 가운데 생명의 영으로 활동하고 계신 무한자 하나님을 의식하지 못하는 데 있다. 하나님이 우리로부터 멀리 계시는 것이 아니라 우리가 하나님으로부터 멀리 있기 때문이다. 하나님은 우리 곁에 계시고, 우리 안에 계시고, 우리와 함께 계시지만, 성 아우구스티누스의 표현대로 우리가 하나님과 '함께' 있지 않기 때문이다. 이런저런 사물을 사랑하고 거기에 사로잡혀 존재 자체, 선 자체, 사랑 자체이신 하나님을 잊고 사랑하지 못하기 때문이다.

나는 예수는 언제 어디에서나 하나님을 보고 만나신 분이라고 생각한다. 무엇을 하든 늘 하나님 생각을 하고 하나님 의식으로 가득 찬 삶을 사셨다고 생각한다. 들에 핀 한 송이 백합화나 공중에 나는 새 한 마리에서도 그는 하나님을 만났고, 선인이나 악인 할 것 없이 모든 사람에게 내리시는 비와 햇빛에서도 조건 없이 은총을 베푸시는 무차별적 사랑의 하나님을 보았다. 오늘 있다가 내일 아궁이에 던져질 하잘것없는 들풀에서도 예수는 하나님을 생각하셨고, 무화과나무 한 그루, 농부들이 뿌리는 씨앗이나 돌짝 밭에 떨어진 씨앗 그리고 겨자씨

한 알이나 머리카락 한 올에서도 하나님의 섭리와 현존을 느끼신 것이다. 사람의 입으로 들어가는 모든 먹거리를 신성하게 여기고 하나님의 축복으로 간주하셨다. 우리 입에서 나오는 말은 악할지언정 우리 입으로 들어가는 음식은 성스럽지 않은 것이 없다고 하셨다.

또 인간을 보는 예수의 눈은 어떠했는가? 잘난 사람이나 못난 사람, 의로운 사람이나 죄인, 건강한 사람이나 병이 든 사람, 유대인이나 사마리아인, 남자나 여자, 어른이나 어린아이 할 것 없이 모든 사람을 무조건적으로 하나님의 자녀로 귀하게 여겼다. 한마디로 말해서 예수는 언제 어디에서 누구를 만나 무엇을 하든, 하나님을 생각하고 하나님의 현존을 느끼며 그의 권능과 사랑을 의식하면서 사신 분이었다.

동양적 자연주의 영성

가까이 계시는 하나님, 만물 속에 계시는 하나님의 내재성을 소홀히 해 온 기독교 사상은 동양 종교에서 배울 점이 많다. 동양사상에서 하나님과 같이 무한한 실재, 절대적 실재를 가리키는 말은 도道 혹은 천天이라는 개념이다. 도나 천은 모든 존재의 뿌리이며 원천이며 생명력이다. 하늘과 땅과 인간의 근원적 기, 원초적 기, 즉 원기元氣와 같은 것이다. 이는 우리가 한순간도 떠나 살 수 없는 근원적 실재이다. 도는 어디에나 있고 심지어 똥에도 있다고 장자莊子는 말한다. 적어도 우리 인간이 인위적으로 만든 나쁜 것들, 예를 들어 살상무기 같은 것 말고 자연적으로 존재하는 모든 것은 도의 산물이며 하늘이 낸 것이다. 따라서 존재하는 모든 것이 신비롭고 신성하다.

도와 자연, 천과 세계는 떼려야 뗄 수가 없다. 도 혹은 천은 자연 안에 내재하는 무한한 창조적 힘이고 생명력이기 때문이다. 도는 자연의 한없는 깊이와 넓이이며, 자연의 다양한 변화와 얼굴은 도의 얼굴이다. 따라서 동양사상에는 엄밀한 의미에서 '초자연적'이라는 개념이 없다. 굳이 말하자면 자연 자체가 초자연적이고 신비롭고 성스러운 만물의 고향이고 구원의 품이다.

이러한 동양적 자연주의의 영성을 가장 잘 구현한 종교가 우리 한국의 자생 종교인 천도교, 즉 동학사상이다. 천과 도라는 두 단어에 이미 천도교의 근본정신이 잘 나타나 있다. 천도교의 제2대 교주 해월 최시형에게 삼경三敬사상이라는 멋진 가르침이 있다. 삼경사상 중 첫째는 경천, 즉 하늘을 경외하라는 가르침이다. 해월은 '천'은 모든 진리의 근본이라고 말한다. 또한, 경천할 줄 알아야 나와 남이 하나이고 인간과 자연이 한 동포임을 알 수 있으며 남을 위해 자기를 희생할 줄 안다고 말한다.

다음으로, 해월은 하늘을 경외하는 사람은 반드시 경인, 즉 사람을 경외해야 한다고 가르친다. 하늘을 경외하면서 인간을 경외할 줄 모르는 것은 말이 안 된다고 한다. 해월의 스승이자 동학의 창시자인 수운崔濟愚에 의하면 사람은 누구나 하나님을 모신 시천주侍天主의 존재이다. 해월은 이러한 사상을 이어받아 '사인여천', 즉 사람을 하늘처럼 받들고 섬기라는 가르침을 베풀었다. 남녀노소나 신분을 가리지 않고 모든 사람이 시천주이기에 하늘처럼 섬겨야 한다는 것이다. 해월은

"도인의 집에 사람이 오거든 사람이 왔다 하지 말고 한울님이 강림하였다"고 말하라고 가르쳤다. 19세기 말 조선조의 사회상에 비추어볼 때 이는 가히 혁명적인 가르침이었다고 할 수 있다.

세 번째로, 해월은 놀랍게도 경천, 경인을 넘어 경물敬物을 가르쳤다. 사람뿐 아니라 천지 만물 모든 것을 경외하라는 가르침이다. 해월에게 하늘과 땅은 문자 그대로 인간의 부모이다. 곡식은 땅에서 나는 어머니의 젖이고 땅은 어머니 대지라는 것이다. 하루는 해월이 한 아이가 나막신을 신고 딱딱 소리를 내면서 걷는 것을 보고는 마음이 아파서 가슴에 통증을 느꼈다고 한다. 해월은 또 사람들에게 함부로 땅에다 침을 뱉거나 코를 풀지 말라고, 물을 난폭하게 뿌리지도 말라고 가르쳤다. 이 정도로 해월은 땅을 소중하게 여긴 것이다. 해월에게는 모든 사물이 하늘의 신성한 기를 타고 난 성스러운 존재였다. 그는 새들에게서도 시천주를 보았다. 모든 사람, 모든 사물이 그에게는 하나님을 만나는 곳이었다.

우리가 하나님을 찾는 것은

하나님은 보이지 않는 실재이다. 아무도 하나님을 본 자가 없다. 하지만 우리는 삶의 어느 드문 순간에 하나님의 현존을 느끼고, 그의 손길을 느끼며 그가 우리와 함께 계신다는 느낌을 받는다. 밤하늘을 수놓은 무수한 별들을 볼 때, 자연의 엄청난 위력이나 말로 형용할 수 없는 아름다움을 접하고 넋을 잃을 때, 해맑은 어린이들의 웃음 속에서, 또는 영웅들의 초인적인 자기희생 이야기나 사랑과 용서의 감동적 이야기에 눈물 흘릴 때, 또는 거짓으로 포장된 나를 벗어던지고 싶고 참나가 부르는 조용한 음성이 들려올 때, 우리는 이 세계가 눈에 보이는 것 이상이며 삶이 잔인한 생존경쟁 이상임을 느끼게 된다.

우리가 유한한 것들에 만족하지 못하고 무한자 하나님을 갈망하고 찾는 것은 바울 사도의 말대로 모든 유한한 것들이 무한자 "하나님 안에서 살고 움직이고 존재하기" 때문이다. 무엇보다도 나의 존재와 생명이 나 자신의 것이 아니라 주어진 것이며 하나님의 것임을 느끼기 때문일 것이다. 비록 우리는 우주 안에서 하잘것없는 존재이지만, 우리는 모두 하나님의 모상으로 지음 받은 고귀한 존재로서 우리의 출처이자 원형이신 하나님을 기억하고 그 품을 그리워한다.

하나님께서 우리에게 생명과 호흡을 주시고 우리를 자신의 모상으로 창조하신 것은 바울 사도의 말대로 '우리로 하여금 하나님을 찾게 하시려는 것이다' 바울은 또 '사람이 하나님을 더듬어 찾기만 하면 만날 수 있을 것이다. 사실, 하나님은 우리 각 사람에게서 멀리 떨어져 계시지 않다'라고 말한다. 우리는 유한한 존재이지만 이 유한성을 의식하는 순간에 무한자를 동경하게 되는 것은 우리에게 하나님의 모상이 깊이 새겨져 있기 때문일 것이다. 이 모상이 비록 우리의 죄와 탐욕으로 은폐될지언정 결코 지워지지 않기 때문일 것이다.

인간의 최고 행복, 우리의 욕망과 사랑의 최고 대상이며 최고의 선은 사랑 그 자체이신 하나님이시다. 하나님을 사랑하는 것은 사랑을 사랑하는 것이고, 사랑을 사랑하는 것이 하나님을 사랑하는 것이다.

성 아우구스티누스는 그래서 우리는 사랑을 사랑할 줄 알아야 한다고 말한다. 이런저런 것들은 우리가 저절로 사랑하지만, 정작 선 자체이며 사랑 자체이신 하나님을 사랑할 줄 모르기 때문이다. 요한 1서 4장의 말씀도 이것을 말해주고 있다.

> 사랑하는 여러분, 서로 사랑합시다. 사랑은 하나님에게서 난 것입니다. 사랑하는 사람은 다 하나님에게서 났고, 하나님을 압니다. 사랑하지 않는 사람은 하나님을 알지 못합니다. 하나님은 사랑이시기 때문입니다(요일 4:7-8).

하나님은 우리 존재와 생명의 근원이시고 우리 영혼의 원형이시며, 우리가 욕망하고 사랑하는 모든 선의 근원이시기 때문에 우리는 어떤 식으로든 하나님을 찾지 않을 수 없다. 하나님을 찾는 것은 참다운 자기 자신을 찾는 것이고, 하나님을 만나는 것은 진정한 자기 자신을 만나는 것이다. 우리가 존재와 생명의 근원이신 하나님을 만나기까지, 우리의 원형이신 하나님을 만나 진정한 자아를 실현하기까지 우리에게 궁극적 행복과 완전한 행복은 있을 수 없다는 것이 기독교의 인간관이고 근본 가르침이다.

우리가 아무리 배불리 먹고 태평성대를 구가한다 해도, 인간 영혼의 깊이에는 세상의 그 무엇으로도 채울 수 없는 빈 공간이 있어서 허전함을 느끼게 되어 있는 것이다. 이 빈 공간은 바로 우리 존재와 생명의 근원이며 우리 영혼의 원형이신 하나님만을 위한 공간이며, 하나님만이 채울 수 있는 공간이다. 영성의 대가들은 오직 하나님만이 거하실 성전이라고 말한다. 다른 어떤 욕망이나 사랑, 다른 어떤 좋은 것, 이런저런 선으로는 결코 채워지지 않는 성스러운 공간이라는 것이다.

우리가 아무리 하나님을 외면하고 멀리한다 해도 우리 영혼 깊이에는 지우려고 해도 지울 수 없는 하나님의 형상, 하나님의 도장이 새겨져 있다. 도망치려고 해도 도망칠 수 없게끔 우리 안에서 끊임없이 우리를 부르며, 귀를 막고 듣지 않으려고 하면 할수록 더욱더 거세게 우리 영혼의 문을 두드린다. 끝내 문을 열지 않고 거부하면 우리는 결국 이런저런 거짓 신을 찾을 수밖에 없게 되고 만다. 거짓 신을 섬기다가 우리 인생을 엉망으로 만들어 버리게 되는 것이다.

'하나님은 각 사람에게서 멀리 떨어져 계시지 않다' 하나님은 우리 곁에서, 우리 존재의 근저에서, 영혼의 가장 깊고 은밀한 곳에서 거부할 수 없는 음성과 손짓으로 우리를 부르고 계신다는 것이 바울 사도의 증언이다.

- 3부 -

죽음의 초월
: 모든 것 안에 모든 것이 됨

두 가지 복음

예수의 영성, 천국의 영성

너의 믿음이 너를 낫게 했다

내가 나인 것은

하나님은 왜 인간이 되셨나

몸이 다시 사는 것을 믿사오며

두 가지 복음

기독교는 복음을 전하는 종교이며 복음은 기독교의 핵심이다. 기독교의 다른 모든 주제와 문제는 복음을 어떻게 이해하느냐에 달려 있다고 해도 과언이 아니다. '복음euangellion'이라는 말은 문자 그대로 좋은 소식good news, 기쁜 소식이라는 뜻이다. 문제는 과연 무엇이 좋은 소식인가이다. 복음은 구원을 알리는 소식이기 때문에 기쁜 소식이다. 기독교는 '구원의 기쁜 소식'을 전하는 종교이며, 결국 복음의 이해는 구원에 대한 이해와 직결된다. 나는 여기서 신약성서에 나타나는 복음의 두 가지 형태를 살펴보면서 현대적 관점에서 우리가 어떤 복음의 이해를 가져야 할지를 생각해 보고자 한다.

복음의 두 가지 형태란 간단히 말해서 하나는 '예수에 대한 복음'이고, 다른 하나는 '예수의 복음'이다. 전자는 교회가 전통적으로 전해

온 복음으로서 주로 예수의 죽음과 부활의 소식을 내용으로 하는 복음인 반면, 후자는 예수 자신이 전한 하나님 나라의 도래를 고하는 기쁜 소식이다. 후자는 인간 예수의 삶과 메시지를 새롭게 발견하고 부각시킨 현대신학의 성과물이다. 나는 이 둘을 대비하면서 현대 기독교 신앙과 신학이 나아가야 할 방향을 가늠해 보고자 한다.

전통적으로 기독교에서 말하는 구원의 기쁜 소식이란 두말할 필요 없이 그리스도인들이 '구세주'로 고백하는 예수에 대한 소식이다. '주님', '그리스도', '하나님의 아들'로 고백하는 예수라는 한 특정한 인물에 관한 이야기로서 사복음서에서 전하고 있는 이야기이다. 복음서는 예수의 전기가 아니라 예수에게서 하나님의 구원을 경험한 초대교회 신자들이 전하는 그의 이야기, 그의 삶과 가르침을 복음으로 전하고 있는 문서이다. 마가복음 1장 1절은 '하나님의 아들 예수 그리스도의 복음의 시작은 이러하다'라고 시작하는데, 복음을 하나님의 아들 예수 그리스도에 관한 이야기로 이해하고 있음을 알 수 있다.

역사적으로 볼 때, 예수가 전개한 하나님 나라 운동은 그가 십자가의 처형을 받으면서 끝난 것으로 보였다. 제자들은 실망하여 뿔뿔이 흩어졌고, 예수는 그저 시대를 잘못 만난 또 하나의 비운아, 체제에 항거하다 억울하게 죽은 비극적 인물 정도로 사람들의 기억에 얼마동안 머물다가 잊혔을 것이다. 하지만 부활의 소식과 더불어 예수는 이스라엘이 고대하던 메시아, 즉 그리스도이며 하나님의 아들이라는 신앙고백이 이루어졌다. 이것이 복음 선포의 시작이고 기독교의 시작이다. 복음은 예수 부활의 기쁜 소식으로부터 시작되었다 해도 전혀 과언이 아니다.

부활은 예수에 대한 사람들의 인식을 확 바꾸어놓았다. 부활과 더불어 예수가 했던 말과 행동, 그가 벌인 하나님 나라 운동, 십자가의 비극적 죽음 그리고 예수가 과연 어떤 존재인가 하는 그의 정체성, 그의 인격의 비밀, 이 모든 것이 새롭게 회상되고 이해되기 시작한 것이다. 이런 것들이 모두 복음서의 예수 이야기에 반영되어 있다.

예수 이야기 가운데에서도 핵심은 그의 비극적 죽음의 의미에 관한 것이었다. 부활하신 주님, 의로우신 주님이 어째서 당시 중범죄자들에게나 주어지는 십자가의 형벌을 받았을까 하는 것이 하나의 커다란 문제였다. 그리고 이에 대한 대답은 그의 죽음이 자기 자신의 죄 때문이 아니라 '우리 죄를 위하여' 죽은 의인의 죽음이라는 것, 곧 우리의 죄를 대속하기 위한 대속의 죽음이라는 것이었다.

복음서의 형성

복음의 최초 형태는 간단했다. 예수가 우리 죄를 위하여 죽으셨고, 사흘 만에 다시 살아나셨다는 증언이다.

형제자매 여러분, 내가 여러분에게 전한 복음을 일깨워 드립니다. 여러분은 그 복음을 전해 받았으며, 또한 그 안에 서 있습니다. 내가 여러분에게 복음으로 전해드린 말씀을 헛되이 믿지 않고, 그것을 굳게 잡고 있으면, 그 복음을 통하여 여러분도 구원을 얻을 것입니다. 나도 전해 받은 중요한 것을 여러분에게 전해 드렸습니다. 그것은 곧, 그리스도께서 성경대로 우리 죄를 위하여 죽으셨다는 것과, 무덤에 묻히셨다는 것과, 성경대로 사흘 날에 살아나셨다는 것과, 게바에게 나타나시고 다음에 열두 제자에게 나타나셨다고 하는 것입니다(고전 15:1-5).

예수의 사후 불과 20년 남짓해서 바울 사도는 고린도 교회에 보낸 이 편지에서 간단명료하게 예수의 십자가와 부활 사건을 우리의 죄를 위한 구원의 사건, 즉 복음으로 전하고 있다.

여기에는 이미 예수의 죽음에 대한 두 가지 해석이 포함되어 있다. 하나는 '성경대로'라는 말, 즉 구약성서의 예언에 따라서라는 것이고, 다른 하나는 '우리 죄를 위하여' 예수가 죽으셨다는 것이다. 예수의 죽음이 자신의 죄 때문에 받는 형벌이 아니라 하나님의 뜻에 따라 정해진 대로 그리고 우리의 죄를 속량하기 위한 것이라는 적극적 의미를 부여하고 있는 것이다. 그의 부활이 없었다면 그의 죽음에 대한 이런 해석은 불가능했을 것이다. 특히 바울은 부활하신 주님을 만난 후 십자가에 처형당한 예수가 메시아라는 메시지가 얼마나 충격적인가를 잘 알고 있었다.

그리스도가 십자가에 달리셨다는 것은 유대 사람에게는 거리낌이고, 이방 사람에게는 어리석은 일입니다. 그러나 부르심을 받은 사람에게는, 유대 사람에게나 그리스 사람에게나, 이 그리스도는 하나님의 능력이요, 하나님의 지혜입니다(고전 1:23-24).

바울은 "나는 여러분 가운데서 예수 그리스도 곧 십자가에 달리신 그분밖에는 아무것도 알지 않기로 작정하였습니다"(고전 2:2)라고 고백할 정도로 십자가의 예수를 복음의 핵심으로 간주했다.

현재 우리가 갖고 있는 복음서보다 적어도 20~30년이나 앞서 쓰인 바울의 서신들이 보여주듯이 본래 복음서를 구성하는 자료는 무엇보다도 예수의 십자가와 부활 이야기가 중심이었다. 하지만 시간이 가면서 초기 신앙 공동체들의 필요에 따라 예수의 가르침과 여타 행적이 추가되었다.

예수와 함께 생활했기에 그에 대한 기억이 생생하던 제자들의 세대가 가고, 그의 감동적인 말과 인격과 카리스마의 힘을 직접 경험한 세대가 사라지면서 그리고 곧 다시 오실 것으로 기대하던 예수의 재림이 지연되자 교회 공동체들은 예수의 십자가와 부활을 중심으로 전하던 메시지의 한계를 느끼게 되었다. 도대체 예수의 죽음과 부활 사건이 왜 그렇게 대단한 사건이란 말인가, 예수는 과연 어떤 사람이었으며 어떤 가르침을 베풀었고 무슨 일을 하다가 죽었기에 그의 죽음이 그토록 엄청난 의미를 지닌단 말인가 하는 의문이 생긴 것이다. 따라서 사람들은 예수의 행적과 말씀을 수집하고 전할 필요를 느꼈다. 이렇게 해서 구전으로만 전해지던 예수의 말씀을 모은 '예수 어록'과 같은 모음집이 만들어졌고, 예수의 말씀과 행적과 십자가와 부활 이야기 등을 통합한 최초의 복음서인 마가복음도 편집되었다.

누가복음과 마태복음은 여기에 또 다른 자료들을 첨가해서 만든 것이다. 당시의 관념으로 예수와 같은 위대한 인물은 당연히 탄생부터 기이할 수밖에 없다는 생각에 두 복음서는 마가복음에는 없는 예수의 탄생 설화와 족보 이야기까지 첨가했다. 요한복음은 한 걸음 더 나아가서, 예수는 태초부터 계신 하나님의 말씀Logos 자체로서 육신을 입고 이 세상에 오셨다는 성육신Incarnation 사상까지 담고 있다. 이 사상은 이후 기독교 신학에 결정적인 역할을 했다. 예수의 신성을 주장하는 교리와 신학사상의 핵심이 되었기 때문이다.

복음서가 예수의 십자가와 부활 이야기만 전하지 않고, 그의 말씀과 가르침 그리고 행적을 비교적 소상하게 담아서 전해 준 것은 실로 후세 사람들에게 무척 다행한 일이다. 이것은 단순히 우리의 신앙 대상인 예수에 대해서 우리가 더 많은 것을 알 수 있다는 차원을 넘어 복음의 본질적 성격, 즉 복음이 무엇인지, 무엇이 과연 기쁜 소식인지에 대해 새로운 이해를 제공해 주기 때문이다. 단적으로 말해, 예수를 그리스도로 믿고 선포한 신앙 공동체인 '교회의 복음'이 아니라 예수 자신이 선포한 '하나님 나라의 복음'을 우리가 직접 접할 수 있게 해 주는 것이다.

예수 자신이 전파한 이 하나님 나라의 복음은 분명히 공관복음서에 기록되어 있음에도 불구하고 그동안 소홀히 여겨지거나 오해되어 왔다. 특히 바울과 요한복음의 신학과 복음 이해에 압도되어서 잊히다시피 한 인간 예수 자신이 전한 복음이 현대신학에 의해 새롭게 주목을 받게 된 것이다. 이제 우리는 두 가지 다른 형태의 복음을 접하게 되었고, 두 가지 다른 복음의 패러다임을 갖게 되었다. 하나는 예수 자신이 전한 복음, 즉 하나님 나라의 복음이고, 다른 하나는 바울과 초대교회가 전한 예수의 대속의 죽음과 부활을 중심으로 하는 예수에 관한 복음이다. 이 두 복음이 반드시 배타적이거나 모순적이지는 않지만, 둘 중 어느 쪽을 선호하느냐에 따라 우리의 복음 이해와 기독신앙의 이해는 크게 달라진다.

예수가 전파한 복음

많은 그리스도인이 예수 자신이 복음을 전파하고 다녔다는 사실을 전혀 모르거나 까맣게 잊고 있다. 예수를 주로 전도의 대상으로만 알고 있기 때문이다. 하지만 복음서들은 이 사실을 우리에게 분명히 말해주고 있다.

> 요한이 잡힌 뒤에 예수께서 갈릴리에 오셔서, 하나님의 복음을 선포하셨다. "때가 찼다. 하나님의 나라가 가까이 왔다. 회개하여라. 복음을 믿어라"(막 1:14).

> 그때부터 예수는 "회개하여라. 하늘나라가 가까이 왔다"하고 선포하기 시작하셨다(마 4:17).

예수 자신도 '전도'를 한 것이다. 예수는 자신의 죽음과 부활을 복음의 내용으로 전파하고 다닌 것이 아니라 '하나님의 복음', '하나님의 나라' 혹은 '하늘나라'를 복음으로 전파했다. 그리스도인들은 예수를 전도의 대상으로 이해하는 데 너무나 익숙해져서 예수 자신이 전파한 하나님 나라의 복음과 하나님 나라 운동이 기독교 신앙운동의 출발이 며 핵심이라는 사실을 모르거나 망각한다. 하지만 이제 우리는 기독 교가 예수의 죽음과 부활의 복음을 선포하기에 앞서 예수가 전한 하 나님 나라의 복음으로 시작된 종교라는 사실을 알게 되었다. 그리고 이와 더불어 예수가 왜 십자가의 처형을 당했는지, 부활신앙의 의미 가 무엇인지에 대해 새로운 이해를 얻게 되었다.

마태복음은 '하나님의 나라' 대신 '하늘나라Kingdom of Heaven', 즉 '천국' 이라는 말을 사용한다. 또 다른 구절을 보면 '예수께서 온 갈릴리를 두루 다니면서, 그들의 회당에서 가르치며, 하늘나라의 복음을 선포 하며, 백성 가운데서 모든 질병과 아픔을 고쳐 주셨다'라고 기록하고 있다. 분명히 '하늘나라의 복음'이라는 표현을 사용하고 있다는 사실 에 주목할 필요가 있다.

누가복음의 예를 보자. 예수는 요단강에서 세례를 받은 후 성령이 충만하여 갈릴리로 돌아와서 회당에서 가르치셨다고 한다. 한번은 자 기가 자라난 나사렛에서 늘 하시던 대로 안식일에 회당에 들어가서 예언자 이사야의 글이 적힌 두루마리를 받아 한 구절을 읽으셨다.

> 주의 영이 내게 내리셨다. 주께서 내게 기름을 부으셔서, 가난한 사람에게 기
> 쁜 소식(복음)을 전하게 하셨다. 주께서 나를 보내셔서, 포로 된 사람들에게
> 해방을 선포하고, 눈먼 사람들에게 눈 뜸을 선포하고, 억눌린 사람들을 풀어
> 주고, 주의 은혜의 해를 선포하게 하셨다(눅 4:18-19).

예수는 이 성경 말씀이 바로 '오늘' 자기 자신의 활동을 통해서 이루어졌다고 대담하게 선언했다. 즉 자신이 전하는 하나님 나라의 복음과 더불어 가난한 자, 눈먼 자, 포로 된 자, 억눌린 자들에게 해방의 기쁜 소식이 이미 현실화되고 있다는 것이었다.

예수는 단지 하나님 나라를 선포했을 뿐 아니라 가르치기도 했으며 제자들에게도 하나님 나라를 전파하고 그 운동을 확산하도록 명했다. 그들을 하나님 나라의 일꾼으로 부르고 파송한 것이다.

> 다니면서 '하늘나라가 가까이 왔다'고 선포하여라. 앓는 사람을 고쳐 주며, 죽은 사람을 살리며, 나병 환자를 깨끗하게 하며, 귀신을 쫓아내어라. 거저 받았으니, 거저 주어라(마 10:7-8).

예수 자신이 전파한 이 하늘나라의 복음은 바울이 이해하고 초대교회가 전파한 복음, 즉 예수의 죽음과 부활을 골자로 하는 복음과는 확연히 구별된다. 하나는 예수에 관한 복음, 즉 그의 십자가 대속의 죽음과 부활을 선포하는 복음인 반면에, 다른 하나는 예수 자신이 전파한 복음, 즉 자기 자신에 관한 이야기가 아니라 하나님 나라의 도래에 대한 선포와 가르침이다. 전자가 복음의 대상인 '신앙의 그리스도'에 관한 것이라면, 후자는 하나님 나라의 도래를 복음으로 전파하고 하나님 나라 운동을 펼치다가 잡혀 죽은 '역사의 예수'에 관한 것이다.

가톨릭이나 개신교를 막론하고 교회의 주류 전통은 전자, 즉 '신앙의 그리스도' 혹은 '예수에 관한 복음'을 중시해 왔지만, 진보적인 현대

신학은 대체로 후자, 즉 '역사의 예수'가 전파한 하나님 나라의 복음을 강조하는 경향을 보인다. 여기에는 교회가 오랫동안 잊었던 인간 예수의 생동적인 모습을 되찾아서 현대 세계에서 하나님 나라 운동을 되살리고 기독교의 역동성을 되찾으려는 의도가 작용하고 있다. 기독교를 아예 예수 자신이 선포한 복음에서부터 새롭게 시작해 보자는 뜻이 명시적으로든, 암묵적으로든 담겨 있다. 왜 그래야만 하는가?

인간 예수의 발견

우선 현대신학이 어떻게 오랜 전통을 지닌 교리적 그리스도 또는 신앙의 그리스도보다 역사의 예수, 인간 예수에 관심을 더 가지게 되었는지에 대해 간단히 살펴볼 필요가 있다. 근대의 역사의식과 역사학의 발달에 힘입어 기독교 신학에서도 신앙의 그리스도, 도그마의 그리스도, 신격화된 하늘의 그리스도의 옷을 벗기고 인간 예수, 역사적 예수를 발견하고자 하는 노력이 성서연구가들과 신학자들에 의해 꾸준히 시도되었다. 많은 논란과 우여곡절이 있었으며 그 가운데에는 유명한 슈바이처 박사의 『예수전 연구』 같은 기념비적 연구도 있었다. 그는 예수 사상의 핵심을 철저한 종말신앙에서 찾았다. 그러나 다른 한편으로 역사적 예수의 발견은 우리가 현재 가지고 있는 복음서라는 자료의 한계상 근본적으로 불가능하며 부질없는 짓이라는 생각, 역사적 예수는 알 길이 없고, 오직 성서와 교회의 전통이 전하는 신앙의 그리스도만을 알 뿐이라는 신앙고백적인 신학이 신학계를 지배하게 되었다. 나 자신도 이러한 신학에 심취하여 젊은 시절을 보냈다.

하지만 1960년대부터 역사적 예수에 대한 관심이 다시 대두되면서 기독교 신앙과 복음을 새롭게 이해하려는 흐름이 형성되어 지금까지 계속되고 있다. 한마디로 말해, 예수 자신의 신앙과 사상을 재발견하여 기독교를 새로 시작해 보려는 운동이라고 할 수 있다. 여기에는 역사적 예수의 연구에 매달리는 서구 신학자들이나 성서학자들의 공헌 못지않게 예수가 보여 준 사랑과 정의의 실천을 하나님 나라 복음의 핵심으로 이해하면서 서구의 주류 신학에 거세게 도전한 라틴아메리카 해방신학의 공헌도 무시할 수 없다. 학자들마다 그리는 역사적 예수의 상이 제각각이라 혼란스러운 면도 있지만, 거의 모두가 일치하는 바는 예수가 무엇보다도 하나님 나라라는 새로운 세상의 도래를 복음으로 전하고, 그 운동에 전적으로 헌신한 예언자 같은 사람이었다는 것이다. 그의 말이나 행동 가운데 어느 것 하나도 하나님 나라에 대한 관심을 떠나서는 이해될 수 없을 정도였다. 예수는 하나님 나라의 기쁜 소식을 사람들에게 전하고, 사람들을 하나님의 자녀, 하나님의 백성, 즉 천국 백성으로 초대해서 하나님 나라의 사역에 동참하도록 했다. 그는 사람들을 하나님 나라로 초대했을 뿐 아니라 자신의 행위와 삶으로 하나님 나라의 구체적인 모습을 보여 주었다.

예수가 선포한 하나님 나라의 소식은 실로 기쁜 소식이었다. 죄와 탐욕, 억압과 착취, 차별과 불의가 횡행하는 이 세상의 부패한 질서가 사라지고, 그 대신 사랑과 용서, 정의와 평화가 깃든 새로운 세상, 새로운 질서가 곧 임할 것이라는 소식이었기 때문이다. 악순환을 벗어나지 못하는 인간의 통치가 아니라 자비와 사랑, 공의와 평화의 하나님이 직접 다스리는 새로운 세상이 열린다는 메시지였으며 운동이었기 때문이다.

예수는 하나님 나라가 임박했음을 알리면서 사람들에게 지금까지의 삶의 방식을 과감하게 청산하고 다가오는 새로운 세계에 참여할 것인지, 아니면 현실에 안주하며 살 것인지를 선택하라고 촉구했다. 그는 가는 곳마다 임박한 하나님 나라의 기쁜 소식을 고지했고, 놀라운 가르침과 이적異蹟으로 하나님 나라를 사건화시켰으며, 하나님 나라의 구체적인 모습을 보여 주었다. 예수는 무엇보다도 하나님 나라의 통치자이신 하나님 자신의 모습과 성품을 보여 주었다. 그는 자신이 전적으로 신뢰하는 자비와 용서의 '아빠abba' 하나님의 모습을 사람들에게 고스란히 보여주었고, 하나님의 지혜와 권능을 보여 주었다. 사람들은 그의 말에서 하나님 자신의 말씀을 들었고, 그의 지혜에서 하나님의 지혜를 깨달았으며 그의 자비에서 하나님 자신의 자비를 느꼈다. 사람들은 그가 행한 많은 이적에서 하나님 자신의 능력을 보고 놀랐다. 예수는 자신을 '사람의 아들'이라고 겸손하게 칭했지만, 그를 따르던 사람들은 그가 하나님을 닮은 '하나님의 아들'이라고 고백했다.

예수가 보여준 하나님 나라의 새로운 질서는 개인의 회개와 결단을 통해서 참여하지만, 단지 개인적으로 경험하는 사적 세계를 넘어서 공적이고 사회적인 세계이며 영적 세계일 뿐 아니라 물질적·경제적·정치적 의미를 지닌 세계이기도 했다. 현세일 뿐 아니라 내세이기도 했고, 시간적 세계일 뿐 아니라 영원한 세계였으며, 앞으로 다가올 세계이면서도 지금 여기서 실현되는 세계, 무엇보다도 예수 자신과 그를 따르는 제자들의 삶 속에서 구체적으로 현실화되고 있는 세계였다. 그를 따르던 사람들은 무엇보다도 예수의 부활에서 하나님 나라의 확실하고 결정적인 징표를 보았다. 하나님의 정의와 평화가 실현되는 새 시대가 열리기 시작했고, 새로운 세상이 도래했음을 실감한 것이다.

하나님의 나라는 하나님과 인간, 사람과 사람 사이에 막힌 장벽과 소외가 사라지고, 사랑의 통교가 이루어지고 '하나 됨'을 경험하는 구원의 세계였다. 이런 사랑의 통교와 하나 됨이 이루어지는 세계는 불가피하게 강자가 약자를 억압하는 현재의 질서가 뒤집히는 새로운 질서일 수밖에 없다. 의인과 죄인, 높은 자와 낮은 자, 강한 자와 약한 자, 부자와 가난한 사람의 통상적인 사회적 질서가 뒤바뀌는 하나님의 정의, 하나님의 사랑이 이루어지는 세계가 하나님 나라의 새로운 질서이다. 예수는 바로 이러한 세계를 선포하고 실천하고 보여 주었다. 그럼으로써 그는 사람들에게 하나님 나라의 구원의 확신을 심어 주었고 희망을 고취했다. 이것이 복음서가 전하고 있는 예수의 하나님 나라 운동의 이야기이고 복음의 소식이다.

하나님 나라는 대립과 갈등, 싸움과 다툼으로 분열된 세상, 탐욕과 죄악으로 얼룩지고 상처받은 인간 역사가 질적으로 새롭게 변화되는 세계이다. 그러나 하나님 나라는 인간이 성취하는 세계가 아니라 하나님 편에서 다가오는 '하나님의 미래'이다. 예수를 따르던 사람들은 예수의 부활에서 세상의 종말과 더불어 시작되는 하나님의 새로운 창조, 즉 '새 하늘과 새 땅'을 선취하는 기쁨을 맛보며 살았다. '종말eschaton'은 이 세상의 불의한 역사, 낡은 질서가 끝장나고 새로운 세상이 열리는 것을 뜻한다.

복음이 되려면

하지만 이러한 하나님 나라의 메시지가 누구에게나 다 복음이 되는 것은 아니었다. 예수가 산상수훈에서 가르치신 것 같이 가난한 자, 애통하는 자, 마음이 온유하고 겸손한 자, 의를 사모하고 의를 위해 핍박받는 자, 눌린 자, 구원을 갈망하는 자, 간절한 마음으로 새 시대와 새 질서의 도래를 기다리는 자, 의로우시고 자비로우신 하나님의 다스림을 학수고대하는 자에게 우선적으로 좋은 소식이었다. 왜곡되고 타락한 세계에서 '잘 먹고 잘 사는 자', 자신의 지위와 특권에 만족하고 현실에 안주하거나 집착하는 자에게는 좋은 소식이 아니라 듣기 싫은 소리였으며 오히려 심판과 위기의 메시지로 들렸다.

이것은 지금도 마찬가지다. 예수가 십자가상에서 인류의 죄를 사하기 위해 돌아가셨다는 전통적 교회의 복음은 세상의 복을 누리는 자들에게는 아무런 위협이 되지 않지만, 예수가 벌인 하나님 나라의 복음은 현실을 비판하고 도전하는 힘이 있기 때문에 불의한 현실 속에서 득을 보며 안주하는 사람들에게는 위협이 될 수밖에 없다.

예수의 처형은 당시 로마의 정치권력과 유대 종교권력에 의해 저질러진 범죄였다. 그러나 하나님께서 그의 아들의 억울한 죽음을 외면하지 않고, 그를 죽은 자 가운데에서 살리셨다는 부활의 소식이 전해짐에 따라 예수가 시작한 하나님 나라 운동은 계속되게 되었다. 초대교회 공동체들은 하나님 나라가 결코 불의한 세력에 의해 좌절되지 않으며, 하나님은 자기 백성을 죽음을 넘어 영원한 생명의 세계로 인도하신다는 확신으로 고난 속에서도 기쁨이 충만한 삶을 살 수 있었다.

예수가 선포한 하나님 나라의 복음과 구원은 우리 자신과 무관하게 주어지는 것이 아니라 우리의 반응과 태도 여하에 따라 복음이 되기도 하고 화가 되기도 한다. 하나님 나라의 구원은 복음주의자들의 대속신앙에서처럼 하나님에 의해 일방적으로 주어지는 것이 아니라 그 소식에 응답해서 새로운 삶을 살고자 결단하는 사람들의 실존적 참여에 의해서 이루어진다. 하나님 나라의 복음이 실제로 복음이 '되려면' 현실에 안주하며 살던 삶을 포기하고 새로운 삶으로 전향하는 회개와 결단이 필요하다. 하나님 나라의 비전과 초대에 기쁘게 응하는 신앙의 결단이 있어야만 하는 것이다.

사람들은 예수의 천국 메시지를 접하는 순간 또는 예수 자신과 대면하는 순간, 기존의 삶의 방식을 따를 것인지 아니면 다가오는 하나님의 미래를 향해 살 것인지 양자택일의 결단에 직면하게 된다. 긍정적으로 결단하고 나서는 순간, 하나님의 미래는 현재화되기 시작하고, 그의 삶은 세상의 '종말'을 앞당겨 살게 된다. 이런 의미에서 결단의 순간이 곧 심판의 순간이고 종말의 순간이다. 최후 심판과 종말은 단순히 시간적 미래가 아니라 미래적 현재이며 현재적 미래이다. 예수가 전파한 하나님 나라는 이런 의미에서 '아직 아니not yet'와 '이미al-

$_{ready}$'라는 시간적 긴장 속에서 이루어지는 세계이다. 예수는 하나님 나라가 임박했지만, 아직은 현실이 아니고 기다림의 대상이라고 생각했다. 그러나 이와 동시에 그는 하나님의 나라가 이미 자기 자신과 제자들의 삶 속에 실현되고 있다고 생각했다. 특히 예수를 따르던 사람들은 예수의 부활에서 자기들이 갈망하던 하나님 나라의 결정적 징표를 보았으며 고난 가운데에서도 새로운 세계를 앞당겨 맛보는 기쁨을 누리며 살았다.

여하튼 천국 백성이 되려면 지금까지의 삶의 양식을 과감하게 청산하고 새로운 역사, 새로운 세상에 동참하여 새로운 삶을 살려는 결단이 필요하다. 과감하고 뼈아픈 자기부정과 현실부정이 있어야 한다. 천국을 고대하는 영성은 새로운 세상을 갈망하고 꿈꾸는 희망의 영성이다. 이렇게 새로운 세계를 갈망하는 희망의 영성은 때로는 현재의 삶의 질서를 뒤엎는 용기와 혁명의 열정으로 나타나기도 한다.

예수의 하나님 나라 메시지에 긍정적으로 결단하고 나선 사람들은 예수의 제자가 되고 하나님의 백성이 되어 하나님 나라를 향해 새로운 삶을 살게 됨을 기뻐하고 감사한다. 이런 결단이 있을 때 예수가 전한 하나님 나라의 복음은 비로소 '복음', 즉 기쁜 소식이 된다. 예수의 하나님 나라 메시지는 새 시대에 걸맞게 새로운 삶을 살려는 과감한 결단과 삶의 전환이 있을 때 복음이 '된다.' 하나님 나라의 복음은 이런 의미에서 '공짜' 선물이 아니다. 열광적 복음주의자들처럼 무조건 날뛰며 기뻐할 성질의 것이 아니다.

하나님 나라의 선교

복음과 선교는 불가분적이다. 전할 만한 좋은 소식이 있으면 전하지 말라고 해도 전할 수밖에 없다. 현대의 선교는 예수 자신이 하신 하나님 나라의 선교이어야 한다. 그가 힘차게 시작했고, 교회가 미약하게나마 이어받은 하나님 나라의 메시지와 운동을 계속하는 일이다. '새 하늘과 새 땅'이 이루어지는 날까지 하나님 나라의 복음을 증거하고 실천하는 선교이다. 현대 기독교 선교는 교회를 확장하는 교회 중심의 선교가 아니라 예수 자신이 하신 선교, 곧 하나님 나라의 기쁜 소식을 전하면서 삶과 역사 속에서 하나님 나라의 초월적 가치와 질서를 사건화하고 구현하는 하나님 나라 중심의 선교이어야 한다. 사람들을 기독교로 개종해서 신도 수를 늘리고 권력을 강화하는 집단의 선교가 아니라 예수와 더불어 확실하게 모습을 드러내기 시작한 하나님 나라의 새로운 삶으로 사람들을 초대하는 하나님의 선교missio dei가 되어야 하는 것이다.

이러한 하나님 나라의 선교는 그리스도인뿐 아니라 사랑과 자비, 정의와 평화를 갈구하고 사랑하는 세계 모든 이들이 참여하는 선교이다. 하나님 나라의 선교는 기독교의 전유물이 아니다. 예수는 하나님 나라 사업을 하셨지 기독교 운동을 펼친 분이 아니다. 그리스도인들이 하나님 나라 중심의 선교관을 가지게 되면, 타종교에 대한 개방적 자세와 시각은 저절로 열린다. 하나님 나라는 교회가 아니며 기독교의 전유물이 아니기 때문이다.

대속신앙을 넘어

　이상과 같은 '예수의 복음'과 달리, 바울과 초대교회로부터 시작된 '교회의 복음'은 앞에서 보았듯이 하나님의 아들 예수가 인류의 죄를 대속하기 위해 십자가에서 보혈의 피를 흘리고 돌아가셨다는 것, 우리가 단지 이것을 믿음으로 받아들이면 죄 사함을 받고 구원을 얻는다는 메시지이다. 예수가 우리의 죗값을 대신 치러주셨으니 우리는 오직 믿음으로 이 사실을 받아들이기만 하면 된다는 것이 전통적인 복음 이해, 특히 개신교 복음주의자들의 복음 이해이다. 예수가 세상에 오신 것은 십자가에서 인류의 죄를 대속하기 위함이라는 것이다.

　이는 병 주고 약 주고 하는 식 하나님이 아닌가? 전통적인 교회의 답은 이렇다. 하나님은 사랑의 하나님일 뿐 아니라 정의의 하나님이기 때문에 죄의 값은 반드시 누군가가 치러야만 한다는 것이다. 그리고 우리 인간은 도저히 갚을 길이 없기 때문에 하나님이 사랑으로 자기 아들을 보내서 대신 갚도록 했다는 것이다. 예수의 죽음은 단지 한 인간의 죽음이 아니라 하나님 아들의 죽음이었기 때문에 충분히 인류의 죄를 대속할 힘이 있다는 것이다. 유한한 인간의 의는 무한한 인간의 죄를 대신 속량할 수 없지만, 하나님의 아들 예수의 죽음은 모든 인간의 죄를 대속할 수 있다는 논리이다. 그리고 이를 위해 기독론, 삼위일체론 등 예수의 위상을 한껏 높이는 온갖 정교한 교리와 이론이 동원되었다.

　예수의 죽음을 속죄론적인 시각으로 보는 것은 너무 협소한 이해이다. 구체적 역사 속의 인간 예수의 의로운 삶과 활동 그리고 불의한 세력에 의해 희생당한 그의 죽음과 불의한 세력에 대한 하나님의 정의로운 심판과도 같은 그의 부활이 지닌 드라마틱한 역사적 의미가 탈역사화되고 간과된다. 이러한 복음 이해의 문제점은 우선 왜 예수가 십자가의 형벌을 받아야 했는지, 도대체 무슨 '잘못'을 저질렀기에 그러한 극형을 받았는지를 묻지 않는다는 데에 있다. 역동적이던 인간 예수의 삶과 폐부를 찌를 듯 날카로웠던 그의 가르침은 안중에도 없고, 그의 죽음은 우리의 죄를 위한 대속의 죽음으로만 기억된다. 예수는 오직 십자가에서 돌아가시기 위해 세상에 오셨다. 하나님 나라의 역동적인 복음은 예수의 대속의 죽음을 믿음으로 받아들이기만 하면 누구든지 구원을 얻는다는 식의 메시지로 단순화되고 '값싼 은총'으로 변질되어 버린다. 인간 예수의 감동적인 메시지와 가르침, 역동적인 행위와 삶의 이야기는 사상捨象되어 버리고, 오직 십자가에서 흘리신 대속의 보혈만 찬양하는 신앙이 난무하게 되는 것이다. 예수의 죽음이 이런 식으로 탈역사화되면 어떤 세력이 예수를 죽인 가해자이며 누가 피해자인지를 가리지 않고, 그의 죽음이 우리 '모두'의 죄를 위한 것이 되면서 가해자들이 쉽게 면죄부를 받는다. 기독교 역사를 통해 이러한 대속의 복음 이해는 기독교라는 종교와 교회의 확장에는 도움이 되었지만, 신자들의 역사의식과 사회의식을 마비시키고 윤리의식을 약화시키는 결과를 초래했다. 불의한 자, 권력자들의 양심의 가책을 무디게 하고 마음을 편하게 해주는 면죄부를 주었기 때문이다. 예수의 하나님 나라 운동이 보인 날카로운 윤리의식과 체제 전복적 비판의식은 사라지고, 가난하고 눌린 자들이 하나님의 자녀로서 누려야 할 권리와 존엄성에 대한 관심은 도외시된다. 이와 함께 예수와 같은 의로운 자들의 고난이나 피해자들의 고난도 외면당한다. 오직 예수의 대속의 죽음에만 관심이 집중되기 때문이다. 예수의 하나님 나라 복음과 달리 속죄의 복음이 힘없는 자들의 고통과 힘 있는 자들의 불의에 눈을 감는 종교, 그야말로 '값싼 은총'을 남발하는 종교로 변질되고 마는 것이다.

전통적 속죄론에는 우리가 예수의 제자로서 그를 따라 하나님 나라 운동에 참여해야 한다는 당위의식이 자리 잡기 어렵다. 전도는 열심히 하지만 예수를 따라 살려는 신자는 많지 않고, 교회는 불어나지만, 하나님 나라의 역동적 모습은 찾아보기 어렵다. 작은 예수가 되어서 예수처럼 살려는 자는 극소수밖에 없고, 신자들은 늘어도 사회는 별로 달라지지 않는다. 어느 한 신학자의 표현대로 믿음으로 구원을 받는 사람들은 "예수를 따를 수 없고, 따를 필요도 없고, 따라서도 안된다"는 왜곡된 복음 이해가 한국교회에 만연해 있기 때문이다. 나는 이러한 잘못된 복음 이해가 한국 개신교를 망치고 있다고 확신한다.

십자가 중심의 전통적 속죄론은 무엇보다도 그 자체가 우리 현대인들로서는 이해하고 납득하기 어렵다. 속죄 개념은 역사적으로 두 가지 뿌리를 가지고 있다. 하나는 구약시대의 동물 희생제의犧牲祭儀이고, 다른 하나는 로마시대의 노예 속량제도이다. 둘 다 오늘의 세계에서는 현실성 없는 관념과 제도에 뿌리를 두고 있어서 납득하기 어렵다. 실감이 나지 않고 피부에 와 닿지 않는다.

대속사상의 배경

우선, 속죄사상은 구약시대부터 유대인들이 지키는 가장 신성한 절기인 욤 키푸르Yom Kippur라 불리는 속죄의 날에—신년 10일째 되는 날이며 양력으로는 9월 혹은 10월에 있다. 모두가 기도, 금식, 금욕을 지키며 죄를 고백하는 날이다—성전에서 제사장이 드리는 동물 제사에 기인한다. 제사장은 이스라엘 백성의 죄를 위해서 두 마리 숫염소를 속죄제로 드리고 한 마리 숫양을 하나님께 바치는 번제물로 드렸다. 두 숫염소 가운데 하나는 잡아서 그 피를 지성소 안에 있는 속죄소mercy seat라는 곳에 뿌리고, 다른 한 마리는 제사장이 그 머리에 손을 얹고서 백성들의 죄를 고한 다음 광야에 풀어주는 의식을 행했다. 이것이 이른바 희생양scapegoat, 엄밀히 말해 희생염소이다. 백성들의 죄를 대신 지고 간다는 뜻이다(레 16장). 예수 당시에도 행해지던 이러한 동물 제사 전통이 예수의 억울한 죽음의 의미를 해석하는데 적용된 것은 당시 유대인으로 예수를 믿는 사람들에게는 당연한 일이었을지도 모른다. 하지만 그런 전통이 없는 우리의 관점에서 볼 때는 우선 피를 뿌리는 잔인한 동물 제사 자체가 거부감을 준다. 그렇다고 우리의 죄가 실제로 없어지는 것도 아닌데, 왜 애꿎은 동물을 잡느냐는 항의도 생긴다. 또 우리 스스로가 벌을 받거나 용서받는 것이 마땅한데, 왜 무고한 동물에게 고통을 주는지 불편한 마음도 든다.

속죄 개념의 두 번째 뿌리는 로마 사회에서 행해지던 노예 속량re-demption 혹은 속전ransom제도와 밀접히 연관되어 있는데, 이것은 문제가 더 많다. 속량이란 어떤 사람이 빚을 지거나 노예 또는 볼모로 잡혀 있거나, 그의 재산이 압류당했다가 다른 사람이 대신 대가나 몸값을 지불해주어 몸이 풀려나거나 본래의 지위나 재산이 회복되는 것을 의미한다. 다른 사람의 은총으로 본래적 지위가 회복되거나 해방되는 것을 구속, 속량이라고 부르는 것이다. 로마시대에는 누군가가 노예의 몸값을 대신 치러주면 그 노예는 방면되어 자유인이 될 수 있었다. 요즘으로 하면 납치범들에게 몸값을 지불했을 때 풀어주는 것과 같다. 예수의 죽음을 이에 준해서 우리의 죗값을 대신 치른 속전, 즉 노예 속량의 속전으로 이해한 것이다.

여기서 핵심은 예수의 죽음이 과연 우리를 누구로부터 해방시키기 위한 몸값이며 속전이냐는 것이다. 누구에게 지불한 몸값이며 우리가 누구의 손에 노예 혹은 인질로 잡혀 있다가 풀려났다는 말인가 하는 것이다. 두말할 필요 없이 사탄, 즉 죄의 힘, 우리가 모두 그 앞에 무릎 꿇는 이 세상의 질서와 권세의 힘일 것이다. 실제로 교부들 가운데에는 그렇게 대속의 논리를 해석한 사람도 있었다. 하지만 사탄에게 인간을 죄에서 풀어줄 수 있는 권한이 있다는 것은 말이 안 되기 때문에 교회는 몸값을 하나님께 지불했다고 말하게 되었다. 마치 하나님이 악덕 노예주인인 것처럼! 죄는 하나님께 짓는 것이니까 그렇게 생각한 모양이다.

11세기의 유명한 신학자이자 캔터베리의 대주교였던 안셀무스는 이것을 충족satisfaction 개념이라는 정교한 법적 논리로 다듬었다. 그에 따르면, 하나님이 제정한 우주의 도덕적 질서는 인간의 죄 때문에 파괴되었고 이로써 하나님의 정의와 명예가 손상을 입었다. 그러나 유한한 인간의 도덕적 노력이나 공로로는 하나님의 정의의 요구를 결코 충족시키지 못하고, 오직 죄 없는 하나님 아들의 대속의 죽음만이 충족시킬 수 있다고 한다. 마치 하나님이 우리를 노예로 잡고 있다가 예수의 대속의 죽음을 통해 정의가 충족되자 우리를 방면해 주게 되었다는 식의 논리이다. 하나님께 진 우리의 빚을 예수가 죽음으로 대신 갚아 주었다는 말이다.

안셀무스의 만족·충족이론이 지닌 가장 심각한 문제점은 하나님의 사랑과 은총을 법적 논리로 구속해 버렸다는 것이다. 이것은 예수가 보여주고 가르쳐 준 하나님이 아니다. 우선 우리를 묶고 자유를 구속하고 있는 것은 하나님이 아니라 이 세상의 죄악의 힘이다. 또 하나님은 우리를 노예나 볼모로 잡고 있다가 누군가가 대신 몸값을 치러야 비로소 풀어주시는 무자비한 존재가 아니다. 더군다나 스스로 죄인들을 잡고 있다가 자기 아들로 하여금 대신 빚을 갚게 하는 것은 무슨 경우인가? 그야말로 병 주고 약 주는 식의 하나님이라는 생각을 금하기 어렵다. 하나님이 일방적으로 일으킨 1인 쇼 같다는 생각도 든다.

도저히 받아들일 수 없는 논리이다. 무엇보다도 이런 조건부 용서의 하나님은 결코 예수 자신이 가르치고 보여주신 하나님이 아니다. 기어이 누군가의 피로써—그것도 자기 아들의 피!—대가를 치른 다음에야 직성이 풀리는 피에 굶주린 하나님이 아니다. 예수 자신이 보여주신 무조건적인 사랑과 용서의 하나님은 더욱 아니다. 그렇게 자기 아들을 죽이고 인간의 죄를 용서하실 바에야, 왜 그냥 용서하시지 않고 애꿎은 자기 독생자를 희생시키신다는 말인가.

어떤 사람은 이에 대해 하나님이 자기 독생자를 내어 줄 만큼 우리의 죄가 중하고 그의 사랑이 지극하다고 말하지만, 설득력이 없다. 제아무리 우리의 죄가 중하기로서니 예수가 친히 보여주신 사랑의 하나님, 은총의 하나님은 우리가 진정으로 회개하면 아무 대가 없이 죄를 용서해 주시는 분이다. 하나님의 무서운 심판을 경고하는 구약의 예언자들도 그렇게 믿었다. 용서할 줄 모르는 종에 대한 예수의 비유를 보라! 주인은 아무 대가 없이 종의 빚을 탕감해주지 않았던가?(마 18:23-35) 예수의 하나님은 누군가 우리의 빚을 대신 치러주기 때문에 용서하시는 하나님이 아니라 조건 없이 용서하시는 하나님이다.

안셀무스 이래 이러한 교환과 보상 개념에 따른 법적 논리로 다듬어진 속죄론이 가톨릭교회는 물론이고 칼뱅을 비롯한 종교개혁자들과 개신교 신학에도 정통 사상으로 자리 잡게 되었다. 만약 이러한 법적 논리가 확실하다면 죄의 용서는 하나님의 자유로운 은총이 아니라 하나님도 선택의 여지 없이 따를 수밖에 없는 논리적 필연이 되고 만다. 실로 어처구니없는 일이라 하지 않을 수 없다. 안셀무스의 충족이론뿐 아니라 다른 어떤 식의 논리를 동원해도 나는 예수의 죽음이 모든 사람의 죄를 사한다는 이야기를 설득할 수 없다고 생각한다. 그리고 그럴 필요도 전혀 없다.

무한한 은총의 하나님과 은총의 왕국인 하나님 나라를 전파하신 예수 자신의 복음이 훨씬 더 직접적이고 간단하다. 하나님은 우리의 아버지, 어머니 같은 분이라고 예수는 가르치셨다. 우리가 아무리 잘못을 저질러도 부모와 자식 간에 연을 끊을 수 없듯이, 하나님도 그의 자녀인 우리와 그런 관계에 있다는 것이 예수의 가르침이다. 왜 엉뚱한 아들의 희생을 조건으로 해서 우리 죄를 용서하신단 말인가? 돌아온 탕자의 비유를 보라! 아무 조건 없이 그를 탓하지도 않고, 탕진한 재산의 보상을 요구하지도 않고, 그냥 기뻐서 받아주신 아버지 하나님이시다.

　나는 만약 예수가 교회가 만든 대속의 교리를 아셨다면 아연실색하셨을 것으로 생각한다. 그럼에도 이런 초대교회의 속죄론이 예수 자신의 말씀에 얹혀 들어가서 마치 그가 자신의 죽음을 속죄의 고난으로 말씀하신 것처럼 전하는 복음서의 구절도 없지는 않다(막 10:45). 이것은 결코 예수 자신의 생각이 아니라고 나는 확신한다. 예수는 이 세상에 누구를 대신해 죽으시려고 오신 분이 아니다. 오히려 그는 십자가의 쓴 잔을 피하게 해달라고 하나님께 간절히 기도하셨다고 복음서는 전한다. 예수도 우리처럼 살기를 원해서 마지막 순간까지 하나님께 매달리셨다. 예수 자신은 자신의 죽음이 후대 교회가 부여한 그런 엄청난 대속의 의미와 가치를 지닌다고 생각하지 않으셨다. 또한, 자기가 죽은 후 사흘 만에 부활하리라고 생각하지도 않았을 것이다. 만약 예수가 진정 자신의 죽음이 온 인류를 대속하는 거창하고 위대한 목적을 지닌 일이고, 자신의 부활을 미리 아셨다면 십자가의 고통을 비극으로 여기지 않으셨을 것이다. 아무리 고통스러워도 그야말로 잠깐의 쇼에 지나지 않는다고 생각하셨을 것이기 때문이다.

　예수의 죽음은 그의 의로운 삶이 초래한 비극적 결과였지 처음부터 의도한 목적이 아니었다. 물론 예수는 자신의 파격적 행보가 결국은 예언자들이나 세례자 요한처럼 비극적 운명을 맞게 되리라고 예견하셨을 가능성도 많다. 하지만 그는 자신이 당하는 고난을 의도했거나 거기에 어떤 거창한 의미가 있다고 생각하지는 않았다. 그는 하나님께 버림을 받았다는 절망감에도 불구하고 자신의 죽음을 하나님의 뜻으로 여기고 순명하셨다. 예수의 고난은 그가 전적으로 신뢰한 '아빠 하나님'이 의도한 것은 더욱 아니다. 예수는 하나님 나라의 정의와 평화와 사랑과 자유를 위해 헌신하다가 불의한 권력자들의 손에 희생되셨을 뿐이다. 그의 십자가는 불의한 세상에서 의로운 자가 받은 고난이었다. 억울한 죽음이었으며 무고한 피해자의 죽음이었다. 그러나 하나님께서는 그의 억울함을 풀어주셨다. 그의 죽음을 외면하시지 않고 그를 다시 살리셔서 영생의 세계로 옮기셨다는 것이 부활신앙이다.

십자가의 보혈에 초점을 맞추는 속죄론적인 복음 이해, 십자가의 대속의 은총을 찬양하는 복음주의 신앙은 이제 깨끗이 포기하는 것이 마땅하다. 이것이 과격한 견해라는 것을 나도 잘 안다. 성서에도 있고 너무나도 오랜 교회의 신앙이기 때문에 포기에 대해 교회의 누구도 감히 공개적으로 주장하지 못하지만, 나는 포기해야만 한다고 생각한다. 적어도 문자적으로 또는 교리화된 형태로는 도저히 수긍할 수 없는 관념이기 때문이다. 수긍하지 못하는 것이 너무나 당연한 데도 신자들에게 진심으로 믿지 못하는 데서 오는 지적 부담감과 죄의식만 조장하기 때문이다. 또 예수가 전한 간단하고도 심오한 복음을 간과하거나 멀어지게 하기 때문이다.

전통적 속죄론은 인간의 죄의식, 특히 원죄 개념을 지나치게 강조하는 심각한 부작용도 낳았다. 속죄론의 배후에는 인간은 도저히 자신의 노력으로는 죄에서 헤어날 길이 없다는 비관적 생각이 깔려있다. 죄의식이 별로 없는 사람도 자신이 구제 불능의 죄인임을 인정해야만 그런 복음이 먹혀들어 간다. 한참 감수성이 예민해서 인생의 고민이 많고 불필요한 죄의식도 많은 사춘기 시절에는 그러한 복음주의 선교가 먹혀들기도 하지만, 진심으로 자기가 구제 불능의 죄인임을 믿는 사람은 그리 많지 않다. '벌레만도 못한' 죄인이 살길은 오직 십자가 앞에 엎드려 자신의 죄를 자복하고, 그리스도의 대속의 은총을 받아들이는 수밖에 없다는 식의 복음은 '자학적' 신앙은 될지언정 건강한 인간성을 회복시켜 주는 신앙은 아니라고 나는 생각한다.

공짜가 없는 구원

전통적 속죄론의 폐단은 여기서 끝나지 않는다. 나는 하나님 나라의 복음을 중심으로 하는 예수 이야기가 인간을 구원하는 힘이 있다고 믿지만, 이것이 유독 십자가 사건이 지닌 대속의 힘 때문이라고 생각하지는 않는다. 그가 흘린 보혈이 만인의 죄를 씻는 무슨 주술적 힘이 있어서가 아니며 하나님 아들의 죽음이 죄의 보상을 요구하시는 하나님의 정의를 만족시켰기 때문도 아니다. 나는 복음서에 기록된 예수의 삶의 이야기 전체와 그의 가르침 전체가 인간을 죄악의 힘에서 해방시키는 힘이 있다고 믿는다. 물론 예수의 십자가와 부활 이야기도 포함된다. 십자가와 부활은 예수가 벌인 하나님 나라 운동과 별개의 사건이 아니라 하나님 나라 운동의 맥락 속에서만 의미가 있는 사건이다. 예수의 삶과 가르침 전체와 유리된 십자가 사건의 이해는 지극히 추상화된 탈역사적 이해이다. 공허한 교리일 뿐이고, 우리의 구체적 현실과 동떨어진 도그마일 뿐이다.

나는 하나님 나라 운동에 헌신하다가 처형당하고 부활하신 예수의 이야기 전체가 우리를 감동시키고 삶을 변화시킬 수 있는 복음이라고 믿는다. 예수가 전한 하나님 나라의 복음과 아빠 하나님 신앙은 우리로 하여금 하나님의 아들딸, 하나님의 백성으로서 하늘 아버지를 모시고 사는 새로운 삶을 살 수 있게 하는 힘을 지닌다. 우리를 세상의 종살이에서 해방시키고, 땅 위에 살면서도 하늘 아버지를 둔 하나님의 자녀, 하나님의 백성으로 사는 기쁨과 자유를 줄 수 있다.

그러나 예수가 전개한 하나님 나라 운동의 이야기가 아무리 감동적이라 해도 그 자체가 우리를 구원하는 것은 아니다. 하나님 나라가 임박했다 해도 세상 재미에 묻혀 사는 사람에게는 먼 이야기일 뿐이며, 하나님 나라가 아무리 놀라운 세계라 해도 세상에 눈이 어두운 사람들에게는 허탄한 이야기일 뿐이다. 과거의 삶을 청산하는 과감한 결단이 없으면 하나님 나라는 나와 무관한 세계가 되고 만다. 하나님 나라 운동에 헌신하다가 처형당하고 부활하신 예수 이야기는 단지 그만의 이야기로 그치고, 우리의 삶을 변화시키고 죄악에서 해방하는 힘이 되지 못한다. 예수 이야기가 나의 이야기, 우리 자신의 이야기가 되어야만 우리를 구원하는 힘이 되는 것이다.

하나님 나라의 복음은 나의 실존적 결단과 참여가 있어야 비로소 복음이 '된다.' 구원은 나와 무관하게 나의 밖에서 자동적으로 이루어진 사건이나 진리가 아니다. 나는 예수에게 일어난 그 어떤 특별한 사건이라도 그 자체가 우리에게 구원을 준다고는 생각하지 않는다. 구원은 나의 의지나 경험과 상관없이 하나님께서 2,000년 전에 그의 아들 예수 그리스도를 보내서 행하신 어떤 사건을 통해서 저절로 또는 공짜로 주어진 하나님의 선물이 아니다. 예수는 실로 인류를 위한 하나님의 선물이며 은총이다. 하지만 우리가 그를 통해 구원을 얻는 것은 우리 밖에서 일어난 어떤 사건, 예수의 십자가 사건 같은 것 때문이 아니다. 심지어 예수의 하나님 나라 운동도 우리의 구원이 되는 것은 아니다. 예수의 하나님 나라 운동이 제아무리 감동적이라 해도 나 자신의 결단과 참여가 없는 한 나의 구원이 되지 못하고 아무 의미가 없다. 예수가 전파하신 복음이 아무리 매력적이라 해도 나의 구원이 되려면 나 자신이 듣고 응답하고 나서는 믿음의 결단과 참여가 필수적이다.

사실 복음주의자들이 그토록 복음의 중심으로 강조하고 있는 예수의 죽음과 부활 사건도 그 자체가 우리의 구원이 되는 것은 아니다. 복음주의자들이나 보수적 신학자들이 종종 대속의 진리를 우리와 무관하게 이루어진 어떤 과거의 객관적 사실로 또는 기계적으로 주어진 구원의 은총으로 이야기하지만, 예수 자신이나 바울 사도는 그렇게 생각하지 않았다. 바울은 예수의 죽음으로부터 불과 20여 년밖에 떨어지지 않은 시기에 활동한 인물이었지만, 대속의 의미를 지닌 예수의 십자가와 부활을 단지 우리와 무관하게 우리 밖에서 일어난 사건으로만 간주하지는 않았다. 바울은 예수의 십자가와 부활이 우리의 실존적 참여를 통해서 우리 안에서도 일어나야 할 사건임을 강조한다. 바울은 세례의 깊은 의미를 그렇게 이해하고 있다.

> 세례를 받아 그리스도 예수와 하나가 된 우리는 모두 세례를 받을 때에 그와 함께 죽었다는 것을 여러분은 알지 못합니까? 그러므로 우리는 세례를 통하여 그의 죽으심과 연합함으로써 그와 함께 묻혔던 것입니다. 그것은, 그리스도께서 아버지의 영광으로 죽은 사람들 가운데서 살아나신 것과 같이, 우리도 또한 새 생명 안에서 살아가기 위함입니다. 우리가 그의 죽으심과 같은 죽음을 죽어서 그와 연합하는 사람이 되었으면, 우리는 부활에 있어서도 또한 그와 연합하는 사람이 될 것입니다(롬 6:3-5).

바울은 여기서 세례를 단지 하나의 외적 전례典禮로만 보지 않고, 우리 자신이 예수 그리스도의 죽음과 부활에 참여하는 영적 의미를 지닌 행위로 보고 있다. 세례는 그리스도의 십자가의 죽음과 부활의 생명에 동참하고 그와 연합하는 행위라는 것이다. 또 예수의 십자가와 부활이 단지 우리의 구원을 위해 우리 밖에서 일어난 외적 사건이 아니라 우리 자신이 세례를 통해 그리스도와 함께 죄악 세상에서 죽고 그리스도와 함께 부활함으로써 새로운 생명으로 살아가기 위함이라고 세례의 깊은 의미를 해석하고 있다. 단적으로 말해 세례는 바울에게 예수 그리스도의 십자가와 부활에 참여하는 영적 죽음과 부활을 뜻한다. 예수의 죽음과 부활이 단지 우리 밖에서 일어난 구원의 사건, 우리의 생각과 의지와 무관하게 하나님 편에서 일방적으로 자기와 자기 아들 사이에서 처리한 구원의 사건이 아니라 우리 자신의 영적 죽음과 부활이어야 한다는 것이다. 바울에 따르면, 이와 같이 그리스도의 죽음과 부활에 참여하는 우리의 영적 죽음과 부활은 단 한 번만 일어나는 사건이 아니라 죽을 때까지 계속되는 지속적인 과정이다. 그래서 그는 '나는 날마다 죽는다'라고 고백하는 것이다(고전 15:31).

구원은 하나님에 의해 일방적으로 주어진 어떤 과거의 사건이 아니며 일회적 경험으로 단박에 이루어지는 기적도 아니다. 구원은 하나님과 인간의 '하나 됨'이다. 죄의 용서와 사랑을 통해 하나님과 인간이 화해하고 하나가 되며 단절되고 소외된 사람과 사람 사이의 관계가 회복되고 하나가 되는 경험이다. 사랑 속에서 하나님과 사람, 사람과 사람 그리고 사람과 창조세계가 막힘 없이 소통하고 하나가 되는 것이 하나님 나라 구원의 세계이다. 이 하나 됨은 나의 지속적 수행과 노력을 필요로 하며 나 자신의 영적 죽음과 부활을 통해 이루어진다. 나 자신의 실존적 결단과 참여 없이 자동적으로 주어지는 구원이란 존재하지 않으며 그런 복음은 없다. 예수의 대속의 죽음을 전하는 복음도, 예수가 전개한 하나님 나라의 복음도 그런 복음, 그런 구원은 아니다. 복음이든 구원이든 나의 참여와 변화가 없는 공짜는 없다.

대속이 아니라 대고(代苦)

대속신앙이 현대인에게 수긍하기 어려운 문제를 안고 있다면 우리는 과연 예수의 죽음이 지닌 인류 구원의 의미를 어떻게 이해해야 할까? 단지 불운하게 죽은 역사의 무수한 인물 가운데 하나였는가? 나는 예수의 죽음의 의미를 이해하는 가장 설득력 있는 길은 대속보다는 대고代苦, vicarious suffering의 개념으로 이해하는 것이라고 생각한다. 의로운 자의 고난은 의롭지 못한 다른 사람들을 위해 대신 받는 고난이라는 생각이 예수의 죽음이 지니는 보편적 의미를 이해하는데 훨씬 더 설득력이 있기 때문이다. 예수의 고난을 무고한 자의 고난, 나 대신 받는 고난, 나를 위한 고난, 나의 잘못 때문에 받는 고난이라고 받아들여 보자. 내가 죄인이고 정작 나 같은 사람이 벌을 받아야 하는데, 나 대신에 무고한 사람이 억울하게 고통을 받았다는 대고의 개념으로 예수의 십자가 고난과 죽음을 이해하자는 말이다.

이러한 이해의 성서적 기초는 무엇보다도 이사야 53장에 나오는 대고사상이고, 다른 하나는 마태복음 25장에 나오는 최후 심판에 대한 예수의 비유에 있다. 이사야서에 나오는 고난받는 '하나님의 종'은 본래 이스라엘 민족을 가리키는 말이었지만, 기독교에서는 예수가 당한 고난을 가리키는 것으로 해석되어 왔다.

> 그는 실로 우리가 받아야 할 고통을 대신 받고, 우리가 겪어야 할 슬픔을 대신 겪었다. 그러나 우리는, 그가 징벌을 받아서 하나님에게 맞으며, 고난을 받는

다고 생각하였다. 그러나 그가 찔린 것은 우리의 허물 때문이고, 그가 상처를 받는 것은 우리의 악함 때문이다. 그가 징계를 받음으로써 우리가 평화를 누리고, 그가 매를 맞음으로써 우리가 병이 나았다(사 53:4-5).

나는 대고사상이 인간이 낳은 사상 가운데 가장 숭고한 사상이라고 생각한다. 이러한 대고 개념으로 예수의 고난을 이해하면 구원은 먼 옛날 하나님이 그의 아들 예수 그리스도를 보내셔서 한 번이자 마지막으로 일어난 사건이 아니라 지금도 세계 도처에서 일어나고 있는 사건이며 보편적 진리가 된다. 비겁하고 나태한 나 같은 사람 때문에 누군가가 대신 고난을 받고 있다는 생각은 나로 하여금 고마움과 아픔을 느끼게 하며 그의 의로운 고난에 참여하고자 하는 마음을 일으킨다. 여기서는 구원이 값싼 은총으로 변질되는 일은 없다. 죽는 날까지 무고하게 고난을 받는 의로운 자들에 대한 부채의식을 갖고 살도록 하기 때문이다.

예수의 고난은 모든 무고한 자들의 고난, 의로운 자들이 받는 고난의 대명사이며 신화적 원형이다. 예수의 고난이 모든 의로운 고난의 영원한 신화적 원형이 될 수 있는 것은 그의 고난이 철저하게 하나님께 버림받고 인간의 정치권력과 종교권력에 의해 버림받은 고난이었고, 그의 부활에 의해 하나님으로부터 의로운 고난으로 인정받은 고난이었으며 모든 의롭게 고난받은 자들에게 희망이 되는 고난이었기 때문이다.

예수의 고난은 물론 과거에 일어난 역사적인 한 사건이었다. 그러나 동시에 시간과 공간을 초월해서 반복되는 영원한 신화적 사건이다. 대고는 보편적 진리이며 예수의 고난은 언제 어디에서나 반복될 수 있는 보편적 사건이기에 의로운 사람의 고난은 모두 대고의 가치와 의미를 지닌다. 그것은 예수의 고난을 재현하는 고난이며 예수의 고난에 참여하는 고난이 되기 때문이다. 이것이 마태복음 25장에 나오는 최후 심판에 대한 예수의 말씀이 뜻하는 것이다. 곧 배고프고 목마른 자들, 억울하게 옥에 갇혀 고통당하는 자들에게서 그리스도의 모습을 보라는 말씀이다. 예수의 고난은 의로운 자들이 받는 고난의 신화적 원형이라는 말이다.

대고의 진리로 이해되는 예수의 고난과 죽음 이야기는 나와 나의 삶을 변화시키는 힘을 갖게 된다. 불의한 삶에서 벗어나 지금도 우리 주변과 세계 도처에서 일어나고 있는 의로운 자들의 고난을 그리스도의 고난으로 여기면서 조금이라도 동참하려는 동기를 유발하기 때문이다. 이러한 복음 이해에서는 구원은 나와 상관없이 먼 옛날에 일어난 어떤 사건을 통해 자동적으로 주어지는 것, 그야말로 '공짜' 구원이지만, 공허하기 짝이 없는 구원이 아니다. 그리스도의 고난은 지금도 진행 중인 사건이기 때문이고, 우리를 의로운 자들의 고난에 빚진 자로서 보은의 삶을 살도록 이끌기 때문이다.

물론 복음주의자들도 그리스도의 대속의 은혜에 평생 빚진 자로 산다. 하지만 나는 그리스도뿐 아니라 지금도 세상에서 고난을 받고 있는 모든 의로운 자들에게 빚을 지고 있다는 심정으로 보은의 삶을 살기 원한다. 또 복음주의자들이 그리스도의 은혜에 보답하는 방법도 다르다. 그들의 방법은 대속의 복음을 다른 사람에게 전하는 '전도'가 일차적이다. 그렇지 않은 복음주의자들도 있지만, 대다수가 의로운 자들의 고난에 참여하는 길보다는 그리스도의 대속의 은혜를 모르는 사람들에게 전도하는 것이 일차적이고 더 중요한 일이라고 생각한다.

우리는 예수의 고난을 아버지가 나쁜 짓을 한 자식을 벌하는 대신 스스로 회초리를 맞아 자식을 뉘우치게 하는 이야기를 통해 이해할 수도 있다. 대고에 준하는 대벌이라고 하겠다. 대벌도 자기 아들의 죗값을 누군가가 반드시 치러야만 한다는 징벌이나 교환 개념에 의거한 것이 아니다. 대고이든 대벌이든 모두 자발적인 사랑의 표현이다. 뉘우칠 줄 모르는 사람에게조차 먼저 다가가서 베푸시는 자기희생의 사랑이다. 그러나 나는 이러한 대고나 대벌의 사랑을 인간이 받을 벌을 하나님이 대신 받는다는 '하나님의 고난'—이른바 '십자가에 달린 하나님'—으로까지 확대해석하지는 않는다. 예수의 고난이 하나님 자신의 고난이라는 해석은 성육신 교리에 따른 예수의 신성을 전제로 할 때에만 가능한 지나친 해석이다. 나는 예수의 고난이 하나님의 아들의 고난이라고 믿지만, '하나님의 아들'이라는 말을 메타포로 이해한다. 예수 자신이 스스로를 이해한 뜻에서 하나님의 아들이지 삼위일체의 제2격인 '성자 하나님'이 아니다. 나는 또 예수가 가르치고 증언한 대로, 예수뿐 아니라 하나님의 모상으로 지음받은 모든 사람이 하나님의 아들이라고 생각한다. 예수처럼 모두가 하나님의 아들이 될 수 있는 능력과 가능성을 지니고 있다는 뜻에서 그렇다는 말이다.

대고의 복음은 하나님이 먼 옛날 어디에선가 취한 조처, 즉 자기 아들을 속죄의 제물로 내어주신 행위를 단지 믿음으로 받아들이기만 하면 구원을 받는다는 식의 복음과는 전혀 다르다. 먼 옛날 나와 무관하게 이루어진 공허한 죄의 용서가 아니라 지금도 나의 주변과 내가 속한 사회의 누군가가 대신 고난을 받고 있기 때문에 우리가 이만큼이라도 살고 있다는 이야기이다. 대고의 복음은 나를 뻔뻔하게 만들 수 있는 대속의 복음과는 다르다.

이창동 감독이 만든 〈밀양〉이라는 영화가 생각난다. 주인공은 사랑하는 아이를 잃고 아파하다가 어렵게 감옥을 찾아갔으나, 아이를 죽인 살인자는 예수를 믿고 자신이 이미 죄 사함을 받았다고 희색이 만면해서 떠들어댄다! 바로 이런 것이 공허한 대속의 복음이 주는 어처구니없는 허위의식이다. 오늘의 한국교회는 이런 뻔뻔한 얼굴을 한 신자들로 넘쳐난다. 소위 '은혜'받았다고 떠들어대는 사람들일수록 더 그런 것 같다. 대속신앙은 언제든 이런 파렴치한 '죄인 아닌 죄인'을 양산하기 쉽다. 그리스도인들은 죄는 인간에게 짓고 용서는 하나님께 받았다고 떠드는 사람들이라는 비난을 받아도 할 말이 없다.

사실 한국교회의 거의 모든 문제가 이런 '값싼 은총'을 남발하는 복음주의 신앙에 있다고 해도 과언이 아니다. 복음주의 신앙은 인간의 죄악성과 그리스도의 은혜를 강조한 나머지 '누구든지 나를 따르려거든, 자기를 부인하고, 제 십자가를 지고, 나를 따라오너라'(마 16:24)는 말씀이나 '자기 십자가를 지고 나를 따르지 않는 자는 나에게 합당하지 않다'는 예수 자신의 말씀을 심각하게 여기지 않는다. 어처구니없게도 바로 예수의 대속의 죽음을 받아들이는 신앙이 이런 엄한 요구

를 필요 없게 만들었다고 믿기 때문이다. 세계 종교 가운데에서 창시
자의 삶을 따르지 않아도 된다고 가르치는 종교가 한국 개신교 말고
또 있을까?

솔직히 말해서 나는 대속의 은총으로 나의 죄가 공짜로 청산되었
다고 해도 그런 값싼 은총은 감사하기는커녕 사양하고 싶은 마음이
다. 차라리 빚을 진 자로서 미안한 마음과 죄의식을 안고 남은 인생을
살고 싶다. 그리스도의 고난과 수많은 작은 그리스도들의 고난에 감
사하면서 그리고 조금이라도 그들의 은혜에 보답하는 보은의 삶, 죄
인의 삶을 살고 싶은 마음이다.

예수는 자기를 철저히 비움으로써 자기중심적 삶을 벗어나 하늘
아버지를 모시고 사랑하고 순종하면서 살다가 가신 분이다. 인간을
사랑하고 섬기는 삶, 특히 힘없는 사람과 가난한 사람, 병든 사람과
소외된 사람들에게 관심을 쏟아 하나님의 초월적 사랑을 고스란히 보
여주신 분이다. 예수는 자기중심적으로 살고 있는 우리와는 다른 새
로운 유형의 인간이었다. 그래서 바울 사도는 그를 '둘째 아담'이라고
불렀다. 우리는 십자가에 달리신 그리스도와 관계를 맺는 순간부터
새로운 존재new being로 살기 시작한다. 고난받는 하나님의 아들 예수를
만나기 전과 후 그리고 의로운 자들의 억울한 고난을 의식하기 전과
후의 우리의 삶은 달라질 수밖에 없다. 그렇지 않으면 진정으로 고난
의 메시아를 만난 것이 아닐 것이다.

예수의 영성, 천국의 영성

기독교 이전의 예수

예수는 하나님 아버지 앞에서 철저히 자신을 비우고 하나님께 순종하는 '효자' 아들로 사신 분이었다. 그는 철저하게 하나님 중심의 신앙을 가지고 살았다. 온몸을 다해 하나님을 사랑했으며 그의 뜻이 실현되는 하나님 나라 운동, 하늘의 뜻이 땅에서도 이루어지는 천국운동에 헌신하다가 십자가 처형을 당했고 부활해서 영원한 하나님의 품에 안기신 분이다. 예수를 믿고 따른다는 것은 이런 예수 자신의 신앙과 영성, 삶과 행위를 본받자는 것이다. 하나님 대신 예수를 믿는 신앙이 아니라 예수처럼 하나님을 믿는 신앙의 길을 가자는 것이다.

예수는 그의 전 존재와 인격, 말씀과 행위, 죽음과 부활을 통해서 하나님을 드러내신 분이며, 그리스도인들은 그를 통해서 하나님을 더 확실하게 그리고 더 가까이 알 수 있게 되었다. 그래서 그리스도인들은 예수가 '하나님의 말씀'이며 하나님 아버지를 닮은 '하나님의 아들'이라고 고백하는 것이다.

예수를 '따른다', '본받는다' 하니까 단순히 예수를 우리의 스승, 거울, 모범 정도로 여긴다고 오해할 염려가 있다. 하지만 예수는 그리스도인에게 단지 하나의 스승 이상이다. 그리스도인들은 그의 말씀에서 하나님의 말씀을 듣고, 그의 행위에서 하나님의 행위를, 소외된 자들을 돌보는 그의 사랑에서 사랑과 은총의 하나님을 만난다. 그가 행한 이적에서 하나님 자신의 권능을 보며 그의 파격적 언행에서 상식을 뛰어넘는 하나님의 모습을 깨닫게 된다. 그래서 그리스도인들은 그가 하나님의 말씀, 계시, 아들이라고 고백하는 것이다.

하지만 이 모든 찬사에도 불구하고 예수는 결단코 하나님 자신은 아니다. 그는 땅 위에서 걸어 다니신 하나님이 아니다. 만약 예수께서 자기를 하나님 자신으로 섬기는 오늘날의 그리스도인들을 본다면 아연실색하실 것이다. "누가 나를 선하다고 하느냐? 하나님 한 분 외에는 선한 자가 없다"라고 그는 말했다. 예수를 하나님의 자리에 올려놓은 신앙 때문에 유대교와 이슬람은 기독교가 순수한 유일신 신앙을 배반했다고 비난한다. 그리스도인들은 예수를 존경하며 부활하신 그리스도의 영을 모시고 살지만, 예수는 결코 하나님이 아니다. 그리스도인은 하나님의 아들 예수를 통해서 하나님을 더 확실하고 깊게 알지만, 그를 하나님 자신으로 섬기기보다는 그가 걸어가신 길을 따라 하나님을 믿는 신앙생활을 하려는 사람이다.

그러면 예수 자신의 하나님 신앙과 영성은 어떠한 것이었는가? 한마디로 말해서, 예수의 신앙은 하늘 아버지 신앙이었으며 그의 영성은 천국 영성이었다. 복음서는 의심의 여지 없이 예수가 하늘나라 곧 천국운동하나님 나라 운동에 자신의 전 존재를 걸고 살다가 십자가에 처형당하고 부활하신 분으로 그리고 있다. 예수는 천국 메시지, 천국 복음을 선포했고, 말로만이 아니라 행동과 삶으로 천국의 구체적인 모습을 보여 주었다. 부조리하고 불의한 세상에서 굴절 없이 투명하게 하나님의 뜻을 전하는 천국운동을 펼치다 보니, 체제를 수호하던 당시 로마의 정치권력과 유대 종교권력과도 마찰을 빚을 수밖에 없었고, 결국 국사범들이나 중범자들이 받는 십자가형을 받고 삶을 마감하게 된 것이다.

그리스도인들은 기독신앙의 본질을 말할 때 이러한 사실을 간과하기 쉽다. 우리나라 신자들이 기독교를 말할 때 과연 예수가 시작한 천국운동과 연계시키고 있는지 의심스럽다. 설령 그렇게 한다고 해도, 한국교회가 예수가 전파한 천국 복음과 천국운동의 성격을 제대로 이해하고 있는지 의심스럽다. 아니, 어쩌면 한국교회뿐 아니라 세계 기독교계 전체가 예수 자신이 전개한 천국운동의 본질을 망각하거나 변질시켜 버렸는지도 모른다. 역설적이게도 기독교는 예수를 너무나 높이고 신격화한 나머지 인간 예수의 생생한 삶의 모습, 단순하면서도 심오한 그의 하늘 아버지 신앙과 천국 영성을 망각하고 맹목적인 예수 숭배의 종교로 변해버렸다. 유럽의 돔 성당 꼭대기에 그려놓은 천상의 그리스도처럼 높은 곳에서 찬양과 기도를 들으시는 존재로만 모셔놓았기 때문이다.

기독교 역사를 통해 예수 자신이 전개한 천국운동의 영성과 정신을 되찾으려는 시도가 줄곧 이어져 왔으며 지금도 '작은 예수'가 되어 그의 뒤를 따르려는 그리스도인들이 소수이지만 없는 것은 아니다. 하지만 기독교 신앙은 예수의 신앙과 영성을 되찾기에는 너무나 오랫동안 강고한 교리와 전례의 틀에 갇혀 있다. 현대 기독교의 위기는 바로 여기에 있다고 해도 과언이 아니다. 2,000년 전 팔레스타인 땅에서 예수가 전개한 신앙운동의 본질적 정신은 시공을 초월해서 현대 세계에서도 여전히 유효하지만, 오늘의 기독교가 과연 예수의 신앙과 영성을 본받아서 과감히 스스로 변혁할 수 있을지 의문이다. 하지만 나는 바로 이것이 현대 세계에서 기독교가 살아남을 수 있는 길이라고 확신한다. 좀 과격하게 말하면 현대 기독교는 '기독교 이전의 예수'로 돌아가서 모든 것을 처음부터 다시 시작해야만 한다. 비록 소수라 할지라도 예수를 따르는 제자가 되어서 그가 보여 준 신앙과 영성의 삶을 오늘의 세계에서 살아야만 한다.

종말의식을 상실한 기독교

천국운동은 '종말'운동이다. 기독교는 절망 가운데 신음하던 한 민족의 역사에 출현한 예수라는 '종말의 예언자'에 의해 시작된 종교이다. 그는 이 세상의 부조리한 질서가 종말을 고하고 곧 새로운 세상이 온다고 외치며 다녔다. 이제 곧 새로운 세상이 열리니까 지금까지의 삶을 과감히 청산하고 새 시대를 맞을 준비를 하라는 것이 그가 전한 메시지의 중심이었다.

사람들은 '종말'이라고 하면 흔히 끔찍한 아마겟돈이나 무서운 최후 심판을 연상하지만, 본래 예수가 펼친 종말운동은 하나님이 친히 통치하시는 하나님 나라의 도래, 즉 하늘나라Kingdom of Heaven가 곧 임한다는 '기쁜 소식'이었다. 이 메시지에 응답하고 나선 사람들은 절망 속에서도 하나님의 백성, 천국의 백성으로 산다는 기대와 흥분 속에서 기쁨에 찬 삶을 살았다. 예수의 부활은 그들에게 폭압으로 점철된 구시대가 끝나고 새 시대, 새 세상이 도래했음을 보여주는 확실한 징표였다. 현재의 질서에 안주해서 정신없이 사는 사람들에게 종말은 피하고 싶은 무서운 심판의 날로 여겨졌다. 구약성서의 예언자들이 경고한 대로 하나님을 대면하는 '야웨의 날'은 심판의 날이기 때문이다. 하지만 새로운 세상을 갈망하던 사람들에게 종말은 하나님이 직접 통치하시는 세상, 즉 천국의 도래를 의미했기 때문에 더할 나위 없는 기쁜 소식이었다.

어떤 사람들은 '종말'이라고 하면 몇 날 몇 시 예수가 재림한다는 시한부 종말론을 생각하지만, 이것은 예수의 종말운동에 대한 그릇된 이해에서 기인한다. 종말에 관한 관심 자체가 잘못된 것은 아니다. 다만 시한부 종말론자들은 종말이 예수의 첫 번째 오심과 더불어 '이미' 실현되기 시작했다는 사실은 망각하고, 예수의 재림에만 매달리는 잘못을 범한다. 특히 종말에 대한 '질적' 이해를 결여한 채 예수 자신도 모른다고 한 연도와 날짜를 따지는 숫자 놀음으로 종말론을 변질시킨다.

기독교 신앙은 종말론적 신앙으로 출발했으며 지금도 그러하고 또 그래야만 한다. 세상의 체제에 영합하고 현실에 안주하는 기독교, '이대로가 좋소이다'하고 노래하는 기독교는 예수와 무관하다. 교회가 배부르고 등 따시게 되자 현실과 타협하고 체제에 영합하는 종교가 되어 하나님의 나라를 기다리는 가난한 마음을 상실했다는 것, 위기의식과 종말의식을 망각했다는 것이 현대 기독교가 당면한 가장 근본적인 위기이다.

오늘의 기독교, 특히 한국교회는 예수의 천국운동의 정신과 역동성을 상실해 버렸다. 세상이 아직 천국이 아니라 불의와 고통으로 가득 차 있다는 사실을 망각하고, 천국을 갈망하는 겸손한 영성을 잃어버렸다. 십자가의 고통을 잊고 부활의 승리주의에 도취한 신앙이 되어 버린 것이다. 사회의 주류가 된 한국교회는 더 이상 천국을 사모하고 기다리지 않는다. 겸손한 신앙을 잃어버리고 마치 교회가 천국인양, 교회의 멤버가 되기만 하면 영생이 보장된 듯이 말한다. 교회들은 하나님의 뜻이 이루어지는 하나님 나라의 도래를 전하는 대신, 예수 자신을 복음의 내용으로 전하는 종교로 둔갑했고, 천국운동 대신 교회의 끝없는 확장을 추구하는 집단이 되어버렸다. 고통받는 사람들과 함께 하나님 나라의 구원을 갈망하고 기다리는 겸손한 영성은 찾아보기 어렵고, 오만한 승리주의와 독선적 배타주의가 판을 치고 있다. 예수 믿고 교회만 다니면 구원은 따 놓은 당상이라는 식으로 복음을 이해하니 그렇게 될 수밖에 없다. 교회가 천국의 초월적 가치를 추구하기는커녕 세상의 가치와 세상의 권력을 추구하는 집단으로 변질되어 버린 것이다. 세상의 빛과 소금이 되기는커녕 세상과 짝하고 한통속이 되어 돈과 권력을 탐하는 우상숭배의 종교가 되고 말았다.

예수와 하나님, 교회와 하나님 나라는 분리할 수는 없지만, 결코 동일시하거나 혼동해서는 안 된다. 하나님 나라는 결코 기독교의 전유물이 아니다. 하나님 나라는 지금도 세계 도처에서 하나님의 구원, 하나님의 정의와 평화를 갈망하는 모든 사람과 집단, 모든 민족이나 세력과 연대해서 교회가 추구해야 할 새로운 세상이다.

나는 여기서 예수가 보여 준 천국 영성의 네 가지 측면, 즉 현실초극의 영성, 실존적 참여의 영성, 하나님 아들의 영성 그리고 창조의 영성에 대해 고찰하고자 한다. 앞의 두 영성은 자기 자신과 세상을 부정하고 극복하는 '부정의 영성'이고, 나중 둘은 세상과 자기 자신을 있는 그대로 받아들이는 '긍정의 영성'이다.

부정의 영성(1): 현실초극의 영성

예수의 천국 영성은 우선 현실세계에 맞서서 그것을 이기고 극복하려는 '현실초극의 영성'이다. 현실에 안주하는 것이 아니라 현실과 대립각을 세우면서 죄악으로 가득 찬 세상을 부정하고 천국, 즉 하나님의 뜻이 이루어지는 하나님 나라를 지향하는 초월의 영성이다. 현실초극의 영성은 세계와 인생, 사회와 역사, 문화 자체를 무시하고 도피하는 영성이 아니라 불의, 억압, 부조리로 가득 찬 현실을 거부하고 새로운 질서, 새로운 세계가 이루어지기를 바라는 부정의 영성이다.

바로 그렇기 때문에 천국 복음의 영성은 현실을 외면할 수 없고 사회역사적 관심을 떠날 수 없다. 천국은 결코 저 세상에서만 이루어지는 세계이거나 마음속에서만 이루어지는 개인적인 세계, 영적인 세계만이 아니다. 천국은 하늘 아버지의 뜻이 "하늘에서 이루어진 것 같이 땅에서도 이루어지는" 세계이다. 종래 기독교는 천국을 오로지 내세적으로 혹은 개인 내면의 영적 차원에서만 이해하는 잘못을 범해 왔다. 역설적이게도 천국을 사모하는 영성은 바로 현실을 초극하려는 영성이기 때문에 현세적 · 사회적 · 역사적 관심을 떠날 수 없는 것이다.

기독교는 "회개하라, 하늘나라가 임박했다"라는 예수의 메시지와 더불어 시작된 종교이다. 이 간단한 메시지에 기독교의 핵심이 들어 있다고 해도 과언이 아니다. 우선 '회개metanoia'라는 말에는 현실에 얽매여서 종살이하던 지금까지의 삶의 방식, 사고방식, 존재양식, 가치관, 인생관에 근본적인 문제가 있다는 의식을 전제한다. '회개하라'는 말은 따라서 현재 우리가 살고 있는 삶의 방식을 과감히 청산하라, 끊어라, 부정하라는 촉구이다.

'이대로가 좋소이다'라고 하면서 현실에 안주하는 사람은 결코 천국의 복음에 진지하게 귀 기울일 수 없다. 현실에 만족하는 사람이 무엇 때문에 천국을 갈망하겠는가? 그래서 예수는 "가난한 자가 복이 있다. 하늘나라가 저들의 것이다"라고 말씀하신 것이다. 현실세계에 불만을 가진 자, 현 체제에서 억울하게 소외된 자, 슬퍼하고 애통하는 자, 가난한 사람들이 하나님의 나라를 갈망하고 기다린다. 현실초극의 천국 영성은 가난한 마음이 지니는 갈망과 기다림의 영성이다. 배부르고 등 따신 자들에게 천국 복음이 귀에 들어올 리 만무하다.

천국 백성이 되려면 지금까지의 삶의 양식을 과감하게 청산하고 새로운 역사, 새로운 세상에 동참해서 새로운 삶을 살려는 결단이 있어야만 한다. 과감하고 뼈아픈 자기부정과 현실부정이 있어야 한다는 말이다. 천국을 고대하는 영성은 새로운 세상을 갈망하고 꿈꾸는 희망의 영성이다. 현재의 낡은 질서와 삶의 방식, 사고방식과 가치관에 얽매이지 말고 '하나님의 미래'를 향한 초월의 삶을 살아야 한다는 것이다. 이렇게 새로운 세계를 갈망하는 희망의 영성은 때로는 현재의 삶의 질서를 뒤엎는 용기와 혁명의 열정으로 나타나기도 한다.

그러나 이 하나님의 미래는 단순히 시간적 미래가 아니다. 다가오는 하나님 나라의 미래에 대한 응답을 촉구하는 예수의 메시지 앞에서 지금까지의 삶을 청산하고자 결단하는 사람에게 이 하나님의 미래는 현실화된다. 예수의 메시지와 대면하여, 아니 예수라는 존재와 대면하여 자기 삶에 대해, 자기 존재 자체에 실존적 결단을 내리는 순간 이미 하나님 나라라는 종말적 미래가 현재화되는 것이다. 그는 이미 하나님을 대면하고 하나님 나라의 초월적 삶을 살게 되기 때문이다. 예수가 전파한 하나님 나라는 이런 의미에서 '아직 아니not yet'와 '이미 already'라는 시간적 긴장 속에서 이루어지는 세계이다. 예수는 분명 하나님 나라가 임박했지만, 아직은 현실이 아니고 기다림의 대상이라고 생각했다. 동시에 하나님 나라는 자기와 제자들의 삶 속에 그리고 그의 메시지에 긍정적으로 결단하고 나선 사람들의 삶의 방식 속에 이미 실현되고 있는 세계라고 생각했다.

여하튼 현실에 대한 강한 부정, 현실에 안주하고 집착하며 살던 과거와 현재의 삶의 방식에 대한 강한 자기부정이 없는 영성은 예수의 영성이 아니다. 또 그런 기독교는 진정한 기독교, 진정한 신앙이 아니다. 오늘 한국교회의 가장 큰 문제는 바로 이러한 부정의 영성이 많이 결핍되어 있다는 데 있다. 천국 영성은 현재의 세상 질서에 대한 강한 부정과 초월 없이는 불가능하다. "누구든지 나를 따르려거든 자기 십자가를 지고 나를 따르라"는 예수의 말씀은 지금까지 살아온 자신의 삶의 방식을 과감히 청산하고 떠나라는 촉구이다. 그렇지 않으면 예수의 제자가 될 수 없고 천국 백성이 될 수 없다는 말이다. 새로운 역사에 참여하는 새로운 존재가 되기 위해서는 강한 부정의 영성, 십자가의 영성이 필수적이다.

그리스도인은 철저한 자기부정과 현실부정을 통해서 아직 보이지 않지만, 곧 모습을 드러낼 하나님 나라의 새로운 세계에 동참하도록 초대받은 '특권'을 지닌 존재라고 할 수 있다. 현실에 안주하거나 세상에 탐닉하지 않고, 천국의 초월적 세계에 자신의 전 존재를 걸고 살도록 그리고 거기에서 오는 자유와 기쁨을 누리도록 초대받은 사람이다. 예수는 천국이 땅속에 감추어진 보화와 같다고 가르쳤다(마 13:44-46). 예수는 이 보이지 않는 보화를 볼 수 있도록 우리의 영적 눈을 뜨게 하신 분이며, 예수의 제자가 된 그리스도인들은 모두 이 감추어진 천국의 보화를 발견해서 기쁨을 안고 사는 존재들이다. 천국 보화를 차지하기 위해 자신이 가진 모든 것을 던져 투자하는 전적 헌신의 삶을 살아야 하는 사람들이다.

이 세상은 물론 아직 하늘나라가 아니다. 그리스도인들도 이 세상에 몸을 담고 사는 한, 땅의 시민이다. 하늘나라로 초대받은 천국 시민이면서 동시에 지상의 나라에 속한 시민으로서 말하자면 '이중국적'을 가지고 사는 셈이다. 그리스도인들은 세상에 속하지만, 세상 것이 되어서는 안 되는 존재이다. 하늘나라를 사모하고 기다리며 사는 과도적 존재, 도상의 존재, 나그네 인생이기 때문이다. 세상이라는 과거로부터, 나 자신의 과거로부터 하나님의 미래를 향해 버리고 떠난 존재이기 때문이다. 과거가 아직도 발목을 붙잡고 있고, 아직도 끝없이 유혹과 갈등 속에 살고 있지만, 하나님 나라의 비전을 안고서 하나님의 미래를 향해 나아가는 존재이다. 이러한 긴장 없이 그리스도인은 결코 세상의 소금과 빛이 될 수 없다.

천국운동에 전념한 예수의 영성은 현실을 거부하는 부정과 변혁의 영성, 초월과 자유의 영성이다. 세상의 그 어떤 힘과 권세도 하나님 나라의 비전 앞에서는 비판과 부정의 대상일 수밖에 없다. 천국 시민으로 부름받은 그리스도인들은 결코 세상의 어떤 특정 질서나 체제 혹은 사상이나 이념을—자본주의이든 사회주의이든, 보수이든 진보이든—하나님 나라의 초월적 질서로 간주하고 동일시해서는 안 된다. 그 어떤 이념이나 체제도 절대화하거나 섬겨서는 안 된다. 지상의 그 어떤 정치 집단이나 종교 단체, 공동체, 심지어 교회도, 결코 하늘나라가 아니기 때문이다. 세상에 살지만, 천국의 백성으로 살고자 하는 사람들은 언제나 이러한 비판의식과 긴장을 안고 살 수밖에 없다. 하지만 이것은 짐이 아니라 자유이며 고통이 아니라 기쁨이다. 천국 영성은 고난 속에서도 천국을 선취해서 미리 맛보는 기쁨의 영성이다.

부정의 영성(2): 실존적 참여의 영성

예수의 천국 메시지와 영성이 지닌 실존적 성격은 바울 사도의 메시지에서 더욱 부각된다. 나는 이것을 '실존적 참여의 영성'이라고 부른다. 이는 천국 복음을 선포하고 천국운동을 하다가 십자가에 처형당하고 부활하신 그리스도의 삶과 운명에 실존적 결단으로 동참하는 영성이다. 예수 그리스도의 십자가와 부활에 동참하는 영성이다. 바울은 예수와 달리 하나님 나라의 도래를 별로 말하지 않았다. 그에게는 하나님 나라가 예수의 죽음과 부활을 통해서 이미 실현되고 있다는 믿음이 강했기 때문이다. 하나님 나라가 아직 오지 않았다는 기다림의 영성이 그에게도 없지는 않았지만, 그는 그리스도인들이 예수 그리스도 안에서 이미 '새로운 존재'가 되었다는 점을 강조한다. 나는 이것을 하나님 나라의 실존화·개인화·내면화라고 부르고 싶다.

바울은 예수의 천국 영성을 깊이 내면화해서 하늘나라의 새로운 세계가 이 땅에서 사회역사적으로 실현되기를 기다리기보다는 나 자신의 삶에서 현실화되는 새로운 삶, 영적인 삶으로 이해하는 실존적 영성을 강조한다. 이 점이 예수의 영성과 다소 차이를 보인다고 말할 수 있다. 예수 자신과 달리 바울에게는 부활하신 그리스도를 만난 강한 종교적 체험과 확신이 있었다. 따라서 그는 하나님 나라의 사회정치적 차원보다는 그리스도인의 영적 부활, 즉 영적으로 변화된 삶을 더 강조한다. 바울은 천국의 종말적 삶이 그리스도의 영으로 새로워진 삶, 다시 말해 '영에 따른' 삶 속에 이미 실현되고 있음을 역설한다. "누구든지 그리스도의 영이 없으면, 그리스도의 사람이 아닙니다"(롬 8:9), "누구든지 그리스도 안에 있으면, 그는 새로운 피조물입니다"(고후 5:17).

바울은 또 자신의 삶 속에 내면화되는 천국 영성에 대해 "나는 그리스도와 함께 십자가에 못 박혔습니다. 이제 살고 있는 것은 내가 아닙니다. 그리스도께서 내 안에서 살고 계십니다"(갈 2:20)라고 고백한다. 바울에게 천국 영성은 세상에 속한 자신의 모든 욕망을 십자가에 못 박고 부활의 새 생명에 참여하는 영성이다. 죽음으로써 참 생명을 얻는 십자가의 영성이고 사즉생死卽生의 영성이다. 그에게 세례란 예수 그리스도의 십자가와 부활에 동참하는 의미를 지닌다. 바울은 물속에 담그는 세례는 과거에 매인 자아, 세상에 따라 살던 육적 자아의 해체를 뜻하며 그리스도의 죽음을 자신의 삶 속에서 재현하는 뜻이라고 말한다.

> 그러므로 우리는 세례를 통하여 그의 죽으심과 연합함으로써 그와 함께 묻혔던 것입니다. 그것은 그리스도께서 아버지의 영광으로 말미암아 죽은 사람들 가운데서 살아나신 것과 같이, 우리도 또한 새 생명 안에서 살아가기 위함입니다. 우리가 그의 죽으심과 같은 죽음을 죽어서 그와 연합하는 사람이 되었으면, 우리는 부활에 있어서도 또한 그와 연합하는 사람이 될 것입니다(롬 6:4-5).

바울은 예수의 십자가와 부활을 단지 외적 사건으로 이해하지 않고, 자기 자신의 삶 속에서 날마다 이루어지는 내적 사건으로 이해했다. 날마다 죽는다는 그의 고백은 이러한 실존적 십자가의 영성을 말한다. 부활의 참 생명에 참여하기 위해서 자신을 날마다 십자가에 못박는다는 것이다.

나는 이상과 같은 현실초월의 영성과 실존적 참여의 영성을 '부정의 영성'이라고 부른다. 죄악으로 가득 찬 부조리한 현실세계와 거기에 물든 자기 자신과 부단히 투쟁하는 영성이기 때문이다. 부정을 통해 새로운 세상, 죽음을 통해 새로운 생명을 얻으려는 십자가와 부활의 영성이며 사즉생의 영성이다. 모든 것을 부정함으로써 모든 것을 얻는 영성, 철저한 가난을 통해 부유하게 되는 영성이다.

긍정의 영성(1): 하나님 아들의 영성

예수의 천국 영성에는 부정의 영성과 대조적으로 긍정의 영성도 있다. 천국 영성은 '하나님 아들의 영성', 하나님 자녀 됨의 영성이며, 더 나아가 하나님과 하나 되는 신비적 일치unio mystica의 영성이다. 나는 이것을 긍정의 영성이라고 부른다.

도대체 우리는 왜 회개를 해야 하고 왜 십자가의 고난을 자취해야 하며 무슨 이유로 뼈아픈 자기부정의 삶을 살아야만 하는가? 왜 우리는 세상을 따라 사는 존재가 되어서는 안 되며 왜 육sarx, flesh에 따른 삶을 청산하고 영pneuma, spirit에 따른 삶을 살아야 하며, 또 그렇게 살고자 하는 마음이 생기는가? 남들이 하는 대로 인생을 좀 쉽게 살고 물 흐르는 대로 살면 되지 왜 굳이 세상을 거슬러 살려고 하는가? 왜 십자가를 지는 고난의 행군으로 인생을 살아야 한다는 말인가? 도대체 무엇이 우리로 하여금 예수의 천국 메시지를 듣고 응답하게 만드는 것일까? 그냥 현실에 적응하면서 편하게 사는 사회적 자아로 만족하면 안 되는가? 무엇이 우리로 하여금 예수의 천국 복음에 귀를 기울이게 하고 응답하게 만드는 것일까? 우리 안에 무엇이 우리로 하여금 예수의 삶을 본받고 예수의 영성을 실천하려는 마음을 내게 하는 것일까?

이것은 우리가 본래부터 땅 위에 속한 존재일 뿐 아니라 하늘에 속한 존재이며, 육신의 아버지만이 아니라 하늘의 아버지를 가지고 태어난 존재이기 때문이다. 따라서 자식이 부모를 알아보듯이, 새끼들이 본능적으로 어미의 젖을 찾듯이 우리 안에 이미 하나님의 음성을 듣고 이해할 수 있는 어떤 선험적 능력, 영적 능력이 존재하기 때문이다.

기독교의 인간관은 이러한 능력을 하나님의 모상이라고 부른다. 우리 영혼이 가지고 있는 하나님을 닮은 영적·도덕적 성향inclination과 능력capacity으로서의 본성이다. 하나님을 찾고 알고 사랑할 수 있는 영적 성향과 능력, 하나님의 뜻을 따를 수 있는 도덕적 성향 내지 능력이며, 이런 의미에서 우리 영혼의 근저에 있는 하늘의 성품, 신성神性이라고도 말할 수 있다.

바로 이러한 성향과 능력으로서의 본성 때문에 인간은 세상에 만족하지 못하고, 세상에 살면서도 안식을 누리지 못하고 방황하면서 하나님의 나라를 갈망하는 것이다. 우리는 본래 하늘 아버지를 둔 하나님의 아들딸들이기 때문이다. 자식이 부모를 그리워하듯, 모상이 원형을 찾고 닮으려하듯, 인간에게는 하나님을 찾아 하나님과 함께 살고 하나님과 하나가 되려는 영적 본성이 있다. 우리는 이 사실을 자각하지 못하고 살지 모르나, 그것이 우리의 본래적인 모습이고 '참나'라는 사실은 변함이 없다는 것이 동서고금의 모든 위대한 영성가의 공통된 증언이다. 세상에 속한 세속적인 나, 사회에서 형성된 사회적인 나가 나의 전부가 아니며 나의 참 모습이 아니고 거짓 나일 수 있다는 것이다. 이 거짓 자아를 거부하고, 우리 안에 본성으로 존재하시는 하나님의 모상을 완전히 드러내고 실현해서 참나로, 새로운 존재로, 진정한 하나님의 아들딸로 살려는 욕구와 갈망이 우리에게 있기 때문에 우리는 예수의 천국 메시지에 귀를 기울이고 그 초대에 응하는 것이다.

이 영적 본성은 우리로 하여금 끊임없이 세속적 자아, 사회적 자아를 초월하도록 부추기며 세상에 안주하거나 묶이기를 거부하게 만들고, 끝없이 자유로워지고 새로워지려는 갈망을 낳는다. 우리는 본래부터 하늘 아버지로부터 온 존재이며, 따라서 우리 안에는 하늘의 씨앗, 영생의 씨앗이 본래적 성향으로, 실현되어야 할 가능성으로 내재해 있다. 인간은 땅의 자식이기도 하지만 동시에 하나님으로부터 왔고 하나님과 더불어 살다가 하나님께 돌아갈 운명을 지닌 존재이다.

예수는 이것이 우리가 인생에서 알아야 할 가장 중요한 진리임을 일깨워 주고 가르쳐 주신 분이다. 육신의 아버지가 나의 아버지가 아니라 하늘 아버지天父가 우리의 참 아버지라는 진리를 일깨워 주신 분이다. 예수는 하나님이 온 인류의 '아빠_abba_' 하나님이시라는 단순하고도 심오한 진리를 인생의 가장 중요한 근본적 사실로 깊이 자각하신 분이며, 우리에게 이 '공개된 비밀'을 일깨워 주신 분이다. 그는 순수한 하나님의 모상으로 태어나신 분일 뿐 아니라 타고난 영적·도덕적 성향과 능력을 철저한 자기 비움의 삶을 통해 완성함으로써 하나님께 순종하는 참다운 하나님의 아들로서 산 사람이다. 그는 하나님 아들의 모습을 삶 속에서 구체적으로 보여주신 진정한 하나님의 아들이었다. 하늘 아버지를 고스란히 닮은 아들이었으며, 하나님의 뜻을 흠 없이 따른 하나님의 '효자' 아들이었다. 그럼으로써 우리에게 하늘 아버지가 어떤 분이시며 그의 자녀 된 우리는 어떻게 살아야 할지를 가장 확실하게 보여주셨다.

우리가 모두 본래 예수와 같이 하늘 아버지를 닮은 하나님의 아들 딸이라는 사실은 예수나 우리나 조금도 다를 바 없다. 다만 예수는 이 근본 진리, 누구도 앗아갈 수 없는 이 근본적 사실을 깊이 깨닫고 철저하게 거기에 따라 사신 분이라는 점이 다르다. 나는 예수의 이러한 역할을 불교의 『대승기신론大乘起信論』이라는 중요한 경전의 중심 개념인 본각本覺과 시각始覺으로 설명하기를 좋아한다. 본각이란 중생이 본래부터 모두 부처님의 성품, 본래적 깨달음의 성품, 즉 불성佛性을 지닌 귀한 존재라는 것이다. 이는 우리의 본래 마음本心이 곧 부처라는 심즉불心卽佛의 진리를 가리키는 개념이다. 우리가 이 사실을 자각하든 못하든, 이것은 엄연한 객관적 사실이며 진리이다. 우리는 예수의 가르침도 이런 식으로 이해할 수 있다. 우리가 알든 모르든, 우리는 모두 본래 하늘 아버지를 닮은 하나님의 아들딸이다. 이것은 누구도 움직일 수 없는 절대불변의 객관적 사실, 근본적 진리라는 것이다.

예수 이후의 기독교는 예수의 이 심오하고도 단순한 가르침을 왜곡하고 복잡하게 만들어서 우리를 곤혹스럽게 만들었다. 교회는 전통적으로 가르치기를 우리가 하나님의 자녀가 된 것은 예수가 십자가에서 보혈을 흘려 우리의 죄를 대속해 주신 덕분이며, 이 사실을 믿고 받아들이는 사람만의 특권이라고 말한다. 예수가 우리를 위해 대속의 죽음을 죽었기 때문에 그의 공로를 인정할 때에야만 비로소 우리가 하나님의 아들이 되는 특권을 누리게 된다는 것이다.

이것은 사실 관계를 거꾸로 이해하는 잘못된 교리이다. 사실인즉, 우리는 모두 예외 없이 본래부터 하나님의 모상으로 지음받은 하나님의 아들이다. 그리스도인이든 아니든, 모든 사람은 본래 하나님의 자녀이며, 예수는 이 근본적 사실을 깨닫고 말씀으로 가르치시고 몸으로 증언하는 삶을 사시다가 십자가의 고난을 받았다. 이것이 올바른 사실 관계이다. 예수의 죽음이 우리를 비로소 하나님의 자녀로 만든 것이 아니라 우리가 본래부터 하나님의 자녀라는 사실을 증언하는 삶을 사셨기 때문에 예수가 십자가에 달리신 것이다. 예수는 인간이 본래 하나님의 모상으로 창조된 하나님의 자녀라는 근본적 진리를 깊이 깨닫고 문자 그대로 실천하신 분이다. 이 근본적 진리가 본각에 해당하고, 예수의 자각은 시각始覺에 해당한다고 할 수 있다. 그리고 시각과 함께 오랜 수행의 과정이 시작된다. 곧 하늘 아버지를 모신 아들로서 자신을 비우고 내려놓은 그의 삶과 사람들에게 이 본각의 진리를 일깨워 주고 온몸으로 증언하다가 가신 그의 죽음이 모두 이런 과정이다.

예수는 우리의 죄를 사하기 위해 대속의 죽음을 죽으려고 이 세상에 오신 것이 아니다. 그의 죽음은 그의 의로운 삶이 초래한 결과이지 목적이 아니다. 구약시대 제사종교의 배경을 가지고 신앙생활을 해온 초기 기독교 신자들은 예수가 당한 억울한 죽음의 의미를 생각하다가 구약시대의 희생양scapegoat 개념을 통해서 그의 죽음이 우리의 죄를 대속한 것이라고 이해하게 되었다. 하지만 이러한 제사 개념이 없는 우리가 예수의 죽음을 그렇게 이해할 필요는 없다. 사실 예수는 죽기를 원치 않았다. 오히려 하나님께 버림받았다는 절망감에 사로잡혀 처절하게 절규하면서 마지막 순간까지 십자가의 쓴 잔을 면하게 해달라고 하나님께 매달리다가 가셨다고 복음서들은 전하고 있다.

예수의 죽음은 하늘 아버지를 모시고 산 그의 당당한 삶, 거침없고 파격적인 행보, 상식을 뒤엎는 언행으로 권력자들의 미움을 산 결과였다. 이런 의미에서 그의 죽음은 물론 '우리를 위한' 희생의 죽음이다. 어리석은 인생, 하늘 아버지와 천국의 비밀을 모르고 사는 우리를 일깨워 주고, 하늘 아버지를 모시고 사는 아들의 삶이 어떤 것인지를 몸으로 보여주다가 돌아가신 '우리를 위한' 죽음이었다. 이런 의미에서 우리 '대신' 돌아가셨다고 말할 수도 있다. 그가 흘린 피는 우리를 위해서 대신 흘린 피이다. 하지만 이것이 그의 죽음을 우리의 죄를 속량하는 대속의 죽음으로 만들지는 않는다. 속전을 주고 노예를 방면하듯이, 하나님께서 그의 아들의 죽음을 대가로 받고서 우리의 죄를 용서하신 게 아니라는 말이다. 예수 자신이 보여 준 아빠 하나님은 그런 대가를 요구하시는 하나님, 조건적 용서를 베푸시는 하나님이 아니다. 더군다나 자기가 요구하는 조건을 스스로 충족시킨 후 비로소 용서하시는 우스꽝스러운 하나님이 아니다. 예수의 죽음은 진리를 증언하다가 우리를 위해, 우리 대신 고난을 받은 대고代苦의 죽음이다.

다시 본각과 시각의 개념으로 돌아가서 예수께서 우리를 위해 하신 일을 이해해보자. 본각의 측면에서는 예수와 우리가 본래부터 모두 하나님의 아들이라는 점에서 동일하지만, 시각에서 차이가 난다. 시각이란 중생의 마음이 본래 부처의 마음이라는 본각의 진리를 깊이 자각하기 시작하는 것이고, 이 자각에 상응하는 변화된 삶을 사는 것이다. 선불교에서는 이것을 돈오점수頓悟漸修라고 부른다. 문득 자신의 참 모습, 참 마음인 불성을 깨닫고, 거기에 따라 부지런히 점차적으로 마음을 닦아나가는 행위를 뜻하는 말이다.

예수의 경우 시각은 하나님이 우리의 하늘 아버지임을 깊이 자각하는 것이었고, 이 엄청난 진리에 따라 거침없이 사는 삶이었다. 나는 예전에 텔레비전 드라마 〈주몽〉을 재미있게 보았는데, 주몽이 자기가 해모수 장군의 아들임을 깨달았을 때 그의 인생은 전혀 새로운 국면으로 들어갔다. 이와 마찬가지로 시각도 우리의 존재를 변화시킨다. 내가 하늘 아버지의 아들 혹은 딸이라는 깨우침은 가히 나의 존재와 삶을 뒤흔들어 놓을 만한 힘이 있지 않을까?

타키자와 가츠미瀧澤克己라는 일본 신학자는 일본에서 불교와 기독교 사이에 수준 높은 대화의 물꼬를 트는 데 크게 공헌한 사람인데, 그는 본각을 하나님과 인간의 제1차적 접촉이라고 불렀으며, 이러한 근본적 사실에 대한 자각인 시각을 제2차적 접촉이라고 불렀다. 제1차적 접촉에 관한 한 예수와 우리, 부처와 중생이 마찬가지지만, 제2차적 접촉에서 차이가 난다는 것이다.

대속신앙을 떠나서 우리는 바울 사도도 예수로부터 이 하나님 아들의 영성을 이어받았다는 사실에 주목할 필요가 있다. 천국 영성과 마찬가지로 바울은 하나님 아들의 영성도 하나님을 '아빠, 아버지'라고 부르는 '아들의 영'을 받는 경험으로 심화했다. 그의 말을 들어보자.

> 하나님의 영으로 인도함을 받은 사람은, 누구나 다 하나님의 자녀입니다. 여러분은 또다시 두려움에 빠뜨리는 종살이의 영을 받은 것이 아니라, 자녀로 삼으시는 영을 받았습니다. 그래서 우리는 그 영으로 하나님을 "아빠, 아버지"라고 부릅니다. 바로 그 때에 그 성령이 우리의 영과 함께, 우리가 하나님의 자녀임을 증언하십니다. 자녀이면 상속자이기도 합니다. 우리가 그리스도와 함께 영광을 받으려고 그와 함께 고난을 받으면, 우리는 하나님이 정하신 상속자요, 그리스도와 더불어 공동 상속자입니다(롬 8:14-17).

> 여러분은 자녀이므로, 하나님께서 그 아들의 영을 우리의 마음에 보내 주셔서 우리가 하나님을 '아빠, 아버지'라고 부를 수 있게 하셨습니다(갈 4:6).

바울은 내면화된 하나님 아들의 영성을 통해 새로워진 인간을 '내 안의 그리스도'라고 불렀다. 그래서 그는 "나는 그리스도와 함께 십자가에 못 박혔습니다. 이제 살고 있는 것은 내가 아닙니다. 그리스도께서 내 안에서 살고 계십니다"(갈 2:20)라고 고백한다. 바울은 또 자기 안의 그리스도를 '속사람'이라고도 불렀다(고후 4:17). 우리는 바울이 말하는 '내 안의 그리스도' 역시 본각과 시각 두 측면에서 이해할 수 있다. 한편으로는 본각으로서의 그리스도, 즉 모든 인간의 본래적 자아인 하나님의 모상 혹은 하나님의 아들을 뜻하는 그리스도가 있고, 다른 한편으로는 시각으로서의 그리스도, 즉 하나님 아들의 영을 통해 자각되고 회복된 우리의 속사람, 참사람으로서의 그리스도이다. 가톨릭 신학자 칼 라너의 표현대로 우리는 모두 되어가는 그리스도이며, 그리스도는 다 된 인간이라는 말이다.

사실 본각과 시각은 분리할 수 없다. 본각으로서의 그리스도가 우리에게 없다면 그리스도의 음성을 듣고 따르려는 마음이 생길 리 만무하고 시각으로서의 그리스도도 불가능하다. 반면에 시각으로서의 그리스도가 없으면 본각으로서의 그리스도는 단지 실현되지 않는 가능성으로만 남아 있고 실제로 힘을 발휘하기 어렵다.

마이스터 에크하르트는 우리 안의 하나님의 모상을 순수한 지성in-tellectus 혹은 '영혼의 작은 불꽃'이라 불렀고, 그 완전한 실현을 위해서 마음을 철저히 비우는 초탈Abgeschiedenheit의 수련, 가난의 영성을 강조했다. 힌두교 베단타 철학에서 말하는 범아일여梵我一如의 진리, 유교에서 인간의 본성은 하늘로부터 품수받은 천성이라는 가르침, 인간은 본래부터 하나님을 모신 시천주侍天主의 존재라는 천도교의 인내천人乃天 사상, 이 모든 것이 증언하는 진리는 인간과 하나님은 떼려야 뗄 수 없는 관계에 있다는 것, 우리는 모두 우리 존재의 가장 깊은 곳에서 하늘 아버지와 하나인 하나님의 아들딸이라는 것, 따라서 우리는 모두 본래부터 신인합일神人合一, 천인합일天人合一의 존재이며 이것을 실현해야 할 존재라는 것이다. 하늘의 생명, 영생의 씨앗이 이미 우리 안에 본래부터 존재한다는 이 근본적 진리本覺를 깨닫고 실천하는 것始覺이 하나님과 하나 되는 아들의 영성 혹은 신비적 일치의 영성이다.

바로 이러한 초월적 자아, 영적 자아가 우리의 속사람이고 참나인 한, 우리의 진정한 행복은 이 참나를 깊이 자각하고 실현하는 데 있다. 우리가 좁고 이기적인 자기를 부정하고 죄악 세상을 거슬러 사는 부정의 영성에 끌리는 것도 결국 우리 안에 있는 참나의 부름 때문일 것이다. 참다운 인간성의 실현은 동서고금의 성현들이나 영성의 대가들 그리고 신비주의자들mystics이 공통적으로 추구해 온 인생 최고의 목표이다. 세상을 거슬러 산다는 것, 자기를 부정하고 십자가를 지고 예수를 따른다는 것은 어렵고 괴로운 일이지만, 이는 사실 자기를 부정하는 것이 아니라 거짓 자아를 벗어버리고 진정한 자아를 실현하기 위한 것이다. 부정의 영성은 우리가 거짓 행복을 거부하고 진정한 행복을 누리기 위해서 치르는 대가이다. 부정의 영성과 긍정의 영성을 합쳐서 말하면 죽는 것이 곧 사는 것이라는 사즉생의 영성이 된다.

하나님을 하늘 아버지로 모시는 예수의 아들 영성을 좀 더 자세히 고찰해보자. 아들과 아버지는 떼려야 뗄 수 없는 관계에 있다. 하늘 아버지는 모든 사람의 아버지이며 예수는 이 아버지를 사랑과 은총의 아빠 하나님, 절대 무상의—갚을 필요 없이, 조건 없이 거저 베푸시는—은총의 하나님으로 경험했다. 이 은총의 하나님 앞에서 인간은 잘난 사람 못난 사람, 부자나 가난한 사람 할 것 없이 모두 평등하고 귀한 존재이다. 누구도 하나님의 은총에서 배제되거나 배제되어야 할자가 없다. 부모가 병든 자식을 더 사랑하듯이 우리의 눈으로 볼 때 '못난' 사람일수록―가난한 자, 병든 자, 소외된 자, 죄인으로 낙인찍힌 자들―예수의 눈에는 오히려 하나님의 은총에 더 가깝고 천국에더 가까웠다.

이것은 세상의 상식과 가치판단을 엎어버리는 실로 혁명적인 가르침이었으며 이를 통해서 인간 역사는 인간의 존엄성에 대한 믿음과 도덕성과 영성의 차원에서 돌이킬 수 없는 질적 심화를 경험하게 되었다. 하나님은 강한 자와 의로운 자의 하나님이기보다는 겸손하고 약한 자들의 하나님, 죄인들의 하나님, 소외된 자들의 하나님이라는 역설적 진리를 알지 못하고는 이제 아무도 하나님이나 인간에 대해서 깊이 있는 말을 할 수 없게 된 것이다.

예수는 어떤 의인도 무조건적인 은총의 하나님 앞에서 '나는 정당하다', '떳떳하다', '죄 없다'라고 말하지 못한다고 가르치셨다. 그런 사람일수록 예수가 보기에는 하나님으로부터 먼 자였다. 세리의 기도와 바리사이인의 기도에 대한 그의 이야기를 보라(눅 18:9-14). 이 이야기에는 "의롭다는 인정을 받고서 자기 집에 돌아간 자"라는 표현이 나오는데, 우리는 의로운 행위가 아니라 '믿음으로 의롭다 하심을 받는다以信稱義, justification by faith'는 바울 사도의 핵심사상이 예수의 가르침 그대로임을 알 수 있다. 다만 예수께서 단순명료하게 가르친 것을 바울이 공연히 어렵게 신학적으로 설명했을 뿐이다.

예수에 따르면 아무리 죄인이라도 하나님의 은총에서 배제되지 않으며, 아무리 의인이라도 하나님 앞에서 떳떳하게 자신을 정당화할 자가 없다. 우리는 모두 하나님 앞에서 죄인이고 의인이다. 아니, 하나님 앞에서는 죄인이 의인이 되고, 의인이 죄인이 되는 역설이 발생한다고 해야 더 옳을 것이다.

세상의 도덕적 상식과 기준이 전복되는 놀라운 일이 무조건적인 은총과 용서의 하나님, 아빠 하나님 앞에서 일어나는 것이다. 탕자의 비유를 보라. 잃어버린 양 한 마리를 찾아 아흔아홉의 양을 두고 나서는 목자의 비유를 보라. 포도원 일꾼들에 대한 비유를 보라. 모두가 우리의 상식을 뛰어넘는 무조건적인 은총의 하나님을 보여주는 예수의 가르침이다.

바울은 예수께서 보여주신 이런 은총의 하나님을 두고 "죄가 많은 곳에, 은혜가 더욱 넘치게 되었습니다"(롬 5:20)라는 은총의 역설을 말했다. 반면에 스스로 의롭다 하는 자에게는 오히려 하나님의 은총의 문이 닫힌다고 가르쳤다. '나는 의인을 부르러 온 것이 아니라 죄인을 부르러 왔다'는 말, 세리와 창녀들이 율법을 잘 지키고 스스로 의롭다 하는 바리사이 사람들보다 먼저 하늘나라에 들어갈 것이라는 말은 모두 이러한 은총의 역설을 강조하는 말이다.

예수는 도덕군자나 도덕교사가 아니었다. 그의 가르침에는 세상의 도덕질서와 상식을 뒤엎는 위험한 전복성이 있었다. 그래서 상식을 무시하는 '무법자' 예수를 당시 유대 종교 지도자들은 이해하지 못했다. 너무나 당연했다. 율법주의자들, 도덕주의자들 모두가 그에게

걸려 넘어간 것이다. 그렇다면 오늘의 한국 그리스도인들은 어떠할까? 그들이 과연 예수의 파격적인 가르침과 행위를 제대로 인식하고 있을까?

예수에 따르면 인간은 모두 하나님의 귀한 아들딸이며 예외 없이 하늘 아버지의 사랑과 은총 덕분에 살고 있다. 따라서 아무도 하나님 앞에서 자기의 부나 능력을 자랑할 수 없다. 또 자신의 노력이나 꾀로써 자신의 안전을 도모하거나 지킬 수도 없다.

어리석은 부자에 대한 예수의 이야기는 사람의 생명이 소유에 있지 않고 하나님의 손에 있음을 말하고 있다. 누구나 아빠 하나님의 은총으로 거저먹고 공짜로 살고 있다. '무엇을 먹을까, 무엇을 입을까 걱정하지 말라'는 예수의 말씀은 이를 두고 하는 말이다. 자식이 부모의 사랑 때문에 공짜로 살듯이, 우리 모두 하늘 아버지의 은총 덕분에 공짜로 살고 있다는 것이다. 물질적으로나 도덕적으로나, 우리는 자신의 노력이나 공로로 사는 것이 아니며, 그렇게 할 수도 없고 그럴 필요도 없다는 것이 예수의 해방적 가르침이다.

젖 먹이고 기저귀 갈아주고 음식을 입에 떠 넣어 준 부모 앞에서 큰소리칠 자가 세상에 어디 있겠는가? 칠 수도 없지만 칠 필요도 없다. 그렇다고 못난 자식이라고 해서 내치는 부모가 어디 있겠는가? 자식이 요구하기 전에 미리 다 알아서 해 주는 것이 부모의 마음이며, 자식이 잘났기 때문에, 그야말로 뭔가 보여주기 때문에, 예쁜 짓을 많이 하기 때문에 사랑을 베푸는 것이 아니다. 사실 자기 힘으로 모든 것을 하려는 자식, 뭔가를 보여줌으로 자신을 입증하려고 애쓰는 자식을 보면 안쓰럽게 느껴지는 것이 부모의 마음이다. 부모의 은혜를 모르는 뻔뻔한 자식도 밉지만, 부모에게 뭔가 보여주어야만 부모가 자기를 사랑한다고 생각하는 자녀도 부모의 심정을 모른다. 부모가 너무 엄격하고 스트레스를 많이 주면 아이들이 그렇게 되기가 쉽다. 하지만 부모는 자식이기 때문에, 사랑하기 때문에 그냥 베푸는 것이 지 자식이 무언가를 보여주기 때문에 혹은 어떤 대가를 바라서 베푸는 것이 아니다(간혹 그런 부모도 있기는 하지만). 다만 부모가 원하는 것이 한 가지 있다면 자식이 부모의 사랑을 순수하게 받아들이고 감사하면서 행복하게 사는 일일 것이다. 하늘 아버지가 바로 그런 분이라고 예수는 가르치셨다.

우리가 본래 우리 것으로 사는 것이 아니라 아빠 하나님의 은총과 돌보심으로 공짜 인생을 산다는 감사의 영성은 인생의 걱정과 근심, 성취욕과 경쟁심에서 오는 불안과 초조함으로부터 우리를 해방시키고 우리에게 넉넉하고 너그러운 마음을 준다. 조건 없이 자신을 용납하고 남을 용서하는 너그러운 용서와 관용의 마음을 생기게 하기 때문이다. 자기를 부정하고 세상의 유혹을 이기려는 치열한 싸움에도 불구하고, 신앙인이라면 삶의 기저에 이러한 은총의 하나님을 믿고 맡기는 영성, 절망하지도 자만하지도 않는 영성이 깔려있어야 한다. 그래야만 싸움을 계속할 수 있고 투쟁 속에서도 여유와 평화를 누릴 수 있다. 은총의 하나님을 모르는 사람들이 하는 싸움과는 다른 차원의 투쟁을 할 수 있다. 선과 악, 의와 불의를 판단하되 교만과 독선에 빠지지 않고, 적과 싸우되 미움으로 하지 않고 사랑과 용서의 마음을 깔고 할 수 있기 때문이다.

긍정의 영성(2): 창조신앙의 영성

예수의 긍정의 영성은 또 '창조신앙의 영성'이다. 간단히 '창조영성'이라고 부르자. 아들의 영성과 더불어 또 하나의 중요한 긍정적 영성이다. 하나님이 우리의 아버지시라는 예수의 '아빠 하나님' 신앙은 더 넓게는 창조영성과 연결된다. 하나님과 인간의 관계는 부모 자식처럼 끊을 수 없는 관계라는 것, 우리는 아버지를 배신하고 떠나지만, 아버지는 어떤 경우라도 우리를 버리지 않는다는 것, 우리는 모두 이러한 하늘 아버지를 모시고 사는 하나님의 아들딸이라는 것, 그래서 누구도 우리가 이런 엄청난 존재라는 사실을 없앨 수 없다는 긍정의 영성은 근본적으로 하나님이 세상을 창조하시고 주관하시는 분이라는 창조신앙의 영성에 기초하고 있다. 단적으로 말해, 이 세상과 인생은 근본적으로 선한good 것, 좋은good 것이라는 믿음에서 오는 긍정의 영성이다. 모든 선의 원천이신 창조주 하나님으로부터 온 이 세상은 근본적으로 좋은 세상이며 우리 인생도 근본적으로 좋은 것이라는 낙천적 영성이다. 인간만 하늘 아버지를 모신 귀한 존재가 아니라 만물이 모두 천부께서 내시고 기르시는 피조물이며 인간만 하나님의 모상이 아니라 움직이는 동물들과 살아 있는 나무들도 모두 창조주 하나님의 모습과 흔적을 지닌 아름답고 선한 것이라는 창조영성이 예수의 긍정적 영성의 바탕에 깔려있다.

세상이 아무리 엉망이고 비관적으로 보일지라도 인간이 아무리 죄악으로 얼룩지고 타락했다 해도, 이 세상은 결코 악마가 지배하는 것이 아니라 선하신 하나님의 세상이며, 하나님은 결코 이 세상을 포기하지 않을 것이며 인간을 버리지 않을 것이라는 믿음은 창조신앙과 창조영성의 기본이다. 현실에 안주하지 않고 끊임없이 자기를 부정하고 십자가를 지고서 하나님 나라의 새로운 세계를 향해 나아가는 부정의 영성 한가운데에서도 그리스도인들은 이 긍정적 창조의 영성을 잊어서는 안 된다.

우리는 사실 걱정이 습관이 되어서 지나칠 때가 많다. 사회와 역사를 염려하는 마음, 세상을 위한 근심과 걱정으로 속이 상하고 부아가 날 때가 한두 번이 아니지만, 때로는 모든 것을 하늘 아버지, 창조주 하나님께 맡겨 버리고 쉬는 것이 필요하다. 그리고 이것이 최고의 신앙이며 최고의 영성임을 알아야 한다. 모든 것을 놓아버리는 영성, 심지어 하나님의 뜻을 이루고자 하는 마음마저도 버리고 자신과 사물과 세상을 있는 그대로 받아들이는 긍정의 영성이 우리에게 절대적으로 필요하다. 하나님 나라는 결코 우리 인간이 만드는 세계가 아니라 하나님이 이루시는 세계임을 믿고 맡기는 겸손한 믿음과 영성이 필요한 것이다. 우리는 하나님을 배반하지만, 하나님은 우리를 버리지 않는 분이시며, 세상이 하나님의 정의와 평화를 외면해도 하나님은 그가 만드신 세계를 결코 포기하지 않으시리라는 믿음에서 오는 영성이다. 하나님이 만든 세상이니 하나님께서 책임지실 것이라고 믿고 맡기는 영성이다.

이러한 긍정의 영성이 없으면 자신과의 싸움이 너무 버겁고, 세상과의 싸움이 너무 고달프다. 그것은 이미 실패한 싸움이나 다름없다. 하지만 아빠 하나님을 믿는 어린아이와 같이 단순한 신앙을 가진 사람들, 창조주 하나님을 믿는 신앙인들은 이미 이긴 싸움, 승리가 보장된 싸움을 싸우고 있지, 이길지 질지 모르는 불확실한 싸움을 싸우는 것이 아니다.

기독교 신학, 특히 개신교 신학은 전통적으로 하나님이 창조하신 선한 세계를 긍정하는 창조creation의 영성보다는 이 세상을 죄악된 세상이라 하여 오직 구속 혹은 구원redemption의 대상으로만 여기는 사상을 더 강조해왔다. 하나님이 창조하신 아름다운 세계와 하나님의 모상으로 창조된 인간의 본래적 선함보다는 죄로 타락한 인간의 현실을 지나치게 강조한 나머지 창조의 긍정적 영성은 실종되고 마치 이 세상이 악마의 세상인 것처럼 저주하고 도피해야 할 곳으로 생각하는 경향이 강하다. 인간은 그리스도의 은총이 아니면 도저히 구원받을 길 없는 죄인임을 강조하는 부정적인 영성이 더 지배적이다.

이것은 본질적으로 잘못된 신앙이고 왜곡된 영성이다. 사실 우리가 원죄를 강조하고 자신을 비하하면 비하할수록 우리는 정말로 그렇게 되어서 죄에서 벗어나기 어렵게 된다는 것이 오늘날 심리학자나 신학자들의 일반적인 통찰이다. 부모로부터 "너는 태어날 때부터 잘못되었어, 너는 도저히 안 돼, 구제 불능이야"라는 소리를 들으면서 자라난 아이의 운명을 생각해 보라!

창조와 구속은 나눌 수 없지만, 구속보다는 창조가 우선하고 더 근본적임을 잊지 말자. 창조와 구속 둘 다 하나님의 은총임에도 불구하고 개신교 신앙, 특히 복음주의 신앙은 너무나 편협하게 구속의 은총만을 일방적으로 강조해 온 잘못을 범했다.

우리는 현대신학이 창조의 영성을 재발견하고 있다는 사실에 주목할 필요가 있다. 세상이 죄로 물들었다 해도, 창조세계 자체에, 존재 자체에 이미 하나님의 선이 깃들어 있음을 보는 영성, 존재하는 모든 것에서 하나님의 지혜와 은총을 깨닫는 영성을 현대인들은 되찾아야만 한다. 원죄original sin보다는 원복original blessing에 눈을 떠야 한다.* 원죄를 강조하면 할수록 인간은 더욱더 죄인이 되고 만다. 지나친 죄의식은 약이 아니라 독이고, 신앙이 아니라 불신앙이다. 이는 우리로 하여금 세상과 인간을 온통 어둡게 보며 불신으로 살게 만든다. 우리는 세계와 인생을 비관하기 전에 세계와 인생이 본래 "하나님 보시기에 좋았다는" 사실을 믿는 그리고 창조주 하나님은 결코 자기 자식과도 같은 피조물을 포기하시지 않을 것이라는 근본적 신뢰를 가져야 한다. 바로 이러한 믿음이 예수의 영성에 깔려있다.

긍정적 창조영성은 특히 오늘날처럼 환경생태계 위기가 심화되고 있는 상황에서 그 중요성이 더욱 부각된다. 138억 년에 걸쳐 형성된 이 방대한 우주에서 기적과도 같이 탄생한 이 놀라운 행성이 몸살을

---

* Matthew Fox, Original Blessing(Santa Fe, NM: Bear and Co., 1983)과 The Coming of Cosmic Christ(San Francisco: Harper & Row, 1988)는 창조영성을 대변하는 대표적인 책이다. 간단한 논의는 Rosemary Ruether, Gaia and God, 240-242를 참조하라.

앓고 있는 상황을 맞아, 이 21세기에는 녹색 생명이 넘치는 풍부한 자연계를 살리고 보존할 뿐 아니라 그 영적 가치와 의미를 깨닫는 창조의 영성이 절실히 요구되고 있다. 인간만 하나님의 모상이 아니라 만물이 모두 하나님의 모상임을 깨닫는 창조영성이 절실하게 필요하다.

인간은 이제 자연의 주인으로 군림하여 자연을 단지 인간을 위한 자원으로만 여기고 착취의 대상, 돈벌이 수단으로만 대해 온 지금까지의 잘못된 사고와 삶의 방식을 과감히 청산해야 한다. 성서는 자연이 '하나님'이 보시기에 좋았다고 말하지, 우리 인간이 보기에 좋았다고 말하지 않는다. 하나님이 보시기에 좋았다는 말은 존재하는 모든 것이 인간을 위한 수단적 가치뿐 아니라 그 자체의 고유한 본래적 가치를 지닌 존재임을 말하는 것이다. 따라서 우리는 창조세계의 뭇 생명도 동료 인간들처럼 경외와 존중의 대상으로 삼아야 한다. 이웃과 타인의 얼굴에서 하나님의 얼굴을 발견하듯이, 자연의 모든 사물에서도 하나님의 현존과 숨결을 느끼는 영성을 키워야 한다. 이것이 하나님 안에서 만물을 보고 만물 속에서 하나님을 만나는 창조영성이다.

하나님 안에서 만물을, 만물 안에서 하나님을 보는 예수의 창조영성은 복음서에 나오는 말씀에 여실히 드러나 있다.

공중의 새를 보아라. 씨를 뿌리지도 않고, 거두지도 않고, 곳간에 모아들이지도 않으나, 너희의 하늘 아버지께서 그것들을 먹이신다. 너희는 새보다 귀하지 아니하냐?…들의 백합화가 어떻게 자라는지 살펴보아라. 수고도 하지 않고, 길쌈도 하지 않는다. 그러나 내가 너희에게 말한다. 온갖 영화로 차려 입은 솔로몬도 이 꽃 하나와 같이 잘 입지는 못하였다(마 6:26-29).

이 말씀에는 우리가 간과하기 쉬운 점이 두 가지가 있다. 하나는 하나님의 은총이 우리 인간을 향하기 전에 이미 그의 전 피조물, 우리 눈에 하잘것없이 보이는 들꽃들과 새에도 깃들어 있다는 진리이고, 다른 하나는 '보라'는 말이다.

눈이 있어도 보지 못하는 것이 우리이다. 나 자신의 문제, 나 자신에 대한 관심에 사로잡힌 나머지 그리고 사회 문제와 역사에 지나치게 관심을 가지고 집착한 나머지, 우리의 생존에 가장 기본 조건이 되는 자연에 깃들어 있는 하나님의 은총을 간과하기 쉽다. 그래서 예수는 '보라'고 하는 것이다. 우리가 더불어 살아야 할 뭇 생명체, 우리 존재와 생명 자체를 가능하게 하는 하늘과 땅, 산과 바다, 물과 공기의 존재를 당연한 것으로 여기지 말라는 말이다. 단지 우리가 이용할 자원으로만 여기고 돈벌이 수단으로만 생각하며 살지 말라는 것이다. 창조세계와 만물을 지탱해 주고 있는 생명의 주님의 숨결과 지혜, 창조주 하나님의 보편적 사랑과 은총을 잊지 말라는 것이다. 우리는 나의 문제, 인간의 문제에 너무 집착하여 항시 얼굴을 찌푸리며 살기 쉽다. 예수의 넓고 깊은 창조영성을 배우자.

이제 우리는 하나님과 인간과 자연의 관계를 새롭게 이해할 필요가 있다. 우선 자연과 물질, 인간의 신체성과 성sexuality을 긍정적으로 대하는 사고가 필요하다. 이와 더불어 인간의 의식이나 영혼을 지나치게 높게 평가해 온 서구의 사상적 전통도 재검토해야 한다. 또 무엇보다도 기독교가 인간의 초월성을 과대평가하고 인간과 자연의 차별성을 과장하는 과오를 범했다는 환경생태주의자들의 비판도 겸허히 수용해야 한다.

하나님께서 흙으로 사람을 지으시어 코에 생명의 기운을 불어넣으시니 생명체가 되었다는 말씀(창 2:7), 그래서 사람도 흙에서 왔다가 흙으로 돌아가는 존재라는 말씀은 하나님이 자연을 통해서 인간을 창조하셨다는 뜻을 담고 있다. 인간은 생명의 근원이신 하나님께 속한 존재일 뿐 아니라 자연에 속한 존재이다. 하나님이 인간의 아버지라면 자연은 인간의 어머니, 그야말로 '어머니 자연mother nature'이다. 현대 진화론은 이 점을 우리에게 더욱 분명하게 말해주고 있다. 인간은 정신이기 전에 물질이며 영혼이기 전에 육체이며 초자연적 하나님을 닮기 전에 자연의 일부로서 자연에 속한 존재라는 것이다. 이러한 사실을 인정하는 겸손한 영성이 현대신학이 수용해야 하는 진화적 창조론의 영성이다. 인간은 자연의 무궁한 창조적 순환과정에서 만물과 함께 나고 죽는 유한한 존재임을 겸손히 수용하면서 동료이며 친족인 뭇 생명을 보듬고 키워야 한다.

인간뿐 아니라 자연과 세상 만물이 모두 하나님의 모상이고 흔적이고 징표라면 우리는 인간의 구원뿐 아니라 자연의 구원과 창조세계의 구원, 몸과 물질세계의 구원도 함께 바라고 추구해야 한다. 자연, 물질, 신체를 새롭게 이해해야 하며 이를 바탕으로 해서 영혼과 육체, 정신과 물질이 함께 하나님의 구원에 참여하는 전인적holistic 구원의 비전이 필요하다. 창조신학과 창조영성이 중요한 이유가 여기에 있다.

하나님은 물질과 정신, 몸과 영혼을 모두 창조하신 분이다. 둘 다 하나님의 넘치는 선에서 흘러나온 산물이다. 이 근본적 사실을 새롭게 인식하고, 이를 통해 하나님과의 관계를 새롭게 정립하는 창조신학과 창조영성이 요구되는 것이다.

창조영성은 이 아름다운 세상이 존재한다는 사실 자체를 신비롭게 여기며 내가 살아서 숨을 쉬고 있다는 사실 자체, 특히 의식을 가지고 살아 있다는 사실 자체를 감사하는 영성이다. 시편 기자의 노래대로 "주님께서 손수 만드신 저 큰 하늘과 주님께서 친히 달아 놓으신 저 달과 별들을 내가 봅니다. 사람이 무엇이기에 주님께서 이렇게까지 생각하여 주시며, 사람의 아들이 무엇이기에 주님께서 이렇게까지 돌보아주십니까?"(시 8:3-4)라고 창조의 세계를 신기한 마음으로 관조하고 묵상하는 영성이다.

창조영성은 존재하는 모든 것을 신비롭고 감사하게 여기며 보듬는 영성이다. 하나님께서 우리에게 이런저런 것을 베풀어주셨기 때문에 드리는 감사가 아니라 나 자신의 존재를 포함해서 주어져 있는 모든 것의 선함과 아름다움에 감사하는 영성이다. 해와 달과 별들을 볼 수 있는 눈을 가진 나의 존재에 감탄하며 들꽃과 풀 한 포기에서 생명의 주님의 숨결을 느끼는 영성이다. 나를 사랑하고 내가 사랑하는 사람들이 존재한다는 것 자체를 축복으로 여기며 감사하는 영성이다. 이 모든 것을 더 이상 당연시하지 않고, 창조주 하나님의 은총으로 느끼고 감사하는 소박하고 일상적인 영성이 창조영성이다.

아빠 하나님의 자녀로 사는 아들의 영성과 창조주 하나님의 은총을 노래하는 창조영성은 천국이 이미 우리의 것이며 누구도 앗아갈 수 없는 것임을 깨닫고 사는 영성이다. 언제 어디에서나 누구에게든 주어진 하나님의 보편적 은총에 감사하는 영성이기 때문이다. 아빠 하나님을 모시고 사는 하나님 아들의 영성과 창조영성은 우리의 죄악과 세상의 부조리에도 불구하고 인간과 세계를 향한 하나님의 은총은 아무도 부정하거나 앗아갈 수 없다는 신앙에 근거한다. 반면에 현실에 안주하지 않고 자기부정의 십자가를 지는 영성은 이 세상이 아직 하나님의 뜻이 온전히 이루어진 천국이 아님을 직시하는 영성이다.

부정의 영성과 긍정의 영성은 반드시 같이 가야 한다. 현실초극의 영성과 그리스도의 십자가에 동참하는 실존적 참여의 영성이 투쟁과 부정의 영성이라면, 우리가 모두 하늘 아버지를 모시고 사는 귀한 존재라는 하나님 아들의 영성과 주어진 모든 것에 감사하는 창조영성은 감사와 긍정의 영성이다. 현실세계와 자신에 대한 부정이 없는 영성은 현실을 외면한 감상적이고 도피적인 영성이 되기 쉽고, 감사와 긍정을 모르는 영성은 독선적이 되기 쉽고, 불행한 의식만 조장하는 투쟁이 되기 쉽다. 여유를 모르는 투쟁은 사람을 쉽게 지치고 포기하게 만든다.

너의 믿음이 너를 낫게 했다

인생을 살다보면 누구나 한 번쯤은 심각한 위기를 맞게 된다. 인생은 자그마한 위기의 연속이지만, 이런 자그마한 위기들은 오히려 우리 삶에 약이 된다. 밋밋하고 평탄한 삶보다는 굴곡 있고, 감당할 만한 도전과 시련 있는 삶이 우리 삶을 활기차게 하고 더 보람 있게 만든다. 시련이 없으면 성취의 기쁨도 없으며, 고통이 없으면 행복도 느끼지 못하는 것이 정한 이치이다.

우리는 가끔 왜 하나님이 고통 없는 세계를 창조하지 않았을까? 라는 생각이 들 때가 있다. 하지만 이는 하나님에게도 불가능한 일이고 우리로서도 어리석은 생각이다. 즐거움만 있고 고통이 없는 세계는 하나님도 만들 수 없다. 고통과 즐거움을 느낄 수 있는 생명체가 아예 존재하지 않는 세계라면 몰라도, 생명체가 존재하는 한, 하나만 있고 다른 하나는 없는 세계는 있을 수 없기 때문이다. 그렇다고 우리가 하나님이 왜 생명체라는 것을 만드셨냐고 불평해야 할까? 사실 생명체가 존재하지 않는 세계는 이 방대한 우주에 얼마든지 있다. 하지만 이 지구라는 특별한 곳에서 생명이 탄생하고 인간이 출현하게 된 것을 하나님의 섭리이며 신비라고 생각하는 한, 하나님이 왜 즐거움만 있고 고통이 없는 세계를 창조하시지 않았는지 불평하는 것은 어리석은 일이다.

행복과 불행은 늘 같이 가는 법이다. 배고픔이 없으면 먹는 행복을 못 느끼며, 패배의 쓰라림을 모르면 승리의 기쁨도 모른다. 항시 날씨가 좋은 곳에 살면 날씨가 좋다는 것이 별 의미가 없듯이, 인생에 적당한 고난과 시련은 오히려 행복을 증진시킨다. 가끔 찾아오는 패배, 좌절, 시련은 인생을 더 풍요롭게 하며 성숙하게 만들기도 한다. 온갖 어려움을 극복하고 자수성가한 사람의 인생에는 반드시 배울 점이 있지만, 어려움을 모르고 자라난 재벌 2세들은 아버지가 이루어 놓은 업적마저도 지키지 못하는 경우가 많다. 지킨다 해도 그의 인생은 결코 감동을 주지 못하며 자신도 큰 보람을 느끼지 못할 것이다.

문제는 누구나 겪는 이러한 감당할 만한 시련 말고 그야말로 감당하기 어려운 시련, 유독 나에게만 찾아오는 듯한 극심한 고통과 좌절을 맞이하게 될 때이다. 하나님께서는 우리에게 감당 못 할 시련은 주시지 않는다고 바울 사도는 말하지만, 이는 어디까지나 이미 극심한 시련을 잘 감당한 사람들이 하는 이야기이다. 바울처럼 사선을 넘는 온갖 역경을 다 경험한 사람의 경우이고, 죽음을 두려워하지 않을 정도의 믿음을 가진 사람의 이야기이다. 하지만 그런 위기에 처음 봉착한 사람들에게는 그런 말이 별 위로가 되지 못한다. 자신이 믿음으로 위기를 극복해서 그런 고백을 할 수 있기 전에는 참고사항은 되지만 큰 위로가 되지 못하는 것이다.

사실 절망적인 위기를 믿음으로 극복해 본 사람은 남이 알 수 없는 삶의 축복을 경험한다. 그야말로 돈 주고도 살 수 없는 소중한 경험을 얻게 되고 삶을 더 큰 축복으로 여기게 된다. 죽음의 문턱에서 되살아난 사람들의 이야기를 들어보라. 하나같이 하는 말이 살아 있다는 것 자체가 얼마나 큰 축복인지, 세상이 얼마나 아름다운지, 또 우리가 당연하게 여기던 일상적인 것들이 얼마나 소중한 것인지 새롭게 깨닫게 되었다고 한다. 우리의 눈을 덮고 있던 두꺼운 비늘이 벗겨져서 하나님을 새롭게 만나게 되고, 세상의 부귀영화만을 좇고 살던 지금까지의 삶이 얼마나 헛된 것이었는지를 깨닫게 되며, 이제부터는 오로지 하나님의 뜻만 섬기는 삶을 살겠노라는 믿음의 결단도 하게 된다.

작심삼일이라고, 죽음의 문턱에서 살아온 사람도 이런 결단이 오래가지 못하고 다시 세상일에 몰두하게 되지만, 그래도 인생의 깊은 좌절과 절망의 경험을 통해 인생을 한 번 접었던 경험이 있는 사람과 그런 경험이 없는 사람의 삶은 차원이 다를 수밖에 없다. 그런 드라마틱한 경험이 없는 평범한 신자들은 하나님을 믿는다고는 하지만, 자신의 생존 자체를 위협하는 극심한 고통과 시련에 처하게 되면 불운한 신세를 한탄하며 하나님을 원망하든지, 아니면 모든 것을 포기하고 하나님께 매달리는 믿음의 길을 선택한다.

복음서를 보면 믿음으로 삶의 위기를 극복한 사람들의 이야기가 많이 나온다. 혈루증을 앓던 여인(눅 8:40-48, 17:19, 18:42)도 그런 이야기 가운데 하나이다. 열두 해 동안이나 혈루증을 앓던 한 여인이—일설에 의하면 이 여인은 치료를 위해 재산을 다 탕진했다고 한다—예수를 향해 몰려드는 군중을 헤치고 간신히 그의 옷자락을 만지자 병이 곧 나았다는 이야기이다. 주목할 점은 '너의 믿음이 너를 낫게 했다'는 예수의 말씀이다. 새번역 성경에는 '네 믿음이 너를 구원하였다'고 번역되어 있는데, 이는 의미를 지나치게 확대해석한 번역이다. '너의 믿음이 너를 낫게 했다' 또는 '너의 믿음이 너를 구하였다' 정도로 번역하면 좋을 것이다. '구원'이라는 말이 주로 영생을 가리키는 말이라면 그렇다. 이 여인이 육체적 질병이 낫는 기적적 경험을 통해 하나님을 더 깊이 알고 생명의 근원이신 하나님과 더불어 사는 영생을 경험했는지, 아니면 그저 일시적으로 병이 낫는 경험 정도로 그쳤는지 우리는 알 수 없다. 단지 치유의 기적만 경험했다면 '구원'을 경험했다고 말할 수는 없을 것이다.

병이 낫는 것 자체가 신앙적 의미의 구원은 아니다. 많은 사람이 이 둘을 구별하지 못하고 병을 고치기 위해 예수를 믿을 정도로 병이 낫는 것을 신앙의 목적으로 삼고 있지만, 병의 치유가 영생을 누리는 구원이 아님은 자명하다. 병이 낫는 경험이 하나님과 더 깊은 관계로 들어가는 계기가 되고 구원의 징표가 될 수는 있겠지만, 결코 그 자체가 구원은 아니다.

기복신앙과 기적신앙

우리나라 그리스도인 대다수의 신앙이 '기복신앙'이라는 데 이의를 제기할 사람은 별로 없을 것이다. 기복신앙은 '기적신앙'과 밀접하게 연결되어 있다. 사실 둘은 같은 말이라고 해도 과언이 아니다. 열심히 일하지 않고 예수만 믿으면 사업이 번창하고 돈을 잘 번다면 그야말로 기적일 것이며, 몸이 아파도 병원에 가지 않고 기도만 해서 몸이 낫는다면 이 또한 기적일 것이다. 또 공부를 열심히 하지 않는 자식이 어머니가 새벽기도에 열심히 다녔기 때문에 대학에 붙었다면 이 역시 기적이다. 기복신앙은 곧 기적신앙이라는 말이 되고, 기적신앙이 얼마나 허황되고 자기중심적인 생각인지도 분명하다.

기복신앙이든 기적신앙이든 신앙의 일차적 목적은 하나님이 아니라 물질적 축복이다. 기적신앙은 세 가지 근본적인 문제가 있다.

첫째, 기복신앙·기적신앙은 기독신앙을 마치 어떤 기적을 사실로 믿는 행위라고 오해하게 만든다는 것이다. 성경에는 기적 이야기가 허다하다. 교회는 흔히 이런 이야기들을 모두 사실로 믿는 것이 신앙이라고 가르쳐왔으며, 기적을 믿지 못하면 신앙이 없다고 비판한다. 이는 잘못된 일이다. 그것은 신앙의 일차적 의미가 아니기 때문이다.

둘째, 기적신앙은 신앙을 기적에 의존하게 만든다는 점이다. 어쩌다 기적을 경험했다 해도, 그런 경험에 의존하는 신앙은 와해되기 쉽다. 자기가 생각한 기적이 실상은 기적이 아닌 것으로 드러나거나, 또다시 인생에 시련이 닥쳐왔을 때 기적을 경험하지 못하면, 그의 신앙은 흔들리며 위기에 빠지기 쉽다. 기적에 의존하는 신앙, 기적에 의해 입증되었다고 믿는 신앙에 길들다 보면, 기적에 대한 기억이 희미해지거나 기적을 더 이상 경험하지 못할 때 신앙이 힘을 상실하게 된다.

셋째, 기적신앙은 기적을 경험하지 못하면 하나님의 은총과 사랑을 받지 못한 것이라고 여기기 쉽게 만든다. 가령 병에 걸려 열심히 기도했는데 병이 낫지 않는다면, 자기의 신앙을 의심하게 된다. 내 신앙이 모자라서, 내 기도가 부족해서 치유의 기적을 경험하지 못하는 게 아닌지 의심하게 되는 것이다. 하지만 자기가 중병에 걸리거나 자식이 중병에 걸렸는데 간절히 기도하지 않을 사람이 어디 있겠는가? 그런데도 대다수가 치유의 기적을 경험하지 못하고 죽는다. 아픈 것만도 괴로운데 믿음이 부족해서 죽었다고 하니, 또 자식을 잃은 것만도 감당하기 어려운 슬픔인데 나의 기도가 부족해서 내 자식이 죽었다니, 세상에 그런 원통한 일이 어디 있겠는가? 기적을 체험한 사람이 신앙 간증이라는 것을 함부로 해서는 안 되는 이유가 여기에 있다. 그런 체험을 못 한 대다수 사람에게 지극히 이기적인 신앙 이야기로 들릴 가능성이 많기 때문이다. 그렇지 않아도 낙심한 사람에게 더 깊은 상처를 입힐 수 있다.

나는 예수께서 베푸신 많은 기적이 사실이라고 믿는다. 특히 치병 이야기는 거의 다 사실이었을 것이라 생각한다. 하지만 그런 이야기들이 복음서에 없어도 혹은 예수께서 그런 이적들을 행하시지 않았다 해도, 나는 여전히 예수를 믿을 것이다. '너의 믿음이 너를 낫게 했다'는 예수의 말씀은 한 여인이 경험한 기적 이야기를 두고 하신 말씀이지만, 우리가 흔히 생각하는 기적신앙과는 전혀 차원이 다른 신앙에 대해 말하고 있다. 결론부터 말하면, 기적이 신앙을 만드는 것이 아니라 신앙이 기적을 만든다는 놀라운 진리를 말해주고 있기 때문이다.

어느 아프리카 청년 이야기

언젠가 나는 우연한 기회에 아프리카에서 16살 난 한 여성 전도사의 활동을 취재한 텔레비전 다큐멘터리를 본 일이 있다. 이 전도사는 예수를 믿으면 아프리카에서 저주처럼 유행하고 있는 에이즈가 나을 뿐 아니라 걸리지도 않는다고 전하고 다닌 결과, 많은 성과를 거두었다. 그녀에게는 남자친구가 있었는데, 이 청년은 자신의 문란한 성생활 때문에 자기가 에이즈에 걸린 것은 아닌가 걱정을 하면서도 끝까지 예수를 믿으려고 하지 않았다. 그러다가 병원에서 검사를 받은 후 다행히 에이즈에 걸리지 않았다는 사실을 알고는 크게 안도하고, 그 다음에야 교회에 다니기 시작했다는 이야기였다. 매우 감동적인 이야기였고, 멋진 청년이라는 생각도 들었다. 싸구려 기적신앙과 진정한 신앙의 차이를 보여주는 이야기라고 생각했기 때문이다. 부활하신 예수의 손과 옆구리를 만져 보고서야 '나의 주님, 나의 하나님'이라고 고백한 도마에게 하신 예수의 말씀, "너는 나를 보았기 때문에 믿느냐? 보지 않았음에도 믿는 자들은 복이 있다"라는 말씀을 기억나게 하는 이야기였다. 진정한 신앙, 순수한 신앙은 기적이라는 '증거' 없이 불확실성 속에서 취하는 실존적 모험이고 결단이 아닐까?

기적을 어떻게 이해할까

이것은 기적이 존재하지 않는다거나 필요가 없다는 뜻이 아니다. 나는 기적은 있을 수 있다고 생각한다. 적어도 우리가 현재 알고 있는 과학적 설명으로는 충분히 설명할 수 없고 납득할 수 없는 사건들이 일어나는 것이 사실이며, 그런 경우 하나님을 믿는 사람들은 당연히 하나님의 특별한 배려와 개입에 의한 것이라고 믿는다. 그렇다고 기적이 반드시 자연의 법칙을 어기면서 일어나는 것이라고 생각할 필요는 없다. 자연의 법칙의 입법자이신 하나님은 당연히 그 법칙을 통해서 일하시지 법칙을 어기면서 일하시지는 않을 것이기 때문이다. 다만 우리가 아직은 그 법칙을 잘 알지 못하기 때문에 기적이 법칙을 어긴다고 생각할 뿐이다.

자연의 법칙이란 사건의 발생과 추이는 규제하지만 사건 자체를 야기하는 직접적인 힘 자체는 아니다. 하나님을 믿는 신앙은 사건들을 발생시키는 물리적 힘을 넘어서 그 가운데, 그 배후에 그리고 그것을 통해 작용하시는 하나님의 힘이 있다고 믿는다. 이 추가적 힘이 물리적 힘과 구체적으로 어떻게 관계되는지 우리는 아직 충분히 설명하지 못한다. 하나님의 힘은 또 하나의 자연적 힘은 아닐 것이며, 따라서 물리적 인과관계의 한 고리도 아닐 것이다. 하나님이 행하시는 일은 아마도 우리에게 영원한 신비로 남을지 모른다.

사실 우리는 하나님의 행위만 잘 설명하지 못하는 게 아니다. 인간의 자유의지와 자유로운 행위가 어떻게 가능한지 역시 잘 밝히지 못하고 있다. 인간은 하나님을 닮아 초월적이고 자유로운 존재이다. 우리의 행위가 신체에 의존하고 있는 것은 분명하지만, 그렇다고 전적으로 신체에 의해서 결정되는 것은 아니다. 또 우리의 사고가 두뇌에 의존하고 있는 것도 확실하지만, 그렇다고 두뇌가 사고하는 것은 아니다. 극단적 유물론자가 아니라면 우리는 우리 자신이 사고와 행위의 자유로운 주체라고 생각한다. 육체와 영혼의 관계는 일방적인 관계가 아니고, 쌍방향적인 상호작용의 관계이다.

우리는 자발적이고 자유로운 행위가 가능하기 때문에 자신의 행위에 대해 책임을 진다. 내가 하고서 내 몸이 시킨 것이다, 내 두뇌가 한 짓이라고 책임을 회피할 수는 없다. 하지만 이러한 인간의 자유로운 행위가 어떻게 가능한지, 아직 어떠한 과학자나 철학자도 속 시원히 밝히지 못하고 있다. 그렇다고 자유로운 의지나 행위가 없다거나 불가능하다고 말할 수 있겠는가? 인간의 자유도 이러한데, 하물며 인간을 내신 하나님의 자유는 말할 것 있겠는가? 비록 우리가 하나님이 구체적으로 어떻게 행위를 하시는지 밝히지는 못해도, 하나님이 인격적 실재라고 믿는 기독교 신앙은 하나님께서 행하시는 자유로운 행위가 있다고 믿는 것이다.

복음서에 따르면, 혈루증 앓고 있는 한 여인이 예수의 옷자락을 만지자마자 예수께서는 자신의 몸에서 어떤 힘이 빠져나가는 것을 느꼈고, 그 여인의 병이 즉시 나았다고 한다. 이 힘의 실체가 과연 무엇인지 알 수 없지만, 그렇다고 그런 힘이 존재한다는 것을 무조건 의심해서도 안 된다. 우주에는 우리가 아직 알지 못하는 힘이 많이 있을 것이기 때문이다. 그렇다고 앞으로 과학이 새로운 발견을 통해 하나님의 힘과 행위의 정체를 밝혀줄 것이라고 섣불리 기대하는 것도 금물이다. 하나님의 힘은 물리적 힘을 통해 작용하지만, 과학적 탐구의 대상이 되는 물리적 과정의 일부가 아니기 때문이다.

그렇지만 하나님이 초자연적 존재로서 필요에 따라 자연계 밖에서부터 자연에 개입하시는 분이라는 말도 아니다. 자연은 결코 존재하는 것의 전부가 아니다. 하나님은 자연을 넘어선다는 뜻에서 '초자연적'이라고 할 수 있지만, 자연 밖에 계시지는 않고—무한자 하나님께 '밖'이란 있을 수 없다—자연 또한 하나님 밖에 존재할 수 없다. 하나님 밖에는 아무것도 존재할 수 없기 때문이다. 하나님은 자연 안에 계시고 자연도 하나님 안에 있다. 이런 뜻에서 하나님의 초월성은 포월적抱越的이라고 할 수 있다. 인간은 자연의 일부이지만, 자연 속에서 자연의 질서를 어기지 않고 자유로운 행위를 한다. 하나님은 자연의 일부가 아니지만, 자연 '속에서' 자연을 '통해' 그리고 자연 '너머' 자연에 영향을 미친다.

우리는 물론 궁금하다. 우리의 신앙이 어떻게 기적이라는 특별한 사건을 야기하는지 알고 싶다. 치병의 경우를 생각해 보자. 우리는 우선 예수의 치병 행위에 대해 심리적 해석을 시도할 수 있다. 특히 "너의 믿음이 너를 낫게 했다"는 예수의 말씀은 얼핏 생각하면 이런 심리적 해석을 뒷받침해 주는 것 같다. 우리는 마음이 몸의 건강에 큰 영향을 미친다는 것을 잘 알고 있다. 요즘은 더 이상 언급할 가치조차 없는 상식이다. 누가 암에 걸렸다는 이야기를 듣자마자 아, 그 사람이 마음

고생을 심하게 했구나, 스트레스를 많이 받았구나 생각할 정도가 되었다. 또 많은 연구에 따르면, 신앙이 우리 마음에 긍정적 영향을 미친다고 한다. 신앙이 환자의 스트레스를 해소해 주고 마음을 안정시키는 데 상당히 도움이 된다는 것이다. 신앙은 무엇보다도 환자에게 포기하지 않는 긍정적 생각을 갖게 해서 마음을 안정시키고 병에 저항하는 힘을 키우게 한다. 하나님을 신뢰하는 강한 믿음은 이런 심리적 영향을 통해 육체의 병에 영향을 미칠 수 있을 것이다.

하지만 기적이란 인간의 마음이 일으키는 것이 아니라 어디까지나 하나님의 힘으로 일어나는 사건이라는 게 일반적인 견해이다. 하나님을 믿는 신앙에서 오는 긍정적 사고나 심리적 안정 이상으로, 하나님의 힘이 어떤 식으로든 물리적 과정에 작용해야 하는 것이다. 심리적 설명은 또 하나의 자연적 설명이기 때문에 하나님이 행하시는 기적을 결국 기적 아닌 것으로 설명해 버리는 셈이 된다. 따라서 우리는 심리적 효과와는 별도로 하나님의 힘이 어떤 사건에 영향을 미칠 수 있는 가능성을 배제해서는 안 된다.

우리는 하나님의 힘이 구체적으로 어떻게 개별 사건에 영향을 주는지 그 자세한 경로나 메커니즘을 파악할 수 없다. 파악할 수 있다면 역설적이게도 하나님의 힘이 물리적 인과관계의 고리가 되어 또 하나의 물리적 힘일 수도 있다. 한 가지 거의 확실한 것은, 모든 현상은 전체와 부분이 얽혀 있기 때문에 하나님의 힘이 개별 사건을 중심으로 행사되기보다는 전체적 구도 속에서 전체의 선을 위한 섭리의 일환으로 행사될 것이라는 가정이다. 우리 인간의 이기적 관점과는 달리, 공평무사하신 하나님께서는 개별 사건보다는 전체의 선을 우선시 하실 것 같기 때문이다.

우리는 하나님의 힘을 또 하나의 물리적 힘이나 심리적 요소로 환원해 버려서는 안 된다. 기적을 일으키는 하나님의 힘을 단지 심리적 효과 정도로 이해하는 것은, 마치 예수의 부활을 단지 제자들의 마음 속에 일어난 심적 변화 정도로 이해하는 것과 마찬가지로 불충분한 이해이며 신앙적 이해는 더욱 아니다. 기적이 물리적 과정을 통해서 발생하든 심리적 영향을 통해서 발생하든, 기독교 신앙은 하나님이 모든 현상의 궁극적 원인이라고 믿기 때문이다. 우리가 아무리 철저하게 하나님의 힘의 정체와 작용에 대해 고찰한다고 해도 궁극적으로는 신앙의 신비로 남을 것이다.

믿음과 자기 비움

그러면 우리는 어떻게 해야 하나님의 초월적 힘을 받을 수 있을까? 믿음이란 것이 도대체 무엇이기에 병을 낫게 한다는 말인가?

나는 하나님이 '역동적인 초인격적 영'이라고 믿는다. '인격적'이란 말은 하나님이 인간처럼 자유로운 행위를 하실 수 있는 분이라는 뜻이고, '초인격적'이라는 말은 하나님이 그럼에도 불구하고 문자적으로 우리 인간처럼 행위하시는 분은 아니라는 것을 뜻한다. 여하튼 하나님에게 인격성이 존재하는 한, 우리는 하나님과 소통할 수 있고, 영향도 주고받을 수 있다.

하나님의 힘을 얻으려면 우리는 먼저 그의 마음을 움직여야 할 것이다. 하나님은 그가 내신 생명의 고통에 무감한 분이 아니다. 하나님은 그의 백성, 그의 자녀들이 처한 고난을 지켜만 보시는 분이 아니라 그들의 탄식을 듣고 측은히 여기는 사랑과 자비의 하나님이라고 성서는 증언한다. 하나님은 기도와 묵상 가운데에서 우리와 조용히 대화하시는 분이며 우리의 기도를 듣고 응답하시는 분이라는 것이 하나님을 믿는 신앙의 공통된 증언이다.

하나님의 마음을 움직이는 데는 믿음이라는 인격 대 인격의 관계가 핵심적 요소로 작용한다. 믿음은 근본적으로 인격이신 하나님, 사랑과 자비의 하나님에 대한 신뢰이다. 이 신뢰는 우선 우리가 자기 뜻만을 고집하며 자기만을 의지하고 살던 삶을 포기하고, 하나님께 자신의 뜻과 삶을 맡기는 마음이다. 하나님의 힘을 얻으려면 우리는 먼저 우리 자신의 힘을 빼야 한다. 하나님을 믿는다면서 실은 자신의 뜻과 삶의 방식을 고집하거나 자신의 힘을 믿는 교만한 마음을 버리지 못한다면, 이는 결코 믿음이라고 할 수 없다. 자기를 포기하고 비워서 하나님을 전적으로 신뢰하는 믿음이 있을 때 비로소 하나님의 마음은 움직일 것이며, 하나님께서도 우리의 탄원에 반응하실 것이라고 나는 생각한다.

이러한 자기 포기와 자기 비움의 믿음 없이 먼저 기적을 바라는 마음이 앞선다면, 아마도 하나님의 마음은 움직이지 않을 것 같다. 진정으로 자기를 비우고 하나님께 자신의 전 존재와 삶을 맡기는 순수한 신앙 없이 그저 살려는 욕심이나 다른 어떤 이기적 목적을 위해 하나님께 매달린다면 하나님의 마음은 움직이지 않을 것이다.

믿음의 표현인 기도도 마찬가지다. 하나님의 마음을 움직이려면 먼저 자기 뜻을 접고, 하나님의 뜻을 구해야지 자기 뜻을 앞세우고 기도한다면 하나님의 마음은 움직이지 않을 것이다. 예수께서도 십자가의 죽음을 면하게 해달라고 간절히 기도하셨지만, 결국은 자기 뜻을 포기하고 "나의 뜻대로 마시고 아버지의 뜻대로 하소서"라고 기도하셨다. 하나님의 뜻을 받아들이면서 하나님의 손에 자신을 맡기고 운명하신 것이다. 하나님께서는 부활의 기적으로 그의 믿음에 응답하셨다. 기도란 나의 뜻을 굽혀 하나님의 뜻에 맞추는 것이지, 하나님의 뜻을 굽혀 나의 뜻에 맞추려는 행위가 아니다. 순수한 신앙은 먼저 자기 비움과 자기 포기가 있어야 하며 기도는 먼저 자기 성찰과 회개가 있어야 한다.

자기반성과 자기 성찰, 자기 비움과 자기 포기 없이 다급한 마음에 기적부터 구하는 욕심을 앞세우는 것은 진정한 신앙의 자세가 아니다. 누군들 다급할 때 하나님을 찾지 않겠는가? 평소에는 하나님을 무시하고 살다가 다급할 때 찾는 '얌체' 같은 행위가 신앙은 아니다. 이번 한 번만 살려주신다면 이제부터는 하나님을 위해 살겠다는 식으로 하나님과 '거래'를 하려는 것도 진정한 신앙의 태도는 아닐 것이다. 진정한 신앙, 순수한 믿음은 나의 욕망을 앞세우기 전에, 기적의 징표를 구하기 전에 부모를 절대적으로 신뢰하는 어린아이와 같은 믿음으로 하나님께 자신을 온전히 맡기는 행위이다. 그럴 때 하나님의 마음이 움직일 것이라고 생각한다.

신뢰하는 믿음

우리는 이러한 신뢰하는 신앙의 진리를 사람과 사람 사이의 인격적 관계에서도 확인할 수 있다. 나를 믿어주고 나에게 전적인 신뢰를 보이는 사람을 우리는 쉽게 배신하지 못한다. 하지만 나를 믿는지 의심하는지 모르겠는 사람, 항시 나를 관찰하고 테스트하려고 드는 사람은 우리도 달갑게 여기지 않는다. 그런 사람은 결코 우리의 마음을 움직일 수 없다. 의심과 불신으로 인간관계를 시작하는 사람, ─세상이 워낙 험하다 보니까 그렇기는 하지만─저 사람이 믿을 만한 사람인지 의심하고 들어가는 사람에게는 우리도 마음을 열지 못한다. 당신이 믿을 만하다는 증거를 먼저 보이라고 요구하는 사람은 그야말로 별로인 사람이다. 남녀 간의 사랑이 그렇고 친구 간의 우정이 그렇고, 심지어 사업 파트너 사이의 신뢰도 그럴 것이다. 믿는 사람일수록 배신하고 실망시키기 어려운 것이 인지상정이다.

또 부모와 자식 간 사랑은 어떠한가? 자기를 하늘처럼 알고 믿는 아이를 실망시키고 싶은 부모가 어디 있는가? 자식이 해달라고 말하기도 전에 모든 것을 해 주고 싶은 것이 부모의 마음이다. 예수는 바로 이런 것이 하늘 아버지의 마음이라고 말씀하셨다. 우리가 악해도 자식들에게 좋은 것을 줄 줄 아는데, 하물며 선하신 하늘 아버지야 말할 것 있겠느냐고 말씀하셨다. 공중에 나는 새와 들에 핀 백합화를 보면 알 것 아니냐고도 하셨다. 염려하지 말고, 근심하지 말고, 불안해하거나 초조해하지도 말고, 자꾸만 이것저것 달라고 보채지 말고 가만히 있어도 생명을 주신 하늘 아버지께서 모든 것을 알아서 하실 것이라는 게 신뢰하는 믿음이다. 하나님께 모든 것을 턱 맡기고 살라는 것이다. 이게 믿음이고 믿음이 주는 자유이다. 그리고 이러한 자유 가운데에서 먼저 하나님의 나라와 그 의를 구하라는 것이 예수의 가르침이다.

기적을 통해 당신의 사랑을 먼저 입증해 달라고 요구하는, 믿음 아닌 믿음은 내가 하나님이라도 '별로'일 것 같다는 생각이 든다. 하나님은 이미 우리에게 모든 것을 베풀어주신 분이다. 자꾸 뭔가를 보여달라고 하기 전에, 이것저것 요구하기 전에, 먼저 감사하고 맡기는 마음이 진정으로 신뢰하는 믿음이 아니겠는가?

믿음이란 흔히 생각하듯이 성서의 이야기나 교회의 교리를 믿고 수용하는 행위가 아니다. 믿기 어려운 기적을 억지로 사실로 받아들이는 행위가 아니다. 믿음에는 그런 면도 있지만, 믿음은 일차적으로 한 인격이 다른 인격에게 보이는 신뢰이다. 어린아이가 부모를 철석같이 믿듯이 하나님을 신뢰하고 그의 뜻에 순종하고 모든 것을 맡기는 것이 예수께서 가르쳐 주신 아빠 하나님에 대한 어린아이 같은 믿음이다. 그런 믿음이 없는 사람을 가리켜 예수는 '믿음이 적은 자들'이라고 나무라신 것이며, 그런 믿음이 있는 사람을 향해 성서의 말씀은 '너의 믿음이 너를 낫게 했다'고 선언하는 것이다. 다른 복음서와 달리 유독 누가복음에만 이 말씀이 수차례 등장하고 있다는 사실도 흥미롭다.

순수한 믿음이란 결국 나의 뜻을 앞세우고 나 자신만을 믿고 살던 지금까지의 자기중심적 삶을 포기하고, 자기를 비워 하나님께 자기 존재와 삶을 위탁하는 행위이다. 자신만을 믿고 돈, 권력, 명예 등 세상의 가치만을 추구하고 살던 교만하고 헛된 삶을 포기하는 행위 없이는 순수한 믿음은 불가능하다. 이런 순수한 자기 비움, 자기 포기의 믿음은 무엇보다도 자기를 버리는 용기를 필요로 한다. 세상의 가치에 대한 집착을 포기하는 용기 말이다. 진짜 신앙의 테스트는 여기서 이루어지지 무슨 기적 이야기나 교리를 믿느냐 아니냐가 아니다.

증거 없이 믿는 믿음

자기를 포기하는 믿음의 용기는 역설적으로 불확실성을 전제로 한다. 가시적 증거가 없는 불확실성은 믿음의 용기, 실존주의자들이 강조하는 '믿음의 비약'이라는 것을 필요로 한다. 눈에 보이는 증거나 징표가 있을 때는 믿음의 용기나 결단이 필요 없을 것이다. 보고도 믿지 않는 사람이 어디 있겠는가? 보이는 것은 믿을 필요가 없는 것이다. 그냥 보고 알면 된다. 증거를 보고 믿는 믿음은 자발적 믿음이 아니라 '강요된 믿음'이나 다름없다. 하나님께서 기적을 보이며 "이제 봤지? 나 여기 있어"라고 하는데, 누가 감히 믿지 않겠는가? 선택의 여지가 없는 믿음, 믿음의 용기와 비약이 필요하지 않은 '믿음 아닌 믿음'만이 존재할 뿐이다.

하나님은 눈에 보이지 않는 실재이다. 하나님을 보는 것visio dei은 사후에 하나님을 '얼굴과 얼굴을 대할' 때에만 가능하다고 기독교 신앙은 말한다. 지상에서의 우리 믿음은 어디까지나 불확실성 속에서 감행하는 비약을 통해서만 가능하며, 이런 비약을 위한 결단이야말로 순수한 믿음의 행위이다. 보이지 않는 하나님께 자기를 포기하고 맡기는 용기, 보이지 않는 하나님의 나라를 위해 세상을 좇아 살던 이전의 삶의 방식을 포기하는 과감한 결단 없이는 순수한 믿음은 불가능하다는 말이다. "믿음은 바라는 것들의 확신이요, 보이지 않는 것들의 증거입니다"(히 11:1)라는 말씀은 이것을 뜻한다. 바울은 또 그리스도인들은 보이지 않는 것에 대한 '소망으로 구원을 얻은' 사람들이라고 하면서 보이지 않는 것에 소망을 두고 사는 믿음의 삶에 대해 다음과 같이 말하고 있다.

> 모든 피조물이 이제까지 함께 신음하며, 함께 해산의 고통을 겪고 있다는 것을, 우리는 압니다. 그뿐만 아니라, 첫 열매로서 성령을 받은 우리도 자녀로 삼아 주실 것을, 곧 우리 몸을 속량하여 주실 것을 고대하면서, 속으로 신음하고 있습니다. 우리는 이 소망으로 구원을 얻었습니다. 눈에 보이는 소망은 소망이 아닙니다. 보이는 것을 누가 바라겠습니까? 그러나 우리가 보이지 않는 것을 바라면, 참으면서 기다려야 합니다(롬 8:22-25).

보이지 않는 것을 바라는 희망의 믿음이야말로 순수한 믿음이다. 어떤 증거나 기적의 징표를 통해 입증되는 강요된 믿음이 아니라 보이지 않는 하나님을 신뢰하는 용기와 비약이 필요한 자발적 믿음이다. 바로 이러한 자발적이고 순수한 믿음을 가질 때, 우리의 믿음은 하나님의 마음을 움직이고 그의 도움을 얻을 수 있을 것이다. 미래학자 앨빈 토플러는 미래란 예측하는 것이 아니라 상상하는 것이라고 했다. 이것을 기독교 신앙으로 말하면 예측 가능하거나 증거가 있는 것은 믿음이 필요 없다는 말이다. 기독교 신앙은 보이지 않는 하나님의 미래를 바라는 희망의 믿음이고, 하나님의 미래에 자신을 맡기는 용기와 결단의 믿음이다. 하나님의 미래는 인간이 예측할 수 있는 것이 아니라 희망으로 예기豫期하는 것이며 인간의 노력만으로 성취되는 것이 아니라 믿음으로 선취先取하는 것이다.

순수한 믿음은 기적에 의존하지 않는 신앙이며 기적을 바라지도 않는 신앙이다. 기적은 자기 비움과 하나님에 대한 신뢰의 믿음에서 오는 자연스러운 결과이지, 신앙의 전제가 아니며 목표는 더더욱 아니다. 마이스터 에크하르트는 우리가 지닌 덕목 가운데 가장 위대한 덕목은 사랑이나 겸손보다도 자기를 철저히 비우는 초탈이라고 했다. 그는 사랑은 나로 하여금 하나님께 나아가도록 하지만 초탈은 하나님으로 하여금 나에게 오도록 강요한다고까지 말했다. 물이 아래로 흐르듯 하나님은 우리 영혼의 빈 곳으로 흘러와 채우게 마련이라는 것이다. 그러면 치유의 기적 같은 것은 더 이상 필요 없을지도 모른다. 없어도 되는 부차적인 선물에 지나지 않기 때문이다. 신앙인으로서 하나님으로 채워지는 것 말고 더 무엇을 바라겠는가?

십자가의 역설적 신앙

'살든지 죽든지 주의 뜻대로 하소서'라고 기도하면서 자신을 온전히 비우고 하나님께서 열어주시는 미래에 자신을 맡기는 모험의 믿음이야말로 순수한 신앙이다. 이런 믿음은 우리에게 언제 어디에서 무슨 일이 닥쳐도 우리가 좌절하지 않고 절망하지 않게 만들 것이다. 이것이 바로 바울 사도가 말하는 십자가의 역설적 신앙이다.

> 유대 사람은 기적을 요구하고, 그리스 사람은 지혜를 찾으나, 우리는 십자가에 달리신 그리스도를 전합니다. 그리스도가 십자가에 달리셨다는 것은 유대 사람에게는 거리낌이고, 이방 사람에게는 어리석은 일입니다. 그러나 부르심을 받은 사람에게는, 유대 사람에게나 그리스 사람에게나, 이 그리스도는 하나님의 능력이요, 하나님의 지혜입니다. 하나님의 어리석음이 사람의 지혜보다 더 지혜롭고, 하나님의 약함이 사람의 강함보다 더 강합니다(고전 1:22-25).

그리스도, 즉 이스라엘을 해방시킬 메시아가 무력하게 십자가에 처형당했다는 것은 기적을 구하는 유대인들에게는 도저히 받아들이기 어려운 일이었다. 그들은 십자가에 달린 예수에게 실망할 수밖에 없었으며, 예수는 결코 그들의 메시아가 될 수 없다고 생각했다. 이러한 사실을 누구보다 잘 아는 바울은 그래서 십자가를 '하나님의 약함'이라고 표현하면서 이 하나님의 약함이 인간의 강함보다 더 강하다는 역설의 논리를 펴고 있는 것이다.

기적신앙은 바로 이런 역설의 진리를 모른다. 십자가의 신앙을 모르고 하나님의 약함을 모르는 단선적 신앙, 그야말로 '신앙 아닌 신앙'이다. 우리는 약할 때 참으로 강하다는 바울 사도의 역설적 신앙을 모르는 것이다. 강한 것을 찾으면서 보이는 징표를 요구하는 지극히 상식적이고 일차원적인 신앙, 즉자적이고 즉물적인 신앙일 뿐이다.

참고로 말하지만, 기독교의 십자가 신앙의 관점에서 볼 때, 이슬람의 신앙과 신학이 가지는 가장 심각한 문제점은 바로 이러한 역설적 신앙을 모른다는 데 있다. '약함의 하나님'을 모른다는 것이다. 이슬람은 십자가의 신앙, 십자가의 신학과는 거리가 먼 종교이다. 패배와 고난을 겪은 시아파 이슬람에는 좀 있지만, 이슬람의 주류가 아니고 그 성격도 좀 다르다. 이슬람은 승승장구하던 초기 역사부터 승리의 하나님을 믿는 신앙에 길들여진 종교이다. 핍박받는 교회로 시작한 기독교 역사와는 달리 이슬람은 처음부터 승리의 역사로 시작했기 때문이다. 이슬람은 그래서 십자가에 달린 메시아, 십자가에 달린 하나님의 아들이라는 개념을 이해하지 못한다. 그 깊은 역설의 진리를 이해하지 못하고, 그러한 십자가 신앙을 필요로 하지도 않는다. 초기부터 승리에 길들여진 이슬람의 역사는 무슬림들의 신앙이 옳다는 것을 입증해 주는 것 같았기 때문이다.

현대 이슬람이 겪는 위기의 본질도 바로 여기에 있다. 중세까지만 해도 찬란했던 이슬람 문명이 서구 열강들에 의해 짓밟히면서 강하던 이슬람이 무력한 이슬람으로 전락해 버린 것이다. 하나님의 약함이라는 것을 모르는 이슬람은 굴욕을 당하자 곧 신앙의 위기로 이어졌다. 현대 이슬람의 위기는 정치, 군사, 경제, 사회, 문화적 위기 이전에 신앙의 위기, 영적인 위기이다. 십자가의 패배를 모르는 단선적 신앙, 하나님의 약함이라는 역설적 진리를 모르는 신앙의 위기이다. 광신주의와 편협한 근본주의 신앙의 발호나 자살을 무릅쓰는 극단적 저항은 모두 이슬람의 현대사가 가져온 이 신앙의 위기에서 비롯된 불안과 절망의 표현이라고 해도 과언이 아니다.

하지만 남의 종교 이야기할 때가 아니다. 하나님을 믿는다면서 실제로는 막강한 군사력을 더 믿고 있는 미국 기독교 우파들의 신앙, 또 스스로 '우파'를 자처하는 우리 한국 개신교 교회의 대다수 신앙인의 승리주의 신앙이나 기적신앙도 십자가의 영성, 십자가의 역설적 진리를 모르기는 이슬람과 별로 다를 것이 없다.

우리가 십자가의 신앙, 약함의 신앙으로 날마다 예수나 바울처럼 자기를 비우고 하나님께 모든 것을 맡기는 삶의 연습과 훈련을 하고 산다면, 우리는 죽음에 직면해서도 두려움 없이 하나님께 우리의 운명을 맡길 수 있을 것이다. 사는 것이 죽는 것이요 죽는 것이 사는 것이라는 믿음, 살든지 죽든지 그리스도를 위한다는 바울 사도의 신앙, '나에게는 죽는 것도 유익하다'고 고백할 정도로 자기를 포기하는 믿음이 있다면, 우리는 인생의 어떠한 파고와 위기도 편안한 마음으로 맞을 수 있을 것이다. 바울 사도의 고백이 우리의 고백이 될 것이다.

나는 확신합니다. 죽음도, 삶도, 천사들도 권세자들도 현재 일도, 장래 일도, 능력도, 높음도, 깊음도, 그 밖에 어떤 피조물도, 우리를 우리 주 예수 그리스도 안에 있는 하나님의 사랑에서 끊을 수 없습니다(롬 8:38-39).

내가 나인 것은

✿

하나님을 믿는 신앙이 있는 사람과 없는 사람의 차이는 간단히 말해서, 신앙인들은 지금까지 살아온 자신의 과거와 현재의 성취가 모두 하나님의 은혜라고 여기면서 감사하고 겸손한 마음이 있는 반면에 신앙이 없는 사람들은 모든 것이 순전한 우연이고 행운이라든지 아니면 자기 힘으로 된 것이라고 생각하면서 감사할 줄을 모른다는 것이다. 물론 두 부류의 사람이 언제나 이렇게 확연히 갈리는 것은 아니다. 신앙이 없어도 항상 감사하며 겸손한 마음으로 사는 사람도 많다. 사실 나는 그런 사람도 신앙인이라고 생각한다. 특별히 기독교 신앙은 아닐지라도 하늘을 경외하고 사람을 사랑하는 경천애인敬天愛人의 마음으로 살고 있는 사람이라고 생각되기 때문이다.

모든 것이 자기 힘으로 되었다고 생각하면서 감사할 줄 모르는 사람은 당연히 남에게 베풀 줄 모르고 나누는 데에도 인색할 수밖에 없다. '자수성가'라는 말은 내가 제일 듣기 싫어하는 말 가운데 하나이다. 이는 주로 부모의 도움 없이 성공했다는 사람들이 하는 말이다. 그러나 부모로부터 재산은 물려받지 못했다 해도 적어도 건강과 머리는 물려받았으니까 성공할 수 있었다는 아주 평범한 사실을 무시하는 말이다. 게다가 사회에서 맺은 각종 인연의 도움을 생각한다면 엄밀한 의미에서 자수성가란 있을 수 없는 일이다.

나이가 들어 자기가 살아온 삶의 궤적을 돌이켜 보면서 바울 사도처럼 '내가 나인 것은 하나님의 은총이다'(고전 15:9-11)라고 고백할 수 있는 사람은 참으로 행복하고 성숙한 사람일 것이다. 그런 사람이야말로 참으로 성공한 인생일 것이다. 반면에 모든 것이 자기 힘으로 되었다고 뽐내는 사람은 좀 덜된 사람, 철이 덜 난 사람이다. 그런 사람은 아마도 죽을 때까지 감사라는 것을 모르며 인생을 경쟁과 투쟁 속에서 피곤하게 살다 갈 것이다.

은혜란 무엇인가

나는 '주어진 것', 자기가 하지 않은 모든 것은 은혜라고 생각한다. 자연을 통해 주어진 것은 물론이고 사회를 통해 주어진 것들, 나 개인의 노력과 상관없이 주어진 것은 모두 은혜라는 말이다. 요즘 해외여행을 해 본 사람은 다 느끼겠지만, 우리나라만큼 잘사는 나라도 드물다는 인상을 받는다. 불과 20여 년 전만 해도 미국에서 자리 잡고 사는 동포들을 부러워했지만, 지금 한국에서 웬만큼 사는 사람이면 그런 생각을 하지 않고, 이민 가려는 사람도 별로 없다고 한다. 최근에 들은 이야기이지만, 요즘 회사원들은 미국이나 유럽 지사에 발령받는 것보다 동남아시아 나라들같이 우리나라보다 좀 못사는 나라에 가는 것을 선호한다고 한다. 가난한 나라에 가면 여러 가지 기회도 많고 골프도 즐기고 부인들은 가정부까지 두고서 편하게 지낼 수 있기 때문이다. 여하튼 나라가 이만큼 잘사니까 기업이든 개인이든 모두가 덩달아 생활 수준이 올라간 것이지, 어디 나 개인의 노력만으로 그렇게 되겠는가?

물론 이것은 적어도 중산층 정도에 속하는 사람들을 두고 하는 말이다. 점점 악화되어 가고 있는 우리 사회의 양극화 문제를 간과해서 하는 말은 아니다. 사실 이 양극화는 우리나라만이 아니라 전 세계적인 현상이다. 얼마 전 다보스 포럼에 모인 사람들도 모두 자본주의의 궤도 수정이 필요하다고 입을 모았다고 한다. 문제는 누가 어떻게 이 궤도 수정을 주도할 것이냐는 것이다.

여하튼, 자기가 잘해서 자기 능력으로 산다고 자랑하는 사람이라도 잘 생각해 보면 그렇게 할 수 있는 여건과 기회가 주어졌기 때문이라는 사실을 알 수 있다. 타고난 재능과 건강, 살면서 만난 많은 사람—어렸을 적 나에게 따뜻한 말 한마디로 용기를 준 선생님, 친구들, 고향 사람들, 선후배들 그리고 직장 동료들과 노동자들, 내가 속한 단체의 회원들—내가 속한 사회, 국가 그리고 나아가서는 하나님의 창조세계, 이 모든 것이 지금의 나를 형성했고 지탱해 주고 있는 것이다. 불교에서는 이런 모든 여건을 '인연'이라고 부른다. 우리가 모두 거미

줄처럼 얽혀 있는 인연의 줄에 신세를 지며 살고 있기 때문에 누구 하나 '나' 혹은 '내 것'이라고 큰소리치며 살 사람이 없다는 것이 불교의 핵심 가르침이다.

기독교 신앙에서는 진정으로 '나'라고 할 수 있는 분은 오직 하나님 한 분뿐이다. '누구시라고 할까요?'라고 묻는 모세에게 '나는 나다'라고 답하신 야웨 하나님의 말씀은 오직 하나님만이 하실 수 있는 답이며, 이것은 하나님 신앙의 영원한 진리이다. 이 말의 의미는 전통적으로 나는 '스스로 존재하는 자'라는 뜻으로 해석되었다. 스스로 존재할 수 있는 자는 오직 하나님 한 분뿐이시기 때문이다. 만일 어떤 피조물이 그렇게 말한다면 그야말로 자기가 스스로 존재할 수 있는 자, 즉 하나님이라는 어처구니없는 말이 되고 만다.

바울 사도는 자신의 삶을 회고하면서 "나는 사도라고 불릴 만한 자격도 없습니다.⋯그러나 나는 하나님의 은혜로 오늘의 내가 되었습니다"(고전 15:9-10)라고 고백한다. 영어로는 아주 간명하게 "By the grace of God I am what I am"이라고 되어 있고, 그리스어 원문도 아주 간단명료하게 되어 있다. 우리말로 하면 문장이 좀 길어지는 것이 흠이다. 특히 새번역 성경은 "오늘의 내가 되었습니다"라고 번역하고 있는데, '오늘'이라는 말이 그리스어 원문이나 영어로는 필요가 없다. 문장이 현재시제로 되어 있기 때문이다. 또 "오늘의 내가 되었습니다"가 아니라 그냥 '나다'라고 해야 정확하다. 그래서 내가 나인 것은 하나님의 은혜이기 때문이라는 말이 되며, 이는 결국 나는 나가 아니라는 말이 된다. 만약 바울이 '하나님의 은혜'라는 말을 빼고 '나는 나다'라고 말했다면, 그야말로 자기가 하나님이라고 하는 웃기는 사람이 되었을 것이다. 문제는 우리가 모두 습관적으로 '나는 나다'고 생각하며 뻔뻔하게 하나님 노릇을 하면서 살고 있다는 것이다.

은총, 섭리, 불교의 연기

불교의 핵심 가르침은 무아無我 혹은 공空 사상인데, 이에 따르면 우리는 '나는 나다'고 말하기 전에 반드시 내가 나 아님을 깨달아야 한다. '산은 산이고 물은 물이다'라는 선불교의 법어를 들어보았겠지만, 이 말의 의미를 제대로 알려면 반드시 '산은 산이 아니고 물은 물이 아니다'라는 공의 진리를 먼저 알아야 한다. 불자들이 예불 때마다 기독교의 주기도문처럼 암송하는 반야심경般若心經이라는 짧은 경전이 있는데, 거기에 나오는 유명한 색즉시공色卽是空, 공즉시색空卽是色이라는 말은 바로 이러한 진리를 담고 있다. 나라는 존재가 있으려면 나 아닌 모든 것─타인과 하늘과 땅과 풀과 나무를 비롯한 우주 만물─이 인연으로 함께 있어야 하기 때문에 누구도 '나는 나다'라고 말할 수 없다는 것이 무아 혹은 공이 뜻하는 진리이다. 이렇게 '나'라는 것이 사실은 독자적 실체성이 없지만, 일상생활에서 나와 너를 구별할 필요가 있기 때문에 하는 수 없이 '나'라는 말을 단지 방편으로 혹은 가명으로 사용할 뿐이라는 것이다.

우리 사회가 겪고 있는 온갖 갈등도 이런 시각에서 조명해 볼 필요가 있다. 우리와 그들, 노동자와 기업가, 호남과 영남, 여당과 야당,

남과 북, 우리나라와 외국 그리고 인간과 자연도 둘이 아니고 서로 의존해서만 존재한다는 '둘 아님'不二의 진리가 사물의 실상이다. 이 진리를 깨닫는 순간 '나'와 '우리'라는 분리된 개체나 집단이 느끼는 대립과 갈등, 소외와 고독이 사라지고 나와 이웃, 나와 우주가 하나가 되는 엄청난 세계가 열리며, 동체대비의 자비심도 생긴다. 또 열악한 환경에서 어렵게 살고 있는 이웃들에 대해 미안한 마음과 부채의식도 가지게 되고 보은의 삶을 살려는 마음도 생긴다. 한 개인의 행복이 자기 혼자 잘나서가 아니듯이 한 개인의 불행 또한 그 사람만의 책임이 아니기 때문이다.

우리는 하나님의 은총을 깨닫기 위해서 꼭 바울 사도처럼 드라마틱한 회심의 경험을 해야 하는 것은 아니다. 또 어떤 특별한 하나님의 은혜를 경험했다고 간증을 하거나 떠벌릴 필요도 없다. 그리고 왜 나에게는 그런 특별한 은총이 주어지지 않는지 고민할 필요도 없다. 주님을 모시고 사는 우리에게는 자신의 인생길에서 향하던 다마스쿠스가 있다. 거기서 각자 그리스도를 만나 삶의 전환을 맞게 되었고, 예수를 본받아 살려고 교회의 문을 두드리게 된 것이다.

여러분이 향하던 다마스쿠스는 무엇이었는가? 바리사이파 바울처럼 선조들의 전통에 충실하고 열성적이던 율법주의의 다마스쿠스였는가, 아니면 출세와 야욕의 다마스쿠스였는가? 혹은 주님을 만날 기회가 많이 있었는데도 보는 눈이 없어서 지나치거나 고의로 피하고 만 것은 아니었는가? 여하튼 우리가 무수한 인연을 통해 주님을 만나 지금의 '나 아닌 나'가 된 것은 틀림없는 사실이다.

하나님의 은총은 반드시 특별한 것이어야 하는 것이 아니고 먼 곳에 있는 것도 아니다. 보는 눈만 있으면 우리에게 주어진 모든 것이 하나님의 선물이며 은총이다. 지금 이 순간에도 살아서 숨을 쉴 수 있다는 사실, 하늘과 대지와 산과 들과 바다를 볼 수 있다는 것이 기적이고 특별한 은총이다. 어릴 적에는 이런 말이 실감이 안 났지만, 나이가 들어갈수록 평범한 것들이 결코 평범한 것이 아니고 하나님의 은혜라는 것을 깨닫게 된다. 나이가 든다는 것이 반드시 나쁜 것만이 아님을 알게 된다. 볼 수 있는 신앙의 눈만 있으면 들에 핀 꽃 한 송이, 풀 한 포기, 벌레 한 마리에서도 존재와 생명의 근원이신 하나님의 현존과 숨결을 느낄 수 있다. 살아서 숨을 쉬고 있다는 것 자체가 축복이며 은총임을 알아 범사에 감사하는 생활을 할 수 있다.

생각해 보면, 상상을 초월할 정도로 광활한 이 우주 공간의 무수한 별 가운데 생명을 잉태할 수 있는 아주 특별한 별이 탄생해서 인간이라는 놀라운 존재가 출현했다는 사실을 무신론자들은 순전히 우연ㅡ아주 엄청난!ㅡ의 결과라고 하겠지만, 하나님을 믿는 신앙은 빅뱅의 순간부터 진화의 전 과정을 인도해 오신 하나님의 위대한 섭리라고 생각한다. 우주 물리학자들과 신학자들 가운데에는 우주가 탄생의 순간부터 인간이 출현할 것을 예견했다고 생각하는 사람도 있다. 여하튼 이 거대한 불모의 물체 덩어리 같은 우주 공간에 생명체가 존재한다는 사실, 그것도 우리의 작은 머리로 이 광대한 우주를 생각하고 이해하고 감탄할 수 있는 인간이라는 존재가 살고 있다는 사실 그리고 나라는 사람이 그중 하나로 지금 여기에 존재한다는 사실도 예수의 탄생이나 바울의 회심 못지않게 신기한 일 아닌가?

　성경에는 바울처럼 특별한 방식으로 하나님의 은총을 경험한 이 야기들이 수두룩하지만, 이 특별한 은총의 사건도 실은 우주 만물을 운행하고 섭리하시는 창조주 하나님의 무수히 많은 다른 은총과 함께 그리고 그것들을 통해서 일어난다는 사실을 기억할 필요가 있다. 바 울의 회심은 그 사건 하나만 두고 보면 매우 특별하다고 하겠지만, 그 전후좌우 맥락을 생각해 보면, 반드시 그렇지는 않다. 예수 그리스도 를 탄생시키기 위해 하나님의 섭리의 손길이 창세 때부터 작용했다는 것이 그리스도인들의 신앙고백이라면, 부활하신 예수를 만나 생의 일 대전환을 경험하고 새로운 존재가 된 바울이라는 인물 하나가 출현하 기 위해서도 무수한 다른 인연이 창세 때부터 작용했다고 볼 수 있다. 바울이 받은 하나님의 은총은 그가 회심하는 순간에 비로소 주어진 것이 아니라 시간적으로는 그가 태어나기 전부터 무수한 우여곡절을 통해 주어진 것이며 공간적으로는 그의 주변에 주어진 무수한 인연의 그물망을 통해 무한대로 소급해갈 것이다.

　이와 마찬가지로 우리 각자가 지금 여기에 존재한다는 사실도 엄 청난 인연의 그물을 통해 가능한 것이라고 해도 결코 과장이 아니다. 우리 한 사람 한 사람이 모두 이렇게 귀한 존재인 것이다. 예수께서 우리 모두를 하나님의 아들과 딸이라고 한 것도 이런 시각으로 이해 해 볼 수 있지 않을까? 나 하나가 존재하기 위해 온 우주가 존재한다 고 말해도 누가 뭐라고 할 수 없을 정도로 우리는 모두 엄청나게 귀한 존재이다.

나는 어린 시절 교회에서 장로님들이 대표기도를 하면서 걸핏하면 '만세 전부터 예비하신'이라고 말씀하시는 소리를 들었다. 나는 그 말이 믿을 수 없는 과장이라 여겨져서 아주 싫었다. 지금 철이 좀 들어 생각해 보니, 맞기는 맞는 말이 아닌가 싶다. 우리가 잘 아는 서정주의 시 "한 송이 국화꽃을 피우기 위해 밤마다 소쩍새는 그렇게 울었나 보다"를 흔히 불교의 연기사상이 들어 있는 시라고 해석한다. 그렇다면 바울의 회심도 그리고 내가 나인 것도, 참새 한 마리도 하늘 아버지의 뜻이 아니면 떨어지지 않는다는 예수의 말씀대로 세상만사를 인도하시는 창조주 하나님이 '만세 전부터 예비하신' 것이라고 한들 누가 아니라고 하겠는가? 국화꽃 한 송이 피는 것과 소쩍새가 우는 것이 연관이 있다면 나의 출생이나 우리의 출생을 하나님께서 만세 전부터 예비하셨다 해도 무리가 아닐 것 같다. 그래서 나 같은 사람이 어쩌다 신학공부를 하고 불교도 좀 알게 되어 이렇게 하나님의 섭리와 은총을 불교식으로 해석하게 된 것도 만세 전부터 하나님께서 예비하신 것이라고 한다면 심한 과대망상일까?

아무튼, 바울이 그리스도를 만난 것 못지않게, 우리가 이렇게 인간으로 태어나서 바울 사도도 전혀 몰랐던 우주와 지구 탄생의 비밀을 알게 되고, 생명의 출현과 장구한 진화 과정도 알게 되었다는 사실, 무엇보다도 참사람 예수를 만나서 그를 통해 하늘 아버지를 알게 된 이 모든 것이 놀라운 하나님의 은총이 아니고 무엇이겠는가?

그렇다고 굳이 칼뱅의 예정론까지 끌어들일 필요는 없다. 예비는 예정과 어감만 다른 게 아니라 발상 자체에 근본적으로 차이가 있다.

'예비'는 조건을 제공해 준다는 의미로 우리 인간의 자유가 움직일 수 있는 공간을 남겨두는 개념이다. 반면에 '예정'은 아무리 궤변을 동원해도 인간의 자유와는 양립할 수 없다. 하지만 예비라고 해도 너무 문자적으로 취해서는 안 된다. 예비도 어디까지나 신앙고백의 차원에서 하는 말이기 때문이다. 두 연인이 서로 '당신을 만난 것은 운명이다'라거나 '만세 전부터 하나님께서 예비해주신 사람'이라고 고백하는 것처럼, 예비라는 말을 사용하면 되지 않을까 생각한다. 예정이든 예비이든, 그 구체적 과정을 우리는 다 알 수도 없고 입증할 수도 없다. 하나의 결과론적 해석이고 신앙적 고백일 뿐이다.

창조의 은총과 구원의 은총

창조주 하나님과 구원의 주 하나님은 둘이 아니며 창조의 은총과 구원의 은총도 별개가 아니다. 둘은 구별되지만, 분리되어 있는 것은 아니다. 하나님의 은총은 이미 그리고 언제 어디에서든 누구에게나 주어져 있다. 다만 우리의 눈이 어두워서 보지 못하고 깨닫지 못할 뿐이다. 자기가 처한 형편을 보면서 무슨 은총이 요 모양 요 꼴이냐고 불평하는 사람은 미안한 말이지만, 신앙의 눈을 뜨려면 아직 먼 사람이다. 신앙은 모든 일에서 하나님의 손길을 느끼며 범사에 감사하는 힘이다. 좋은 환경과 나쁜 환경을 구별하고 불평하는 것은 하나님의 뜻과 섭리를 읽을 수 있는 믿음의 눈이 아니라 세상의 눈으로 보기 때문이다. 나의 뜻, 나의 욕심, 나의 시각을 앞세우기 때문이다.

이 점에서 우리는 무슨 일이 일어나든 '알라' 하나님의 뜻이라고 여기면서 순종하는 무슬림들—이슬람은 순종, 무슬림은 순종하는 자라는 뜻—의 신앙에서 배울 점이 많다. 텔레비전에 비친 그들의 모습을 보면, 가족이 폭탄 테러 같은 끔찍한 비극을 당해도 우리나라 사람들처럼 격하게 몸부림치며 울부짖는 것 같지가 않다. 어떠한 상황 속에서도 하나님의 섭리에 순종하는 사람은 모두 '무슬림'이나 다름없다. 바울 사도처럼 "나는 어떤 처지에서도 스스로 만족하는 길을 배웠습니다. 나는 비천하게 살 줄도 알고, 풍족하게 살 줄도 압니다. 배부르거나, 굶주리거나, 풍족하거나, 궁핍하거나, 그 어떤 경우에도 적응할 수 있는 비결을 배웠습니다"(빌 4:11-12)라고 고백할 수 있는 것이 신앙의 힘이다. 어떤 환경 어떤 조건에서도, "나의 뜻대로 마시고 당신의 뜻대로 하시옵소서"라고 기도하면서 하나님의 뜻에 자신을 맡기는 신앙만 있다면, 우리에게 실패란 없고 우리를 무너뜨릴 만한 비극도 있을 수 없을 것이다.

감사를 모르는 삶

우리가 삶 자체를 축복으로 여기지 못하고 하나님의 창조세계에 풍성하게 주어져 있는 것들에서 하나님의 손길과 은총을 깨닫지 못하고 감사를 모르는 것은 우리의 감각이 욕망과 탐욕으로 무디어졌기 때문이다. 우리는 사물을 볼 때 순수하고 소박하게 보지 못하고 우리의 온갖 욕망을 투사해서 본다. 사물을 우리가 더불어 살아야 할 이웃이나 친구같이 소박하게 대하기보다는 이용해야 할 대상으로 보는 데 너무나 익숙해져 있다. 나에게 무슨 소용이 있고 무슨 도움이 되는지를 따지고 계산하는 데 익숙해져 있는 것이다. 현대 문명은 순수한 과학적 관찰과 탐구라 할지라도 기술을 통해 사물을 조작하고 이용해야 할 대상으로 보는 데 익숙해져 있다. 철학자 하이데거의 표현을 빌리자면, 현대 기술문명은 존재자를 존재의 신비에서 대하지 않고 우리가 원하는 것을 내놓으라고 닦달하고 강요한다는 것이다.

특히 자본주의 상업문화가 판치는 오늘의 세계에서는 모든 것이 상품화되고 돈벌이의 수단으로 변질되었으며 돈을 주고 살 수 없는 것은 아무것도 남지 않게 되었다. 돈이면 뭐든지 다 얻을 수 있다는 생각이 암암리에 사람들의 마음을 지배하고 있다. 요즘은 아이들마저도 서로 어느 아파트 몇 평짜리에 사느냐를 따지는 사회가 되었으니 아이들의 심성이 어떻게 될지 두려운 마음이 든다. 최근에 심각한 문제가 되고 있는 학교폭력도 우리 어른들이 만들어놓은 사회와 무관하지 않다. 우리가 자랄 때도 학교폭력은 있었다. 하지만 여학생들의 폭력은 매우 드물었으며 조폭 수준에 버금가는 폭력은 없었다. 무엇보다도 조직적으로 돈을 갈취하기 위한 폭력은 없었던 것 같다. 그저 힘자랑하는 수준의 폭력이었다.

모든 것이 지배와 이용의 대상이 되고 모든 것이 상업적 거래의 대상이 된 사회 속에 살고 있는 우리 현대인들이 물질적 풍요에도 불구하고 항시 불만이고 불안하고 고향을 상실한 것 같은 공허감 속에 사는 것은 당연한 일이다. 우리는 작은 일에서도 행복을 느끼는 가난한 나라 사람들의 삶을 잊은 지 벌써 오래이고, 언제든 누구에게나 주어져 있는 자연의 축복에서 하나님의 은총을 볼 수 있는 눈을 잃어버린 채 살고 있다. 하늘과 대지의 고마움, 강과 숲과 풀과 나무들의 축복, 공중에 나는 새와 들에 핀 꽃들에서 존재의 신비를 감지하고 생명의 근원이신 하나님의 돌보심을 느끼는 예수의 감성을 상실해 버린 것이다. 현대인들은 많은 것을 소유하고 살지만, 그것을 유지하고 더 많이 가지기 위해 늘 긴장하고 바쁘게 뛴다. 그러니 몸은 늘 피곤하고 마음은 늘 빈곤하다. 아무리 많이 소유해도 항시 배고프고 항시 불만이다. 에리히 프롬의 유명한 말대로, 존재 위주의 삶이 아니라 소유 위주의 삶을 살기 때문이다.

끝없이 소비와 향락을 부추기는 현대 상업 문명 속에서 우리가 계속해서 이런 식으로 살아가면 인간의 심성은 어떻게 될 것인가? 또 인류 문명은 어디로 갈 것인가? 그리고 이 하나밖에 없는 푸른 별 지구는 어떻게 될 것인가? 마치 브레이크가 고장 난 채 달리는 자동차를 타고 뛰어내리지도 못하고, 속수무책 지켜만 보면서 순간의 쾌락을 탐하며 살고 있는 형국이다. '어떻게 되겠지' 하는 막연한 생각으로….

죽음의 문턱에서 기적적으로 살아난 사람들, 지금 이 순간에도 죽음의 문턱에 가까이 와 있는 사람들이 하는 말을 들어보라. 그들이 느끼는 세계, 그들의 눈에 비친 사물이 어떻게 보일지 상상해 보라. 아직도 자기가 살아 있다는 사실이 믿기 어려울 정도로 감사하게 여겨질 것이며 평소에 무심코 넘긴 하찮은 존재도 신비스럽게 느껴져 안아 주고 입을 맞추어 주고 싶어질 것이다. 매 순간이 새롭고 소중하고 고

마우며, 누구를 원망하고 불평할 시간이 없다. 만약 우리가 죽음이 가져다줄 이러한 마지막 축복을 누리지 못하고 원한이나 회한 속에서 죽는다면, 이보다 더 불행한 삶이 어디 있겠는가? 그러한 인생이야말로 실패한 인생일 것이다. 원수까지 용서하고 만물을 품고 세상과 화해하고 감사한 마음으로 죽을 수 있는 사람이야말로 세상에서 가장 행복한 사람, 진정으로 성공한 사람일 것이다.

찬송가 〈나 같은 죄인 살리신〉Amazing Grace의 가사대로, "이제껏 내가 산 것도 주님의 은혜라 또 장차 나를 본향에 인도해주시리"라는 고백의 노래를 우리가 평소에 그리고 죽음이 임박해서도 진심으로 부를 수 있다면 우리 신앙은 그것으로 족하지 않을까 생각한다. 그 이상 더 무엇을 바라겠는가?

하나님은 왜 인간이 되셨나

예수는 누구인가

성탄절은 하나님이 인간이 되신 날이다.

하나님이 인간이 되셨다니 이게 무슨 뚱딴지같은 소리인가? 무슨 엄청난 진리를 담고 있든지, 아니면 황당무계하기 짝이 없는 말이다. 여하튼 진지한 기독교 신앙을 가진 사람이라면 어떤 식으로든지 이 말을 소화해야만 한다. 기독교의 모든 것이 이 말 한마디에 달려 있다고 해도 과언이 아니기 때문이다. 단지 신화로 보아서도 안 된다. 하나님이 실제로 인간이 '되셨다'고 기독교 신앙은 말하기 때문이다.

우선 예수는 나에게 어떤 존재이기에 이렇게 평생 그에게 매달려 살게 되었는가 하는 문제부터 생각해 본다. 누가 나에게 예수가 과연 어떤 존재이기에 그리스도인들은 입만 열었다 하면 '예수 타령'을 하는가 하고 묻는다면 나는 어떻게 대답할 것인가? 평생 예수를 믿는답시고 살아온 사람, 더군다나 신학, 종교학, 철학을 두루 공부하면서 교회에서 설교도 제법 많이 한 사람인데, 누가 이렇게 단도직입적으로 묻는다면 과연 내가 의미 있는 대답을 할 수 있을지, 나의 말에 동의는 하지 않는다 해도 적어도 일리는 있다고 고개를 끄덕일 답을 할 자신이 있는지 자문해본다.

평생 예수와 인연을 맺고 산 사람이 이렇게 다소 곤혹스럽게 느끼게 된 데에는 그럴 만한 이유가 있다. 그것은 예수가 누구인지에 대해 기독교가 전통적으로 제시해 온 '정답'들이 별로 마음에 와닿지 않고 설득력이 없기 때문이다. 하나님의 아들, 그리스도메시아, 구세주, 하나님과 인간 사이의 중보자, 참으로 하나님이자 참으로 인간vere deus et vere homo이신 분, 하나님의 말씀로고스, Logos으로서 2,000년 전에 인간의 몸으로 태어나신 분成肉身, Incarnation, 하나님을 보여주신 계시자, 세상 죄를 대신 지고 가신 하나님의 어린양속죄양, scapegoat, 우리 죄를 위해 십자가에서 대속의 보혈을 흘리시고 돌아가신 우리의 구속주redeeemr, 성령으로 잉태되어 동정녀 마리아의 몸에서 나신 분, 부활하신 주님Lord 등 교회가 가르쳐 온 귀에 익은 정답들은 무척 많고, 나도 이런 개념들에 대해서 들을 만큼 들었고 배울 만큼 배운 사람 가운데 하나이다. 하지만 그 어느 것도 내 마음을 사로잡은 것은 없고 모두가 공허하고 무의미하게 들린다.

기독론의 두 형태

　　기독교 신학에서는 예수 그리스도에 대한 논의를 '기독론Christology' 이라고 부르며 신론과 더불어 신학의 두 축을 이룬다. 기독론은 두 가지 문제를 다룬다. 첫째는 예수는 과연 누구인가, 어떤 존재인가라는 예수의 인격person에 관한 문제이고, 다른 하나는 예수가 우리 인간을 위해 하신 일 혹은 사역使役, work이 무엇이냐는 문제이다. 이 둘은 구별은 되지만 분리될 수 없게끔 연결되어 있다. 예수께서 인류를 위해 구원의 사역을 할 수 있었던 것은 그의 정체성이 보통 사람과 달리 처음부터 신성을 지니고 태어난 사람이었기 때문이라는 것이 전통적 견해이기 때문이다. 예수의 동정녀 탄생 이야기나 하나님의 말씀이 육신이 되었다는 성육신 사상은 이를 뒷받침해 주는 것으로 이해되었다.

　　이렇게 처음부터 예수의 신성을 전제로 한 전통적인 '하향적 기독론'과 달리, 현대신학에서는 인간 예수의 삶과 행위, 신앙과 사상에서 출발하여 그의 초월적 성품이나 정체성의 신비를 논하는 '상향적 기독론'의 방식이 많이 시도되고 있다. 예수의 신성을 말한다 해도 그가 인간으로서 이룩한 위대한 일들을 도외시하면, 추상적이고 공허한 도그마일 뿐이라는 견해가 사람들에게 설득력을 얻고 있기 때문이다. 물론 이 경우에도 예수가 어떻게 한 인간이었음에도 불구하고 인류를 구원하는 엄청난 일을 할 수 있었는지를 설명해야 하는 문제를 안게 된다.

　　이런 난점이 있지만, 그렇다고 전통적인 하향식 기독론이 제시하는 답, 즉 예수는 처음부터 여느 인간과 달리 하나님의 말씀이 성육신한 하나님의 아들이었기 때문에 가능했다는 말이 설득력 있다는 것은 아니다. 이 때문에 많은 신학자 그리고 나 자신도 인간 예수로부터 출발하는 상향식 그리스도론을 선호할 수밖에 없는 것이다. 동정녀 탄생이든 성육신이든, 예수가 날 때부터 신성을 가지고 하나님의 아들로 태어났다는 도그마를 전제로 한 기독론은, 그의 인격의 비밀을 설명하는 일에서나 그가 이룩한 인류 구원의 사역을 설명하는 데 있어서나 현대인들에게 현실성 없는 이야기로 들리고 설득력이 떨어진다.

현대적 관점에서 보면, 예수께서 인간으로서 한 일이 과연 무엇이기에 우리가 그의 신성을 논할 수밖에 없고 그를 신앙고백의 대상으로 삼게 되었는지를 설명해야 한다. 그래야만 그나마 하향식 기독론도 현대인들에게 의미 있게 다가올 수 있다. 처음부터 예수의 신성을 전제로 해서 전개되는 기독론은 하나의 신화라면 몰라도 현대인들에게는 현실감도 없고 의미도 없는 공허한 이야기로 들릴 수밖에 없다.

그렇다면 인간 예수가 인류를 위해 하신 일은 과연 무엇이며, 우리는 그것을 어떻게 설명할 것인가? 전통적인 복음주의의 입장─가톨릭이나 개신교에 공통적이지만, 전자가 성찬의 전례를 강조하는 데 반해 후자는 말씀의 전례, 즉 설교를 강조하는 차이가 있다─에 따르면, 예수가 이룩한 가장 중요한 업적은 인류의 죗값을 대신 치르기 위해 십자가에서 대속의 죽음을 죽은 일이다. 예수께서 세상에 오신 이유는 오로지 인류의 죄를 사해주려고 십자가에서 자신의 생명을 내어주기 위함이라는 것이다.

나는 앞에서 이미 예수의 죽음에 대한 이러한 해석이 지닌 심각한 문제점을 논했으며 예수의 죽음의 의미는 대속보다는 대고로 이해해야 한다는 점을 밝혔다. 무엇보다도 예수께서 하신 일을 유독 그의 죽음에만 초점을 맞추어 논하는 것은 옳지 않다는 점을 밝혔다. 그의 가르침과 삶 전체가 복음이며, 그가 인류를 위해 이룩한 업적도 어디까지나 그의 삶과 가르침 전체의 맥락 속에서 논하고 이해되어야만 한다. 십자가 사건도 물론 예수의 가르침과 삶을 떠나서는 제대로 이해하기 어렵다.

대리자 예수

나는 예수께서 우리를 위해 하신 일을 한마디로 '변호인' 혹은 '대리자' 역할이라고 말하고 싶다. 이러한 관점을 나는 대속신앙에 대해 고심하고 있던 젊은 시절, 진보적 가톨릭 신학자 한스 큉Hans Küng을 통해 얻게 되었다. 나는 당시 그의 저술을 통해서 대속신앙이 지닌 문제점들, 특히 그것이 예수 자신의 생각과 너무나 어긋난다는 그의 비판에 공감하면서 대안을 모색하던 중, 예수의 죽음의 의미를 대고代苦사상으로 풀어야겠다는 결론에 도달하게 되었다. 그 후 나는 그리스도의 역할에 대해 큉과 대화하던 중 대리자·대표자·대변인이라는 개념을 접하게 되었다.* 이에 대해 그와 자세한 이야기는 나누지 못했지

---

* 큉이 사용한 개념은 정확하게 대리자·대리인(Stellvertreter)이었지만, 나는 거기에

만, 나는 그 후로 이 개념이 예수가 그의 삶과 가르침을 통해 인간의 구원을 위해 행한 사역에 대한 가장 설득력 있는 이론이라고 생각하게 되었다.

예수는 우선 인간 앞에서 하나님을 대변하신 분이다. 그는 우리에게 하나님이 진정 어떤 분이신지를 가장 확실하고 구체적으로 보여준 사람이다. 하나님은 백성을 노예처럼 닦달하고 괴롭히는 절대군주 같은 존재가 아니라는 것, 하나님은 무상無償의 은총과 한없는 자비의 하나님이라는 것, 그래서 자식들을 항시 감시하며 감당할 수 없는 요구를 하는 엄한 가부장이나 우리나라 어머니들과 같은 존재가 아니라 어린아이처럼 무조건적인 신뢰로 '아빠'라고 부를 수 있는 하나님이라는 것, 세세하고 엄격한 규율로 인간을 얽어매는 율법의 하나님이 아니라 모두를 품으시고 조건 없이 용서하시는 하나님이라는 것, 그 앞에서는 아무도 의인을 자처할 수 없지만 그렇다고 구제받지 못할 죄인이라고 해서 다가갈 수 없는 하나님이 아니라는 것, 비천한 자를 높이시고 교만한 자를 물리치시는 하나님이심을 가장 확실하게 그리고 감동적으로 보여주고 대변해준 하나님의 진정한 대변자였다.

예수는 동시에 하나님 앞에서 참사람의 모습을 유감없이 보여줌으로써 우리 모두를 대표하고 대변해준 사람이었다. 우리는 모두 하나님의 모상으로 지음 받은 본래의 모습을 왜곡하고 저버렸지만, 예수는 하나님 앞에서 우리를 대표해서 우리 모두의 가능성을 보여주고 대변

대변인 또는 대표자라는 개념도 포함하여 경우에 따라 다소 신축성 있게 사용한다.

해준 사람이었고, 우리가 실현해야 할 진정한 인간의 모습인 하나님의 모상을 완벽하게 보여 준 사람이었다. 진심으로 하나님을 사랑하고 진정으로 인간을 사랑한 참사람으로서, 하나님 앞에서 인간의 체면과 위신을 세워준 우리의 진정한 대변인, 대표 주자, 챔피언이었다.

결론적으로, 예수는 인간에게는 참 하나님의 모습을, 하나님께는 참사람의 모습을 완벽하게 보여 준 분이라는 것이다. 나는 이것이 예수 그리스도는 진실로 하나님vere deus이고 진실로 인간vere homo이었다는 칼케돈 공의회의 기독론에 담긴 참뜻이라고 생각한다. 공의회는 예수의 신성과 인성 문제에 너무 집착한 나머지 정작 중요한 점을 소홀히 했다. 예수는 참다운 하나님의 모습을 인간에게 보여주심으로 하나님을 대변하신 존재이며, 하나님께는 우리가 되어야 할 참사람의 모습을 보여주심으로써 우리를 대표하고 대신해준 우리의 진정한 대변인이었다.

나는 예수가 스스로를 후세 교회가 만들어놓은 의미에서 하나님의 아들, 즉 삼위일체의 제2격인 성자 하나님이라고는 결코 생각하지 않았고, 그렇게 생각할 수도 없었다고 확신한다. 예수는 자신뿐 아니라 모든 인간이 하나님의 아들로서 지극히 존엄한 존재임을 가르치고 실천하신 분이다. 그는 하늘 아버지를 자신의 참 아버지로 모시고 산 사람이었고, 자신뿐 아니라 모든 사람이 하나님의 자녀라는 사실을 일깨워 주고 그렇게 사람들을 대접하면서 살았다. 하나님을 닮았기에 인간에게는 하나님의 모습과 성품을 보여 준 '하나님의 아들'이었으며, 하나님께는 그의 모상으로 창조된 인간의 참 모습을 보여 준 진정한 '사람의 아들'이었다. 하나님에게는 참 인간의 모습을, 인간에게는 참 하나님의 모습을 보여 주심으로써 하나님과 일치를 이룬 분 그리고 이런 의미로 신인합일을 이룬 사람이었다.

예수와 하나님의 합일은 니케아 회의나 칼케돈 회의가 제정한 의미에서의 형이상학적 신인합일, 즉 '본성과 본질의 일치'는 아니었다. 예수는 그의 의지와 뜻, 행위와 삶, 의식과 인식, 사랑과 믿음을 통해서 하나님과 완벽한 '관계적 일치'를 이루고 사신 하나님의 아들이었고 인간의 아들이었다.

나는 동정녀 탄생 이야기나 하나님의 말씀이 육신이 되었다는 성육신 사상도 본래는 예수와 하나님 사이의 본질상의 합일을 의미했다고는 생각하지 않는다. 한 가지 확실한 사실은 만약 누군가가 예수의 신성을 거론하거나 그가 하나님이라고 말하는 것을 예수께서 들으셨다면, 경건한 유대 청년 예수는 그것을 신에 대한 모독으로 느끼고 강하게 질책했을 것이라는 사실이다.

성육신 개념의 이해

그러면 예수는 과연 어떤 존재였기에 이런 대변자·대리자 역할을 그토록 완벽하게 수행할 수 있었을까? 라는 물음이 제기된다. 그가 만약 우리와 같이 한 인간에 지나지 않는 존재였다면, 그는 결코 그런 삶을 살 수 없었을 것이 아닌가? 이러한 문제의식이 결국 예수의 신성을 거론하고 인정하게 된 배경이다. 성육신 사상이나 칼케돈 공의회에서 제정된 기독론은 모두 이런 배경에서 만들어진 것이다. 그러다 보니 너무 나아가서, 인간 예수를 반신반인의 '괴물' 같은 존재로 만들어버렸다.

예수는 한 인격체one person이지만 신성과 인성의 두 본성two natures을 동시에 지닌 존재라는 칼케돈 기독론은 문자적으로 이해하면 아무리 교묘한 논리를 동원해서 설명해도 궤변에 지나지 않는다. 성육신한 예수에게 문자 그대로 신적 본성이 있었다면 예수는 반쪽짜리 '괴물' 인간이든지, 아니면 인간의 탈을 쓰고 땅 위를 걸어 다닌 신이었고, 결국 우리와 같은 진정한 의미의 인간은 아니었다. 그는 아무런 인간적 고민이나 노력도 없이 모든 일을 성취했을 것이며, 십자가를 앞에 두고 보인 그의 인간적 고뇌와 절규도 일종의 '쇼'에 불과했을 것이라는 생각을 떨치기 어렵다.

그렇다. 신성과 인성이 한 인간 안에 제아무리 모순 없이 교묘하게 결합 되었다 하더라도 예수의 신성은 결국 그의 인간성을 무력화시킬 수밖에 없다. 그가 인간으로서 행한 모든 일은 바로 그의 신성 때문에 가능했기 때문이라는 생각을 지울 수 없기 때문이다. 이것은 인간 예수에게서 모든 공을 박탈해버리고, 예수를 우리로서는 도저히 도달할 수 없는 경지의 존재로 만들어 버린다. 따라서 우리가 예수처럼 살 수 없다는 것은 처음부터 당연한 결론이다. 우리는 예수처럼 신이 아니니까! 실제로 복음주의자들을 비롯해서 수많은 그리스도인이 그런 생각을 하면서 신앙생활을 한다. 현대적 관점에서 보면, 예수의 신성을 부정하는 것보다 더 심각한 것은 이처럼 예수의 인간성을 무력화하고 희화화하는 전통적 기독론이다.

칼케돈 공의회의 기독론과 니케아 공의회의 삼위일체 신론의 기저에는 물론 말씀이 육신이 되셨다는 요한복음 1장의 성육신 사상이 깔려있다. 기독교 사상사에서 이 성육신 사상이 지닌 중요성은 아무리 강조해도 지나침이 없다. 사실 칼케돈 기독론은 요한복음의 성육신 사상을 더 다듬고 정리한 것에 불과하다. 성육신이란 하나님이 인간 예수가 됨으로써 그에게서 신성과 인성의 완벽한 결합, 즉 신인합일神人合一이 이루어졌다는 것이다. 그러나 나는 성육신을 신과 인간의 본성적 신인합일로 이해하면 문제가 많다고 생각한다.

'하나님은 왜 인간이 되셨는가?cur deus homo'라는 물음에 대한 교부시대 이래의 고전적인 대답은 '인간이 하나님이 되기 위해서'라고 한다. 하지만 인간이 정말 신이 된다는 말인가? 인간의 죄를 강조하는 개신교 복음주의 신앙에 젖은 사람들은 감히 상상도 못 할 터무니없는 말이라고 하겠지만, 이는 엄연히 정통 기독교 사상이다. 하나님이 인간이 되셨다고 하지만, 엄격히 말해서 삼위일체의 제2격인 성자 하나님, 즉 로고스가 인간이 되었다는 말이지, 성부 하나님의 이야기는 아니다. 인간이 하나님이 되기 위해서라는 신화神化 개념도 인간이 하나님의 생명에 참여한다는 뜻 혹은 하나님의 아들 예수 그리스도처럼 된다는 뜻이지, 문자 그대로 인간이 하나님이 된다는 말은 아니다. 다시 말해, 인간이 하나님 되게 하려고 하나님이 인간이 되셨다는 말은, 그리스도 예수에게서 하나님과 인간의 완벽한 일치가 이루어졌듯이 우리 모두에게서도 그와 같은 신인합일이 이루어지도록 하기 위함이라는 뜻이다.

문제는 성육신 사건을 통해서 예수에게 이루어졌다고 믿는 신인합일의 성격과 그 의미에 대한 전통적 해석이다. 우선, 전통적 성육신 사상에서 신인합일은 전적으로 하나님 편에서 취한 행위의 결과이지 인간 예수의 영적 자각이나 체험 같은 것과는 무관하다. 예수의 신성은 탄생의 순간부터 자동적으로 주어진 것이며, 인간 예수의 삶의 경험이나 노력과는 무관하게 하나님에 의해 일방적으로 주어진 것이다. 성육신의 신인합일은 또 예수의 타고난 본성에 근거한 것이기에 오직 하나님의 독생자 예수 한 사람에게만 일어난 기적이다. 인간 예수의 노력과는 무관한 신인합일, 다른 인간들에게는 불가능한 신인합일이다. 과연 이러한 신인합일의 개념이 우리와 같은 인간에게도 의미가 있는 보편적 진리가 될 수 있을까?

어느 왕비의 슬픔

하나님이 인간이 되셨다는 성육신 사건은 높으신 하나님이 스스로를 낮추고 비운 자기 비하의 사건이고, 전능하신 하나님이 자신을 부정하여 우리와 같이 무력한 인간이 되신 사건이다. 성육신은 하나님의 자기부정, 자기 비움, 자기 초월로서 그의 사랑의 표현이고 결과이다.

마이스터 에크하르트는 이러한 성육신 사건의 의미를 하나의 감동적 이야기로 설명한다. 어느 왕비가 있었는데 사고로 한쪽 눈을 잃었다. 왕비는 이 때문에 왕의 사랑을 잃을까 봐 근심에 싸여 있었는데, 왕비를 지극히 사랑하던 왕은 왕비를 달래고자 묘안을 생각해 냈다. 그는 어느 날 자신의 한쪽 눈을 뽑은 다음 왕비에게 나타나 말하기를 "보시오, 나도 당신과 같아졌소"라고 하면서 왕비의 슬픔을 달래주었다. 성육신은 하나님이 이와 같이 자신을 낮추셔서 우리 인간과 같아진 사건이라는 것이다.

성육신은 하나님이 자신을 낮추어 인간성을 취한 사건으로서 이로 인해서 단지 예수 한 사람의 지위만 높아진 것이 아니라 모든 인간의 지위가 함께 높아지게 되었다는 것이 전통적 견해이다. 예를 들어, 한 집안에서 누군가가 출세하면 식구 모두의 명예가 덩달아 올라가는 것과 같다고 에크하르트는 설명한다. 특히 고대나 중세시대에는 사람, 사과, 책상, 삼각형과 같은 보편 개념universals이 구체적인 개별자들보다 더 우선하는 실재라는 사고가 지배했기 때문에, 하나님이 보편적 인간성을 취해서 한 인간이 되었다는 것을 인간 모두에 해당되는 보편적 사건, 보편적 진리로 이해했다.

하지만 중세 말부터 이러한 실재론realism적 사고가 설득력을 잃어가면서—실재하는 것은 오히려 개체, 즉 개별 사물뿐이고 보편자들은 추상적 이름에 불과하다는 윌리엄 오캄의 유명론唯名論, nominalism을 필두로 해서—성육신의 보편성은 오늘날 실감이 나지 않는 추상적 관념이 되어버렸다. 더욱이 예수의 탄생은 한 개인에게 일어난 사건이었기 때문에 성육신 사건이 예수 한 사람의 신성은 담보할지언정 모든 인간에게 신성을 부여한 사건은 아니다. 성육신은 어디까지나 하나의 예외적인 사건, 즉 기적이다. 이것이 그리스도인 일반이 가지고 있는 생각이다. 따라서 신인합일이 인간 모두에 해당하는 보편적 진리가 되기 위해서는 전통적인 성육신 이해와는 다른 새로운 이해가 필요하다.

나는 이미 대리인·대변인 예수의 역할을 논하면서 예수에게서 실현된 신인합일의 성격에 대해 언급한 바 있다. 즉 본성상의 합일보다는 관계적 합일이라는 것, 굳이 신성과 인간성이라는 두 개념을 사용한다면 예수에게는 그의 신성이 그의 참다운 인간성이며, 하나님의 모상을 흠 없이 구현한 그의 참다운 인간성이 '하나님의 아들'인 그의 신성이라는 말이다. 그리고 나는 이러한 진리가 하나님의 모상으로 창조된 인간 모두에게 타당성을 지닌다고 믿는다.

어쨌든, 성육신이 예수 한 사람에게만 국한된 예외적 사건이라 해도, 그것이 예수에게서 실현된 신인합일에 대한 충분한 설명이 될지는 의문이다. 성육신은 전통적으로 하나님 편에서 일방적으로 일으키신 기적으로 이해되어 왔기 때문이다. 하지만 하나님이 성육신 사건을 통해 인간성을 취했다 해도 예수의 인간성 자체에 신성을 수용하고 발휘할 만한 능력 내지 가능성이 없었다면 그리고 실제로 그런 능력을 발휘한 그의 삶이 없었다면 예수에게 주어진 신성은 예수 자신에게는 물론이고 우리와 같은 사람 모두에게도 추상적이고 공허한 사건일 뿐이다. 초자연적 기적이지만 무의미한 기적이다.

그렇다면 예수로 하여금 신성을 수용하도록 만든 인간성, 우리 모두에게도 의미 있는 인간성은 무엇이며, 예수는 구체적으로 어떤 행위, 어떤 삶을 통해 실제로 신인합일의 경지에 도달했는가 하는 물음이 제기된다. 첫째 문제는 기독신앙 이해의 토대가 되기 때문에 다소 상세한 논의가 필요하다.

인간: 하나님의 모상

나는 성육신을 통해 예수에게 주어진 신성은 일차적으로 그가 신성을 수용하고 발휘할 수 있는 능력으로서의 인간성이라고 보며, 이 인간성은 우리 모두의 보편적 인간성이라고 본다. 그것은 하나님의 모상으로 창조된 우리 모두의 본연의 성품, 성리학에서 말하는 대로 우리가 모두 하늘로부터 품수 받아 성인이 될 수 있는 인간성으로서의 본연지성本然之性이다. 아담 이래 우리 모두 본성으로 타고나는 하나님의 모상imago dei인 것이다.

나는 이 본성을 결정론적 의미로 이해하지 않고, 인간에 내재하는 어떤 성향inclination 내지 능력capacity으로 이해한다.* 다시 말해, 우리가 타고난 하나님의 모상은 하나님의 아들이 지닌 완성된 신성이기보다는 하나님의 아들이 될 수 있는 우리 모두의 가능성을 뜻한다는 말이다.

이러한 타고난 가능성으로서의 하나님의 모상, 하나님의 아들이

---

* 다산 정약용은 종래의 성리학에서 말하는 인간의 본연지성을 결정론적인 의미가 아니라 인간성이 지닌 기호(嗜好), 즉 선을 좋아하는 성향 정도로 이해하는 성기호설을 주장했다. 하늘로부터 타고난 본성이지만, 선을 좋아하고 좇고자 하는 마음의 성향일 뿐, 모든 인간이 실제로 그것을 좇는다는 뜻은 아니다. 그럴 수도 있고 그렇지 않을 수도 있다는 점에서, 결정론적이기보다는 인간의 능동성과 자유를 강조하는 주목할 만한 사상이다.

될 수 있는 능력으로서의 본성을 좀 더 구체적으로 말하면, 하나님을 찾고 알 수 있고 사랑할 수 있는 성향과 능력으로서의 '영성'이며, 하나님의 뜻에 따라 살 수 있는 성향과 능력으로서의 '도덕성'이다. 하나님의 모상은 또 무엇보다도 이러한 영적·도덕적 성향과 능력을 '자각'하고 '자유' 가운데 실현할 수 있는 우리 모두의 타고난 능력이다. 이러한 영성과 도덕성의 성향은 인간으로 하여금 원천적으로 죄를 짓지 못하게 하는non posse peccare 결정론적인 힘이 아니라 죄를 지을 수도 있고posse peccare 안 지을 수도 있는posse non peccare 자유에 기초한 성향이고 능력이다.

자유는 진정한 영성과 도덕성의 필수 조건이다. 강요된 영성과 강요된 도덕성은 진정한 영성도 도덕성도 될 수 없기 때문이다. 이러한 자유에 기초한 인간 본연의 성향과 능력으로서의 영성과 도덕성은, 우리가 현실적으로 아무리 많은 죄를 짓는다 해도 결코 파괴되거나 사라지지 않는다. 이 점에서 나는 아우구스티누스나 루터 같은 신학자들과 달리, 현실적 인간이 모두 죄의 노예가 되었기 때문에 죄를 범하지 않을 수 없는non posse non peccare 존재라는 인간 의지의 예속성을 믿지 않는다. 또 이와 밀접하게 연관된 원죄설도 인정하지 않는다. 나는 예수의 신성이 죄를 지을 수 없는 본성적 필연성이 아니듯이, 죄를 짓는 우리의 현실적 인간성 역시 죄의 본성적 필연성을 뜻하지 않는다고 생각한다. 본성이든 유전이든, 선이든 악이든, 결정론적으로 이해되는 성선설이나 성악설 같은 것은 인정할 수 없다.*

나는 예수의 동정녀 탄생이나 성육신 사건이 '사실'이라 해도 예수가 이러한 온전한 인간성, 즉 자유 가운데 하나님의 아들 됨을 자각하고 실현할 수 있는 성향과 능력을 가지고 태어난 존재임을 말하는 이야기라고 생각한다. 처음부터 영적으로나 도덕적으로 완벽한 존재, 그야말로 '죄를 지을 수 없는 존재'—이건 사람이 아니다!—로 태어났다는 말이 아니다. 나는 또 예수가 자기 자신뿐 아니라 모든 사람을 하나님의 자녀로 보았을 때도 우리가 실제로_{de facto} 하나님의 아들답게 사는 존재라기보다는 그렇게 살 수 있고 될 수 있는 가능성 내지 능력을 본성으로 가지고 태어난 존재라는 것을 뜻한다고 생각한다. 따라서 동시에 우리 모두가 실제로 그렇게 되어야 하는 존재임을 뜻한다고 본다. 예수 자신이 이러한 구별을 한 것은 아니지만, 나는 예수가 다소 모호하게 사용한 하나님의 아들이라는 말에 이 두 가지 뜻, 즉 사실과 당위로서의 의미가 함께 존재한다고 믿는다.

예수는 우리가 모두 하늘 아버지를 모신 하나님의 아들이라고 생각했지만, 동시에 하늘 아버지의 뜻을 '행하는' 사람은 누구든 자기 형제자매라고 했다. 우리가 모두 하나님의 아들이라는 말은 직설법적_{in-}

---

* 맹자의 이른바 성선설 역시 다산의 성기호론과 같이 인간이 가지고 있는 인의예지의 단초(四端)적 성향을 가리키지, 후세 성리학자들이 이해하듯이 경직된 본성론적 이해, 즉 선(善) 결정론을 뜻하지는 않는다. 사실 모든 중생에 부처의 성품이 있다는 불교의 불성(佛性) 사상 역시 이런 시각에서 이해하는 것이 옳다. 모든 사람이 부처가 될 수 있는 성향과 가능성을 가지고 있다는 말이지, 수행이 필요 없이 누구나 부처가 되도록 되어 있다는 결정론적 의미가 아니다. 수행해도 아무 소용이 없는 구제불능의 사람도 있을 수 있다는 설을 단호히 배격하고, 누구든 수행을 하면 성불할 수 있다는 의미로 이해하면 된다.

dicative 의미, 즉 'We are'라는 뜻과 우리에게 실제로 그렇게 되라고 촉구하고 명하는imperative 의미, 즉 'We ought to be'라는 뜻을 둘 다 포함하는 말이다.

이 둘의 의미를 굳이 구별하자면 전자는 가능성의 의미, 즉 타고난 성향과 능력이라는 면에서 우리가 모두 본래적으로 하나님의 아들이지만, 후자의 측면에서는 반드시 그렇지는 않다는 뜻이다. 예수의 하나님 나라에 대한 이해와 마찬가지로 예수에게는 하나님의 아들 개념도 '이미already'와 '아직 아니not yet' 사이의 긴장 속에 있는 진리이다. 인간은 영적·도덕적 성향과 능력을 본성으로 지니고 있는 하나님의 모상이며 이런 뜻에서 하나님의 자녀이지만, 이것이 우리가 반드시 현실적으로 하나님의 자녀답게 산다는 말은 아니다. 그렇게 살아야 한다는 명령법 아래 있는 존재이기 때문이다.

인간은 하나님과 하나가 '될 수 있는' 영적·도덕적 가능성을 본성적 성향과 능력으로 갖추고 있지만, 현실적으로는 이러한 자신의 본성을 망각하고 배반하는 죄를 지으며 산다. 하지만 우리의 죄가 우리의 본래적인 영적·도덕적 능력으로서의 인간성을 파괴하지는 못한다. 우리의 본성이 죄로 더럽혀지고 손상될 수는 있지만, 영적으로 살고 싶은 성향과 도덕적으로 살 수 있는 능력이 완전히 사라지는 법은 없다. 우리가 짓는 죄는 결코 하나님이 우리에게 부여한 영적·도덕적 성향과 능력을 파괴할 수 없기 때문이다. 우리는 죄를 짓도록 결정되어 있는 존재도 아니고, 죄를 짓지 못하도록 결정되어 있는 존재도 아니다. 도덕적·영적 가능성으로서의 우리의 본성적 성향과 능력은 본성적 자유 가운데 행사될 수 있고 실현되어야만 한다. 우리에게 주어진 하나님의 모상은 하나님이 인간 영혼에 찍어놓은 인장과도 같아 결코 지워지지 않기 때문이다. 우리는 죄에도 불구하고 여전히 본성상 하나님의 모상이며 하나님의 자녀이다.

예수는 죄를 지을 수 없는 분?

하나님의 모상이라는 말은 우리가 죄를 지을 수도 있고 짓지 않을 수도 있는 가능성을 본성으로 가지고 있는 자유로운 존재라는 말이다. 이것은 예수의 경우도 예외가 아니다. 예수도 우리와 마찬가지로 죄의 유혹을 받았으며, 죄를 지을 수도 있고 안 지을 수도 있는 자유로운 존재였다. 예수와 우리의 차이는 우리는 죄의 유혹에 넘어가지만, 예수는 그렇지 않았다는 것이다.

예수는 이런 점에서 우리와 같이 하나님의 모상으로서 인간 본연의 영성과 도덕성의 성향·능력을 지니고 태어난 존재일 뿐 아니라 실제로 그 능력을 완전하게 발휘함으로써 하나님의 아들이 '되었고' 진정한 하나님의 아들로 산 사람이다. 그는 또 우리가 본성상 이미 하나님의 아들로 살 수 있는 능력을 가능성으로 가진 존재이며, 동시에 그렇게 살아야 하는 존재임을 일깨워 주신 분이다.

예수는 무엇보다도 하늘 아버지를 모시고 철저하게 자신을 비운 삶을 산 하나님의 진정한 아들이었다. 하나님의 '효자'였던 것이다. 첫째 인간 아담이 하나님으로부터 주어진 하나님의 모상을 하나님과 같아지려는 교만의 죄를 범하는 데 오용했다면, 둘째 아담 예수(롬 5:12-14)는 오히려 하나님의 모상으로 부여받은 자유를 철저히 자신을 비우고 낮아지는 데 사용함으로써 하나님과 완전한 일치를 이룬(빌 2:4-11) '새로운 존재'였다.

예수의 신성은 그가 원천적으로 죄를 범할 수 없는 존재라는 말이 아니라 죄를 범할 수 있는 자유에도 불구하고 범하지 않은 완전한 사람임을 가리킨다. 예수가 죄를 짓지 않은 사람이라는 무죄성sinlessness 의 교리는 예수가 죄를 범하지 '못하는' 사람이라는 뜻이 아니라 우리와 같이 죄를 범할 수 있지만, 우리와 달리 하늘 아버지와의 강력하고 지속적인 연합과 자기 비움을 통해 죄를 범하지 '않는' 새로운 인간, 참사람이 '되었다'는 뜻이다. 이것이 그의 신성과 무죄성의 참 의미이며, 이것이 그가 이룬 진정한 신인합일의 의미라고 나는 생각한다.

달리 말하면, 예수의 신성은 그의 인간성을 무력화시킨 것이 아니라 그의 인간성을 '완성'했다. 예수의 신성은 유혹을 받을 수 있고 죄를 지을 수도 있는 그의 인간성을 폐기하거나 원천적으로 무력화시킨 것이 아니라 그의 인간성을 실현해 주고 완성해 주었다. 이런 의미에서 예수의 신성은 그의 완전한 인간성이다. 신학자 칼 라너의 말대로, 그리스도는 다 된 인간이고, 우리는 되어가는 그리스도이다.

이런 사실을 좀 더 철학적 개념을 빌려 표현하면, 우리에게는 죄로 인해 본래성과 현실성, 본질과 실존 사이에 괴리와 소외가 존재하는 반면, 예수는 본질과 실존이 완전히 일치하는 새로운 존재, 새로운 인간이 '된' 사람이라는 말이다. 죄는 근본적으로 인간과 하나님 사이의

괴리와 분열을 가져와 인간을 하나님으로부터 소외시키며, 인간 내부
적으로는 본질과 실존 사이의 괴리와 분열을 일으키고 인간의 자기
소외를 초래한다. 이렇게 하나님과 자기 자신으로부터 소외된 인간들
은 동시에 서로 소외되고 분열된 삶을 살게 된다.

하나님의 자기 비움, 인간의 자기 비움

사실, 인간 예수의 고뇌와 삶을 무시한 성육신이나 신인합일은 우
리에게 아무런 감동을 주지 못하는 추상적이고 공허한 이야기에 불과
하다. 자신을 하나님의 아들로 의식한 예수의 깊은 자각과 온갖 죄의
유혹을 물리치고 자신을 비워 죽기까지 하늘 아버지께 순종한 그의
삶을 도외시한 추상화된 교리적 성육신 개념은 인간 예수의 구체적
모습을 사상해 버린 잘못된 성육신 이해이다. 인간 예수의 인격과 행
위와 삶을 오직 그의 동정녀 탄생과 성육신 '사건'의 기적으로 주어진
신성에 돌리는 것은 예수의 진정한 인간성과 그가 인간으로서 행한
모든 사역과 성취를 무의미하게 만들어 버린다. 너무나도 당연한 일
이 되어버리기 때문이다.

전통적인 성육신 이해는 예수에게서 이루어진 진정한 신인합일을
설명하지 못할 뿐 아니라 우리에게도 무의미한 것으로 만들어 버린
다. 설명하지 못하는 이유는 성육신 자체가 설명해야 할 신인합일을
전제로 하고 있기 때문이다. 무의미한 이유는 예수의 진정한 인간성
을 도외시함으로써 우리와 같은 인간에게 지니는 가능성과 희망을 앗

아가는 공허하기 짝이 없는 신인합일의 개념이 되어버리기 때문이다.

하나님의 자기부정은 인간의 자기부정과 만나지 않는 한, 진정한 의미의 신인합일이 될 수 없다. 이것은 예수에게나 우리에게나 마찬가지다. 신인합일이 예수 자신의 경험이 되고 우리 모두의 가능성이 되는 의미 있는 진리가 되려면 적어도 복음서들이 전하고 있는 인간 예수의 아빠 하나님 신앙과 삶이 전제되어야만 한다. 예수의 신인합일은 하나님의 자기 비움 못지않게 인간 예수의 자기 비움의 삶이 수반되었기 때문에 가능했다. 복음서들에 잘 나와 있지는 않지만, 나는 그가 세례자 요한에게 나아가기까지 많은 고뇌와 고민, 방황과 좌절을 겪었을 것이라고 추측한다. 또 세례 후에도 그는 기도와 금식 등 배움과 성장의 과정과 수행의 노력을 통해 하나님과 일치를 경험했을 것이다. 예수의 신인합일은 자신을 하나님의 아들로 자각하고 모든 인간을 하나님의 자녀로 인식하고 산 그의 삶의 '결과'이지, 탄생과 더불어 자동적으로 주어진 완결된 사건이 아니다. 예수의 성육신과 신인합일은 탄생과 더불어 '단박에' 주어진 기적이 아니라 그의 삶 전체를 통해 '점차적으로' 실현된 것이었다.

보편적 성육신

"성육신 사건이 몇백 번 일어난들 우리 영혼에서 일어나지 않는다면 무슨 소용이 있겠는가"라는 마이스터 에크하르트의 말은 불경한 언사가 아니라 오히려 우리의 마음을 움직이는 힘이 있는 말이다. 그렇다! 성육신의 신인합일을 인간 예수의 노력 없이 단지 하나님 편에서 일방적인 자기부정을 통해 이루어진 사건으로만 보는 견해나, 오직 예수 한 사람에게만 일어난 예외적 사건으로 보는 견해나 불충분하고 무의미하기는 매한가지다. 신인합일의 성육신은 우리 모두에 내재하는 성향과 능력에 기초하는 우리 모두의 본성적 가능성이다. 따라서 우리 모두에게서도 실현될 수 있고 또 실현되어야만 하는 보편적 진리이다. 우리가 모두 자기 비움과 자기부정의 수행과 노력을 통해서 우리 영혼에 하나님의 아들을 탄생시킬 수 있어야 한다는 말이다. 인간은 모두 본래부터 하나님의 아들딸이라는 것 그리고 또 그렇게 살아야 할 존재라는 것이 예수 자신이 대담하게 선언하고 실천하신 진리임을 기억하자. 성육신은 우리 모두의 보편적 사건, 우리 모두에게서 실현되고 확인되어야 할 보편적 진리인 것이다.

우리는 성육신의 보편성을 이해하기 위해 시야를 좀 더 넓혀 하나님의 자기 비움과 자기 비하를 근본적으로 다시 조명하고 이해해볼 필요가 있다. 우선, 하나님의 자기 비움은 단지 예수에게서 비로소 이루어진 것이 아니다. 하나님의 자기부정과 자기 비움은 하나님이 자신의 넘쳐흐르는 존재와 선을 피조물에게 나누어주는 창조의 과정 전체를 통해 일어나는 일이며, 사랑의 하나님 자신의 본성이다. 예수 그리스도의 성육신은 자신을 부정하고 비우는 창조주 하나님의 성품 자체에 기인하는 보편적 성육신의 일환이라는 말이다.

하나님의 이러한 보편적 자기부정, 자기 제한, 자기 초월은 138억 년이라는 기나긴 시간을 경과하여 진화적 창조의 과정을 통해 출현한 인간에 이르러 첫 번째 정점에 도달했다. 하나님의 자기 비움은 자신의 모상을 지닌 인간의 출현과 더불어 질적으로 심화되었다. 하나님이 자신의 존재와 생명뿐 아니라 자신의 존엄성과 자유까지도 인간과 나누었기 때문이다. 자유가 있기에 선과 악이 가능한 존재, 자유로 말미암아 하나님을 찾고 그의 뜻을 따를 수도 있고 하나님께 등을 돌릴 수도 있는 불확실한 존재인 인간의 출현은 실로 하나님으로서는 일대 모험과도 같았다. 인간은 바로 이러한 모험의 산물이기 때문에 자발적으로 하나님을 사랑하고 자신을 비워 하나님께 순종할 수 있는 존재가 될 수 있는 것이다.

물질에서 생명이 출현하는 장구한 진화적 창조 과정은 하나님의 모상을 지닌 영적 존재, 하나님의 뜻에 따라 살 수 있는 도덕적 능력을 갖춘 인간 존재의 출현에서 일단 정점에 이르렀다. 나는 우주 138억 년의 진화적 창조의 엄청난 진통 끝에 하나님의 모상인 호모 사피엔스가 출현했다는 사실이 2,000년 전에 일어난 예수의 동정녀 탄생이나 성육신 사건보다도 훨씬 더 놀라운 기적이라고 생각한다. 호모 사피엔스가 출현하지 않았다면, 예수의 성육신과 신인합일도 없었을 것이기 때문이다.

그 후 전개된 인류 역사는 하나님의 모상으로 출현한 인간이 본성으로 주어진 영적·도덕적 성향과 능력을 완벽하게 구현함으로써 진정한 신인합일을 이룬 참사람 예수에 이르러서 또 하나의 꼭짓점을 찍었다. 하나님의 모상 호모 사피엔스의 출현이 진화적 창조의 첫 번째 꼭짓점이라면, 인류의 종교사를 꽃으로 장식한 성인들의 출현은 두 번째 꼭짓점이다. 나는 이것이 진화적 창조 전체의 목적이고 의미라고 생각한다. 진화적 창조의 전 과정은 결국 한마디로 말해서 하나님이 인간 영혼에 자기 아들을 낳기 위한 진통의 역사였다.

예수는 자기 비움과 자기부정의 극치를 보인 존재이다. 철저한 자기 비움을 통해 하나님과 완벽한 일치를 이룬 새로운 존재, 새로운 인간이며, 바울이 말한 대로 '두 번째 아담'이다. 하나님은 자기 비움을 통해 인간이 되셨고, 예수는 자기 비움을 통해 하나님의 아들이 되셨다. 이것이 그에게서 실현된 진정한 신인합일이며, 동시에 모든 인생의 궁극적 목적이고 의미일 것이다. 신인합일을 이룬 예수에게 이르러 138억 년에 걸친 우주와 생명의 기나긴 진화적 창조의 과정은 두 번째 정점이자 그 꼭짓점을 찍었다는 것이 기독신앙의 관점이다.

나는 한 걸음 더 나아가서, 우주 138억 년을 통해 이루어진 하나님의 진화적 창조가 완성되는 날에 대한 꿈을 가지고 있다. 하나님은 왜 인간이 되셨는가라는 질문에, 인간이 하나님이 되기 위함이라는 답이 실현되는 종말에 대한 꿈이다. 인간뿐 아니라 하나님의 창조세계 전체가 하나님과 막힘이 없는 소통이 이루어지는 날에 대한 꿈, 하나님과 인간과 자연이 사랑으로 하나가 되는 우주적 화해의 공동체가 실현되는 희망을 가지고 산다. 이는 우주의 진화적 창조의 전 과정이 완결되는 우주적 종말의 비전이며, '새 하늘과 새 땅'이 이루어지는 '새로운 창조new creation', 새로운 천지개벽의 비전이다. 이 새로운 창조야말로 호모 사피엔스의 출현과 성인들의 출현을 넘어 우주와 역사의 전 과정이 완결되고 완성되는 진화적 창조의 최종 꼭짓점이 될 것이다.

누군가는 이런 생각에 대해 물을지도 모른다. 이건 시대착오적인 지구 중심적 세계관, 철 지나고 용도 폐기된 인간중심주의가 아니냐고. 그렇다! 우리가 세계와 인생에 대해 '의미'라는 것을 물을 수 있고 물어야만 하는 존재라면, 그럴 수밖에 없다.

생명체 가운데에서 의미의 문제에 관심을 가지고 의미를 물을 수 있는 존재는 인간뿐이다. 의미, 목적 같은 개념 자체가 이미 인간이 사용하는 개념이고 인간만의 관심사이다. 이런 면에서 인간은 실로 특별한 존재이며 인간중심주의는 불가피하다. 진화적 창조의 역사는 바로 의미를 찾고 물을 수 있는 존재인 인간의 출현에 귀결되었고, 이러한 인간이 펼친 역사는 하나님을 닮아 신인합일을 이룬 예수 그리스도와 같은 하나님 아들의 출현에 귀결되었으며, 모든 인간, 모든 피조물이 하나님과 하나를 이루는 새로운 창조로 귀결될 것이다.

인생의 의미와 목적에는 소소한 의미도 있고 거대한 의미도 있다. 인생의 소소한 사적 의미에 관한 한, 내가 좋아하는 것이 나의 삶의 의미라고 말해도 오늘날처럼 개인주의 사회, 가치가 다원화된 사회에서는 누가 뭐랄 사람이 없을 것이다. 하지만 우리가 개인적 차원을 넘어 인생 자체에 어떤 보편적 의미, 어떤 '거대 의미'를 묻는다면 얘기가 달라진다. 이는 세계 자체의 성격에 관계된 문제이며, 또 신앙적 관점에서 보면 세계를 창조하신 하나님과 관계된 문제이기 때문이다. 하나님을 찾고 하나님과 하나가 될 수 있는 인간 존재의 출현, 이러한 가능성을 실제로 완벽하게 실현한 하나님 아들의 출현 그리고 새로운 창조에 대한 꿈은 세계와 인생의 거대 의미를 묻는 물음에 대한 기독신앙의 답이다. 진화적 세계 창조의 과정은 필경 하나님이 자기를 닮고 자기와 하나가 되는 아들딸들을 낳기 위한 진통의 과정일 것이다.

수행인가, 은총인가

예수는 과연 어떻게 해서 우리와 달리 그토록 철저하게 자신을 비울 수 있었고 하나님과 그토록 완벽한 일치를 이룰 수 있었을까? 그런 힘이 도대체 어디에서 왔을까? 전통적 성육신 개념은 물론 이에 대한 대답이었다. 예수는 처음부터 우리와 달리 신성을 가지고 태어난 분이었기 때문이라는 것이다. 처음부터 우리와는 질적으로 다른 분이었다는 말이다. 이미 지적한 대로, 우리는 더 이상 이러한 추상적이고 단순한 논리에 동의할 수 없고 만족할 수도 없다. 도무지 공허하게 들리고 실감이 나지 않기 때문이다.

나는 예수의 자기 비움과 신인합일을 단지 그가 타고난 신성에 돌리는 추상적이고 공허한 도그마를 수용할 수 없다. 인간 예수도 우리와 같이 죄를 지을 수 있는 존재였지만, 우리와 달리 죄를 짓지 않았다. 예수의 신성神性은 예수가 '죄를 지을 수 없는' 성품을 가리키는 말이 아니라 우리처럼 죄를 지을 수 있음에도 불구하고 죄를 짓지 않을 수 있는 그의 자유로운 성품과 능력을 가리킨다.

예수도 우리와 같이 고민하고 아파했으며 방황하고 성장했다. 예수는 광야에서만 사탄의 유혹을 받은 것이 아니고, 골고다 언덕을 오르는 길에서만 비틀거리고 쓰러진 것이 아니다. 그가 광야에서 받은 마귀의 유혹과 시험의 이야기는 아마도 그가 청년 시절에 겪은 수많은 정신적 방황과 시련이 압축되고 도식화된 형태로 전해지는 이야기일 것이다. 하지만 그는 유혹에 넘어가지 않았다. 예수도 우리와 같이 많은 방황 끝에 마침내 세례자 요한을 찾아가 세례를 받고 그 자신의 하나님 나라 운동을 개시했다. 이런 인간적 과정을 거치지 않은 신인합일은 누구에게도 불가능하고 무의미하다. 예수도 이 점에서는 예외가 아니었다. 예수의 신성과 신인합일은 그의 삶의 과정 전체를 통해서 도달한 결과이다.

나는 예수가 철저하게 자신을 비우고 아빠 하나님의 효자로 살 수 있었던 사실을 전통적인 성육신 개념보다는 차라리 성령의 은총으로 이해하는 성령 기독론을 선호한다. 사실 복음서는 예수의 삶과 활동을 조명하면서 성령의 힘을 많이 강조하고 있다. 그의 잉태, 광야에서 받은 시험, 요한에게서 받은 세례, 하나님 나라의 복음 전파, 아빠 하나님과의 친밀한 관계, 사회적 약자들에 대한 자비심, 수많은 치병 활동, 지혜의 말씀과 권위 있는 가르침, 기도와 금식, 십자가의 고난 그리고 부활 등은 모두 성령의 힘으로 이해할 수 있다.

그러나 성령 기독론도 자칫하면 성육신 기독론과 유사한 두 가지 문제를 야기한다는 점에서 유의할 필요가 있다. 하나는 성령의 힘을 예수 한 사람에게만 국한된 특별하고 차별적인 은총으로 간주하는 문제이고, 다른 하나는 인간의 노력 없이 주어지는 은총으로 여기는 문제이다. 이 둘은 밀접하게 연결되어 있으며, 배타주의적 편견이라고 생각한다.

성육신의 진리가 유독 예수 한 사람에게만 해당되는 것이 아니듯, 성령의 힘도 유독 예수에게만 주어지는 것은 아니다. 나는 하나님의 영인 성령이 결코 특정인에게만 배타적으로 주어진다고 생각할 수 없다. 성령이 반드시 모든 사람에게 동등하게 주어지는 것은 아니지만, 그렇다고 누구에게는 주어지고 누구에게는 주어지지 않는 차별적 은사라고 생각하지는 않는다는 말이다. 적어도 자신을 비우려는 진지한 노력을 하는 사람이면 누구든 하나님의 영의 도움을 받는다고 믿는다. 예수도 이 점에서는 예외가 아니었다.

우리는 성령의 도움과 인간의 영적 노력을 배타적 관계로 볼 필요가 없고, 그렇게 보아서도 안 된다. 자기를 비우려는 인간의 노력이든 성령의 도우심이든 본질적으로는 모두 하나님으로부터 오기 때문이다. 성령의 은총이 하나님으로부터 오듯이, 자신을 비우는 영적 수행도 성령의 힘이 없이는 이루어지지 않는다. 나는 수행의 노력과 성령의 도움이 언제나 함께 가고 함께 작용한다는 협동론synergism을 믿는다. 은총이냐 수행이냐를 묻는 것은 잘못된 문제 설정이다.

우리나라의 성령파 신자들, 특히 개신교 신자들 가운데는 영적 생활에서 인간의 노력을 도외시하고 성령의 은총만 강조하는 경향이 강하다. 많은 신자가 성령을 받지 못했기 때문에 참다운 그리스도인으로 살지 못한다고 자신을 한탄하고 변명하는가 하면, 이렇다 할 만한 성령 체험이 없는 신자들은 스스로를 그리스도인이라고 여기지도 않는다. 나는 한국 기독교가 이제 이러한 '성령 콤플렉스', '성령 타령'을 과감하게 털어버릴 때가 되었다고 생각한다. 자신을 비우고 포기하는 노력이 없는 자에게 성령이 어느 날 갑자기 쏟아져 들어온다는 것을 믿지 않으며, 진심으로 하나님 앞에서 자기를 비우고 내려놓는 겸손한 신앙인에게 성령의 도움이 주어지지 않을 수도 있다고 생각하지 않는다.

성육신이 하나님의 모상으로 태어난 모든 인간이 영적·도덕적 성향 내지 능력을 실현한 결과로 도달한 신인합일이듯이, 성령의 도움 역시 하나님을 사랑하고 하나님의 뜻에 따라 살려는 인간이면 누구에게나 주어지는 보편적 은총이라고 생각한다. 성육신이 하나님의 자기 비움과 인간의 자기 비움의 협력을 통해 이루어지는 신인합일이듯이, 성령의 역사 또한 하나님의 모상으로 출현해서 예수처럼 자신을 비우는 삶을 살고자 하는 인간 모두에게 열려 있는 하나님의 도우심이다.

사실 나는 한 걸음 더 나아가서, 성령의 도움이 예수를 믿고 따르는 그리스도인들뿐 아니라 언제 어디에서든 인간다운 삶을 추구하는 사람들 모두에게 주어지는 하나님의 보편적 은총이라고 믿는다. 만물을 창조하시고 주관하시는 하나님의 생명의 영, 인간으로 하여금 이기적 자아를 극복하여 새로운 존재로 거듭나게 하는 그리스도의 영이 그리스도인들에게만 주어진다고 생각하는 것은 보편적 사랑의 하나님과 우주적 그리스도를 편협하게 만드는 일이고 비신앙적인 견해이다. 하나님의 영의 바람은 결코 기독교의 울타리 안에 가둘 수 없다. 성육신이 모든 인간의 보편적 사건과 보편적 진리이듯이, 성령의 힘 또한 종교 간의 장벽을 넘어서 자기 비움의 수행을 통해 신비적 합일 unio mystica 또는 신인합일을 추구하는 세계의 모든 구도자와 수도자들

그리고 지금도 세계 각처에서 그리스도의 정신으로 사랑을 실천하고
있는 수많은 작은 그리스도 모두에게 주어지는 보편적 은총이다.

몸이 다시 사는 것을 믿사오며

성탄절과 더불어 기독교 최대의 명절이고 축제인 부활절! 성탄절이 하늘로부터 땅으로 임하신 하나님의 아들 예수 그리스도의 탄생을 인류 구원의 사건으로 기념하는 것이라면, 부활절은 지상의 삶을 마감하고 하늘의 본향으로 되돌아가심으로써 우리에게 영원한 희망을 안겨준 그리스도의 구원 사건을 기뻐하고 찬양하는 축제의 날이다. 성탄절과 부활절은 하늘과 땅을 이어주는 예수의 구원 사역을 기념하는 날로써, 예수 탄생의 의미와 예수 부활의 의미를 바로 깨닫는 것은 기독교 신앙의 핵심에 속한다.

고린도전서 15장의 말씀은 현재 우리가 가지고 있는 부활신앙에 대한 가장 오래된 증언이다. 복음서의 부활 이야기들은 고린도 교회에 보낸 바울의 편지보다 훨씬 후대, 적어도 몇십 년 후에 수집되고 편집된 것들이기 때문에 부활에 관한 한, 우리는 복음서보다도 바울의 증언에 더 귀 기울일 필요가 있다. 바울 사도는 여기서 "그리스도께서 살아나지 않으셨다면, 우리의 선포도 헛되고, 여러분의 믿음도 헛될 것입니다"(고전 15:14)라고 확언한다. 그리고 "그리스도 안에서 우리가 바라는 것이 이 세상에만 해당되는 것이라면, 우리는 모든 사람 가운데서 가장 불쌍한 사람일 것입니다"(고전 15:19)라고 말하고 있다. 기독교 신앙의 모든 것이 예수의 부활에 달려 있음을 강조하는 말이다.

오늘날의 사람들과 마찬가지로 바울 당시의 유대인들에게도 죽은 사람이 어떻게 다시 살아날 수 있겠느냐고 하면서 부활을 부정하는 사람들이 많았다. 특히 사회의 상층부를 차지하고 살면서 정통신앙을 자처하던 사두가이파 사람들은 서민층 신앙을 대변하던 바리사이파 사람들이나 예수와 달리 부활을 믿지 않았다. 사실 부활과 최후 심판과 영생에 대한 믿음은 구약성서 전체의 사상이나 주류 신앙이 아니었고, 구약시대 말기에 속하는 다니엘서 같은 데에서 처음으로 모습을 드러내기 시작했다. 그것이 예수와 제자들과 바울 사도를 통해서 기독교의 핵심적 신앙이 된 것이다. 바울은 고린도전서 15장에서 부활을 믿지 않는 사람들을 염두에 두면서, 죽은 자의 부활은 확실히 있으며 실제로 그리스도께서 그 첫 열매, 첫 증거가 되셨다는 것을 복음 선포의 핵심으로 강조하고 있다.

종교와 죽음의 문제

　종교의 근본 사명은 나 자신을 변화시키고 사회를 변혁하는 데 있을 것이다. 이런 힘이 없는 종교는 죽은 종교이다. 평생 신앙생활을 해도 자신을 변화시키고 세상을 변화시키는 힘을 경험하지 못한다면 그런 신앙은 죽은 신앙일 수밖에 없다. 하지만 한 가지 분명한 사실은 누구도 이 자기 변화와 사회 변혁의 완성을 보지 못하고 죽는다는 사실이다. 영원하신 하나님을 믿는 신앙은 죽음에도 불구하고 우리가 살았던 삶이 결코 허무하지 않았고, 우리가 추구하던 가치와 이상이 허무로 끝나지 않고 죽음 후에라도 완성될 것이라는 희망을 준다. 죽음을 극복하는 이러한 신앙이 없다면 종교는 한낱 도덕이나 사회운동의 차원을 벗어나지 못할 것이다.

　삶과 죽음은 결코 떨어져 있는 것이 아니다. 우리는 삶 속에서 죽음을 의식하며 살고 있기 때문에 죽음은 이미 우리 삶의 일부라고 할 수 있다. 아침에 눈을 뜨면, 오늘 또 하루가 나에게 주어지는구나 하면서 하루를 시작한다. 주어진 시간을 의식할 때마다 우리는 암암리에 우리 삶의 유한성과 죽음을 의식하게 된다. 쇼펜하우어는 말하기를, "우리 삶은 죽음으로부터 꾸어온 돈이며 잠이란 이 꾼 돈에 대해 매일 지불하는 이자"라고 했다. 이는 어쩌면 삶이 주인이 아니라 죽음이 주인일지도 모른다는 것을 암시하는 말이며, 우리는 삶을 살고 있는 것이 아니라 죽음을 살고 있는지도 모른다는 말이다. 이렇게 우리는 우리의 유한성을 의식할 때마다 우리가 추구하는 가치와 이상, 헌신과 열정이 정말 무슨 의미가 있는지 회의가 들 때가 많다. 그저 어차피 주어진 인생이니 사는 날까지 편히 살다가 가는 게 상책이 아닐까 하는 소극적인 생각도 종종 하게 된다.

사실, 현대인의 가장 큰 정신적 문제는 사후의 삶을 믿지 못하는 데 있다 해도 과언이 아니다. 죽음은 인생의 막다른 골목이라는 생각, 모든 것이 끝장나고 모든 의미가 무너지는 것이라는 허무주의가 암암리에 현대인의 의식을 지배하고 있다. 문제는 죽음이 무의미하다면 결국 삶도 무의미할 수밖에 없다는 데 있다. 과거 인류의 대다수는 죽음을 하나의 통과의례로 보았고, 죽음을 통과하면 또 다른 세계, 더 고차적인 세계가 열린다고 믿고 살았다. 하지만 과학적 세계관과 유물론적 인간관에 물든 현대인의 의식에는 죽음이란 문자 그대로 절멸일 뿐이다. 그리고 어차피 인생이 허무로 끝나는 것이라면, 우리의 삶 또한 근본적으로 허무를 면할 수 없다는 허무주의가 알게 모르게 현대인의 인생관에 스며들어 있다. 우리가 누리는 부귀영화는 말할 것도 없고, 우리가 추구하는 높은 이상이나 가치도 내가 죽으면 끝인데 내가 알게 뭐냐 하면서 살게 되는 것이다.

죽음을 다른 세계로 가는 통로요 더 고차적인 삶으로 인도하는 문이라고 보는 인생관을 가지고 살면, 죽음이 자기 삶을 돌아보고 인생을 더 성숙하고 의미 있는 삶이 되도록 만드는 계기가 된다. 반면에 죽음이 순전히 절멸이고 허무라고 생각하면 살아 있는 동안 즐겁게 살다가 가자는 향락주의 인생관을 갖게 된다. 바울 사도의 표현대로, '만일 죽은 사람이 살아나지 못한다면, 내일이면 죽을 터이니, 먹고 마시자'고 하면서 살게 되는 것이다. 요즘 나이 많은 사람들은 친구들 모임에서 '구구팔팔 이삼사'라는 구호를 힘차게 외친다고 한다. 아흔아홉 살까지 팔팔하게 살다가 이삼일 앓고 죽는 것이 최고라는 것이다. 모두들 우렁차게 외치지만, 어쩐지 그 속에 허무의 그림자가 드리워져 있다는 느낌을 지우기 어렵다.

죽음의 초월

죽음에 대해 좀 더 깊이 성찰하는 사람들 가운데는 죽음 자체를 부정하면서 죽음에 대해 달관하는 자세를 가지려는 사람도 많다. 우선, 내가 죽어도 누군가에 의해 기억될 것이라는 데에서 위안을 받으려고 한다. 내가 남긴 가족이나 친구들이 나를 기억할 것이며, 내가 남긴 저서나 업적들을 통해서도 기억될 것이라고 생각한다. 그래서 사람들은 무언가를 성취하고 남기려고 애를 쓰는지도 모르겠다. 자기 이름으로 교회도 짓고 학교도 세운다. 자선단체도 만들고 재단도 설립한다. 살아 있는 동안 사회적으로 인정받고 싶은 마음도 있겠지만, 영생을 향한 갈망의 표현일 수도 있다. 하지만 우리는 이 모든 것이 결국은 다 부질없음을 알고 있다. 죽은 자는 머지않아 잊히게 마련이고, 기억된다 한들 자기 자신이 더 이상 존재하지도 않는데, 그런 것들이 다 무슨 의미가 있고 무슨 위로가 된다는 말인가.

화이트헤드라는 철학자의 사상을 이어받은 과정신학이라는 현대 신학의 한 흐름이 있다. 이 과정신학에서는 우리의 삶은 사후에 하나님에 의해 빠짐없이 기억될 것이라고 한다. 이것을 '객관적 영생'이라고 부르는데, 나와 나의 기억은 사라지지만 하나님께서 나의 모든 것을 영원히 기억하실 것이라는 의미에서 객관적 영생이라고 부른다. 하지만 나의 삶을 기억하는 '나'라는 존재가 없는데, 하나님의 기억 속에 남아 있는 나의 삶이 무슨 의미가 있느냐고 물으면 할 말이 없을 것이다.

이런 식으로 죽음이 극복된다면 굳이 하나님을 들먹일 필요도 없다. 하나님이 없어도 나의 삶의 자취와 영향은 어떤 형태로든 영원히 남을 것이기 때문이다. 내가 죽어도 나의 자식과 후손, 나의 재산과 유산, 나의 저서, 나의 업적, 하다못해 내가 남긴 말 한마디, 행동 하나라도 어디엔가 어떤 형태로든 남을 것이고, 완전한 소멸이란 없을 것이다. 이런 생각으로 위로를 받을 사람도 있을지 모르겠다.

따지고 보면 우리 인생이란 자연이라는 거대한 에너지의 순환과정 속에 잠시 모습을 드러냈다가 자연의 품으로 돌아가는 것이다. 인간도 자연이라는 거대한 리사이클링 과정의 일부이기에 나라는 개체가 해체되어도 무한한 자연의 품에 안길 것이라고 생각할 수 있다. 고 노무현 대통령이 남긴 유서처럼, 우리는 모두 그야말로 '자연의 한 조각'으로 돌아갈 것이며, 자연의 무한한 생명, 절대적 생명, '온 생명'은 계속될 것이라고 자위할 수 있을지 모르겠다. 장자의 말대로, 삶과 죽음은 낮과 밤의 교체처럼 자연의 순환과정일 뿐인데 하나를 더 선호하고 다른 하나를 미워할 이유가 어디 있겠느냐는 것이다.

불교의 근본 가르침도 이와 본질적으로 다르지 않다. '나'라는 존재는 본래 실체가 없는 것이라는 무아無我의 진리를 깨닫는 것이 불교의 요체이다. '나'라는 것은 본래부터 실체가 없는 것인데, 도대체 누가 살고 누가 죽느냐는 것이다. 나는 온통 나 아닌 것으로 되어 있고, 무수한 관계망 속에서 온통 남의 신세를 지면서 임시로 존재할 뿐이다. 하늘과 땅, 산과 바다, 숲과 나무, 부모 친척, 친구들이 모두 '나'라는 특수한 존재를 연출하는 인연의 그물망을 형성해서 '나'라는 존재가 잠시 모습을 드러낸 것일 뿐, 나는 본래부터 실체가 없다는 것, 그 자체로는 아무것도 아니라는 말이다. 한마디로, 나라는 관념은 허구요 망상이라는 것이다. 이런 사실을 모르고 나에 집착하기 때문에 인생의 모든 비극이 시작되고, 어리석게도 우리는 죽음이라는 문제도 아닌 문제를 안고 고민하게 된다는 것이다. 사는 나가 없는데, 죽는 나가 어디 있으며 죽은 후에 존재할 항구적인 나는 더욱더 망상일 뿐이라는 것이다. 어리석고 부질없는 집착과 희망사항일 뿐이라는 것이다.

이 무아사상도 결국 인간을 포함해서 자연의 모든 생명이 연결되어 있다는 사상과 대동소이한 자연주의적 인생관이라고 할 수 있다. 자연의 무수한 개체들은 서로 연결되어 있고 서로 조건이 되어서 끝없이 생멸을 거듭하지만, 나뭇잎 하나가 떨어져 대지의 무한한 생명으로 흡수되었다가 또다시 다른 잎이나 꽃으로 피어나듯, 모든 유한한 생명은 죽음을 통해 더 큰 생명의 순환과정으로 편입된다는 인생관이다.

나의 무덤에서 울지 마오

나는 2007년도에 일본에 1년간 체류했었는데, 그때 일본에서는 〈천의 바람이 되어〉라는 노래가 중장년층 사이에서 선풍적 인기를 끌었다. 노래를 부른 가수는 신통치 않았지만 잘생긴 외모에다 가사가 워낙 좋아서 그런지 크게 유행했다. 가사는 본래 미국 9.11 테러 희생자들을 위로하는 추모집회에서 낭독된 시라고 하는데, 아라이 미츠新井 滿라는 일본 작곡가가 번역하고 곡을 붙였다. 영시 원문과 아라이의 번역에는 차이가 있는데, 둘 다 좋아서 적당히 둘을 참고해서 우리말로 옮겨보았다.

> 나의 무덤에서 울지 마오
>
> 나는 거기에 없소, 나는 잠든 게 아니오
>
> 나는 허공에 부는 천 줄기 바람
>
> 가을에는 햇빛이 되어 영근 알곡에 내리쪼이고
>
> 겨울에는 다이아몬드처럼 반짝이는 눈이 된다오
>
> 아침에는 새가 되어 당신을 깨우고
>
> 밤에는 별이 되어 당신을 지켜준다오
>
> 나는 허공에 부는 천 줄기 바람
>
> 나의 무덤에서 울지 마오
>
> 나는 거기에 없소, 나는 죽은 게 아니오

이 노래에는 죽은 자를 그리워하는 애절한 마음이 배어 있다. 죽은 자가 햇빛과 바람, 눈과 별이 되어 산 자 곁에 가까이 있다. 인간과 자연이 하나 되는 동양적 자연주의와 물아일체物我一體 상이 깔려 있는 듯 하고, 한 송이 꽃이나 돌 하나에도 영혼이 깃들어 있다는 애니미즘 신앙이 깔려 있는 것 같기도 하다. 여하튼, 시인은 죽은 자가 한 인격적 개체로 존속하기를 바라는 것은 아니고 자연의 일부가 되어 산 자의 곁에 가까이 있다는 생각에서 위안을 구한다. 나의 절친했던 벗이 잠들어 있는 평안학사 앞뜰에 세워진 자그마한 돌비석의 시구가 생각난다. "님은 꽃으로 웃고 바람으로 스치시네."

가해자가 영원히 승리한다면

하지만 이런 자연주의적 인생관이 진정으로 위로가 될지 의문이다. 결정적인 문제는 여전히 개체로서의 나, 현세를 살다가 죽은 인격체로서의 개인은 사라지며, 사람은 죽으면 다 마찬가지가 된다는 데 있다. 선한 사람이든 악한 사람이든 궁극적으로 자연이라는 순환체계 속으로 흡수되어서 사라지기는 매한가지이며, 아무도 자기 인생에 대해 책임질 일이 없고 책임질 수도 없다. 억울하게 인생을 살다간 무수한 인간의 눈물은 영원히 씻을 길이 없고, 의로운 자들이 흘린 피는 보상받을 길 없으며, 억울하게 살다간 자들의 복권도 없을 것이다. 그리고 철학자 호르크하이머Horkheimer의 말대로, 가해자가 피해자에게 영원히 승리하게 될 것이다. 그런가 하면 우리가 그토록 치열하게 추구하던 정의와 선, 진리와 아름다움도 우리가 죽으면 우리와 아무 상관 없고, 우리의 인생은 영원히 미완성으로 남을 것이다. 설령 우리가 추구하던 가치와 이상이 영원해서 언젠가 완전히 실현되는 날이 온다 해도, 그것을 확인하거나 누릴 나는 없을 것이다. 도대체 우리는 현세를 왜 살았단 말인가?

우리가 정말로 개인이란 것은 별로 중요하지 않고 집단을 위해 존재할 뿐이며, 개체란 본래 허망한 것이고 '나'라는 관념은 망상에 지나지 않는다고 생각한다면 모르지만, 그래서 나와 너의 차이도 별거 아니고 선과 악도 개인의 책임보다는 사회의 책임이며, 역사의 모든 갈등과 비극은 허망한 게임에 불과할 뿐이라고 생각한다면 모르지만, 개인들의 사후 운명이 정말 모두 동일하게 된다는 인생관과 내세관을 우리가 진지하게 수용하고 살 수 있을지 의문이 든다. 히틀러와 테레사 수녀가 사후에 같은 운명을 맞는다는 생각을 우리가 정말로 진지하게 수용할 수 있을까? 개체의 소멸과 죽음을 달관하는 동양적 자연주의나 죽음 자체를 부정하고 초월하려는 사상들이 개인의 집착과 이기심을 초월하게 만드는 숭고한 사상이기는 하지만, 이런 면에서는 만족스럽지 못하다. 과연 그런 인생관과 내세관을 가지고 우리가 얼마나 현세를 진지하고 의미 있게 살 수 있을지 의문이 들기 때문이다.

몸이 다시 산다는 것

바울 사도는 몸의 부활과 구원이라는 내세관을 강한 어조로 논증

했다. 예수의 부활은 몸은 죽으나 영혼은 영원히 산다는 생각이 아니라 십자가에 달려 죽었던 그의 몸이 부활해서 지상에서 활동하던 구체적 인간 예수가 죽음을 넘어 하나님의 품에서 영생한다는 것이다. 부활신앙은 인간은 몸과 영혼을 다 갖춘 온전한 존재이며 개체적 인격체로서 영생을 누린다고 믿는 신앙이다. 흙으로 빚어 만든 첫 사람 아담이 흙으로 돌아가야 하는 존재라면, 두 번째 인간 그리스도는 하늘에 속한 새로운 인간으로서 하나님과 더불어 영생을 누리는 존재라는 것이다. 우리도 모두 땅에 속한 옛사람이 아니라 그리스도와 같이 하늘에 속한 새사람으로서 영생의 희망을 가지고 살 수 있게 되었다는 것이 부활신앙이다.

몸이 다시 산다는 것은 영혼만을 가진 반쪽 인간으로서가 아니라 현세를 산 김 아무개, 이 아무개라는 구체적 인격체로서 영생을 누린다는 것을 뜻한다. 유대 사람들이나 바울에게는 몸은 없고 영혼만 있는 인간은 생각할 수도 없었다. 영생이 있다면 영혼만의 불멸이 아니라 지상을 살고 간 몸과 영혼의 전인적 구원이고 영생이라는 것이다. 부활신앙은 이 점에서 영혼의 불멸이나 육체로부터 영혼의 해방을 구원으로 간주하는 플라톤주의 사상이나 힌두교 일반의 사상과는 아주 다르다. 바울에게 인간은 어디까지나 몸과 영혼이 같이 가야 하는 존재이며, 몸의 부활은 당연히 몸과 영혼의 영생을 의미했다. 몸이란 바울에게 단순히 영혼에 대비되는 개념이기보다는 인간 전체를 아우르는 개념이라고 보아도 좋다.

몸은 죽지만 몸에서 해방된 영혼은 불멸한다는 사상과 달리, 몸도 영생에 참여한다는 부활신앙은 실로 너무나 상식을 뛰어넘기 때문에 많은 사람이 믿기 어려워하는 것이 사실이다. 신학자들 가운데도 몸의 부활과 영생에 대해서는 모호한 자세를 취하는 사람이 많다. 기독교 신학은 일단 영적 부활과 몸의 부활을 구별한다. 정통신앙, 성서적 신앙, 바울의 신앙은 둘 다 긍정하지만, 영적 부활만 수용하고 몸의 부활은 수용하지 않거나 유보적 입장을 취하는 사람도 많다. 나는 둘 다 믿는 사람이지만, 영적 부활만 믿고 사는 신앙도 매우 훌륭한 신앙이라고 일단 말하고 싶다.

영적 부활이란 우리가 그리스도의 죽음과 부활에 영적으로 동참함으로써 그리스도의 영을 모시고 사는 새로운 존재로 태어난다는 생각이다. 영적으로 부활하여 지금 여기서 영생을 산다는 말이다. 바울 사도의 말씀대로, 십자가에 못 박혀 죽음으로써 "이제는 살고 있는 것은 내가 아닙니다. 그리스도께서 내 안에 살고 계십니다"(갈 2:20)라는 것이다. 예수의 죽음은 오히려 그를 육체의 한계에서 벗어나 무한한 영의 그리스도가 되게 했으며, 그의 영을 받은 신자들을 통해서 그가 다 못하고 간 하나님 나라 운동과 사역이 계속된다는 것이다.

나는 이 영의 그리스도가 교회라는 울타리를 넘어 세계를 변화시키는 힘으로 작용한다고 믿는다. 영적 부활이란 나의 옛 자아가 죽고 내 안에 그리스도의 영이 살아 새로운 존재로서 산다는 말이다. 부활과 영생은 단지 사후에 누리는 축복이기보다는 지금 여기서 그리스도의 영을 받아 사는 신자들의 삶 속에서 현실화된다는 것이다. 사실 우리가 지금 여기서 영생을 맛보지 못한다면 사후에도 영생을 누리지 못할지 모른다.

영적으로 예수의 죽음과 부활에 동참한다는 신앙은 죽어야만 산다는 사즉생의 신앙이다. "나는 감히 단언합니다. 나는 날마다 죽습니다"라는 바울 사도의 고백대로, 옛사람의 죽음을 통해서 진정한 생명을 얻는다는 신앙이다. 이러한 신앙이 철저하다면 죽음을 두려워할 필요가 없고, 내가 죽으면 어떻게 될까 염려할 필요도 없을지 모른다. 지금 이미 그리스도와 하나가 되어 영생을 누리기 때문이다.

이러한 사즉생의 진리와 영적 부활의 삶은 실로 고귀하며, 불교나 다른 종교들과도 통하는 진리이다. 불교의 핵심도 탐욕과 어리석음에 물든 자기를 죽이고 더 큰 생명을 얻는다는 사즉생의 가르침이며 실천이기 때문이다. '나'가 죽어야만 진정한 나, 참나, 참 생명이 탄생한다는 가르침이며, 나는 이것이 모든 종교의 가장 근본적이고 보편적인 가르침이라고 생각한다.

하지만 나는 예수의 부활이나 우리의 부활을 단지 영적 부활로만 간주하는 견해는 고귀하기는 하나 불충분하다고 생각한다. 부활과 영생을 순전히 개인의 내면적 변화, 영적 변화로만 이해하는 것은 우리가 사후에 겪는 운명에 대해 모호한 태도를 취하기 때문이다. 나는 사후의 개별 인격의 존속 여부를 애매하게 놔두는 내세관은 죽음의 문제를 만족스럽게 해결하지 못한다고 생각한다. 나는 인생의 도덕적 부조리의 문제를 해결하고 인생의 도덕적 완성과 영적 완성을 위해서는 개인 인격이 어떤 형태로든 존속하면서 영생에 참여해야 한다고 믿는 사람이다.

사실, 이 문제는 수십 년간 종교학, 철학, 신학을 공부해 오다가 인생의 황혼기에 접어든 나에게 남은 마지막 숙제와도 같다. 앞서 언급한 자연주의적 세계관이나 불교의 무아사상 그리고 영혼의 불멸성을 믿는 플라톤주의나 힌두교 사상 모두가 전적으로 만족스럽지 못하기 때문이다. 부활을 순전히 영적 부활로만 보는 것은 인생과 세계의 부조리 문제를 만족스럽게 해결할 수 없다. 좀 유치하고 조잡해 보여도, 나는 몸의 부활신앙이 여전히 인생에 대해 포기할 수 없는 진리를 지니고 있다고 생각한다. 따라서 이 생각을 앞에서 논한 영적 부활사상이나 초개인적 영생관과 조화시킬 방도에 대해 고심하고 있다.

내가 부활신앙에 대해 영적 부활뿐 아니라 몸과 인격의 부활을 믿어야 한다고 생각하는 이유는 단지 '나'라는 개체의 소멸이 두렵거나 영원히 살고 싶은 욕망 때문이 아니다. 이보다는 억울하게 현세를 살다간 무수한 인간의 운명을 생각하기 때문이고, 사후 심판과 지옥이 없다면 인생의 도덕적 부조리를 해결할 길이 없다고 믿기 때문이다. 히틀러나 마더 테레사가 죽은 후 동일한 운명을 맞는 것이 사실이라면, 세계와 인생은 궁극적으로 부조리하며 그런 세계는 내가 믿는 하나님이 창조하고 인도하는 세계가 아닐 것이라고 생각한다. 십자가에서 억울하게 돌아가신 예수를 하나님께서 살리셨다면, 예수를 따르고자 흉내라도 내면서 산 사람들 모두가 그의 부활에 참여할 것이며, 불의를 즐기고 일삼던 사람들은 사후에라도 어떤 형태로든 자신들의 삶에 책임을 지는 과정이 반드시 있어야 한다는 것이 내가 믿는 하나님 신앙이다.

부활신앙의 바른 이해

나는 평소에 기독교의 전통적 인생관과 내세관이 지니는 가장 큰 맹점 가운데 하나가 '패자부활전'이 없다는 것이라고 생각해 왔다. 전통적인 기독교 인생관에 따르면, 삶의 기회는 단 한 번밖에 없다. 이 유일회적 삶을 자기 잘못도 아닌데 어쩌다 불행하게 태어나거나 악하게 살 수밖에 없는 사람도 지옥에서 영벌을 받는다. 반면에 별로 의롭게 살지도 않았는데 단순히 예수를 믿고 교회에 다녔다는 이유 하나만으로 천국의 행복을 영원히 누린다. 이런 불공정하기 짝이 없는 내세관을 가지고 기독교는 2,000년 동안이나 버텨왔다. 이제 우리는 이러한 말도 안 되는 내세관을 과감히 폐기하거나 수정할 때가 되었다고 생각한다. 의로우시고 선하시고 사랑이신 하나님이 주관하시는 세계와 인생은 결코 그런 내세와는 조화될 수 없다고 믿기 때문이다.

나는 몸의 부활, 개체로서의 인간의 영생을 믿고 사후 심판과 지옥의 존재도 믿지만, 이와 동시에 인간의 운명을 단순하게 이분법적으로 재단하는 종래의 내세관은 과감히 수정되어야 한다고 생각한다. 나는 몸의 부활신앙에 따라 모든 인간이 사후에 개인으로 경험하는 또 하나의 삶의 기회가 있다고 믿는다. 그래서 인생을 미처 살아보지도 못하고 죽은 어린 생명들이나 억울하게 죽은 인생들이 부활하고 복권되어 다시 한번 삶의 기쁨을 누릴 수 있는 기회가 있을 것이라고 생각한다. 그런가 하면 인생을 잘못 산 사람들은 하나님을 대면하여 뼈아픈 회개의 눈물을 흘리고 몸과 마음이 정화되는 기회를 가질 것이며, 극악하게 산 사람들에게는 반드시 지옥의 영벌이 따를 것이라고 믿는다. 이런 구체적이고 사실주의적인 내세관이나 영생관이 없이는, 나는 죽은 자들이나 남아 있는 자들에게 진정한 위로가 없을 것이며 죽음의 문제를 해결하지 못할 뿐 아니라 삶도 허무를 면하기 어렵다는 생각을 금할 수 없다. 우선, 몸의 부활에 대해서 몇 가지 유의할 점을 말하고자 한다.

첫째, 부활은 인간의 가능성이 아니라 하나님의 가능성, 하나님의 미래라는 점이다. 부활은 생명 자체이고 생명의 근원이신 하나님이 죽은 예수의 몸을 다시 살리셨다는 것이지, 죽은 예수 스스로가 마치 자다가 벌떡 일어나듯 다시 살아났다는 것이 아니다. 부활에 관한 가장 이른 증언들은 하나님께서 그를 죽은 자 가운데에서 일으켜 주셨다고 한다. 바울은 하나님께서 그리스도를 살리셨다고 말하고 있으며, 바울 서신 가운데 가장 먼저 쓰인 데살로니가전서 1장 10절에서도 '예수를 하나님께서 죽은 자들 가운데 살리셨다'고 말하고 있다. 또 사도행전에 나오는 베드로의 유명한 설교도 하나님께서 죽은 예수를 다시 일으켜 세우셨다고 증언한다. 부활은 인간의 가능성이 끝났을 때 일어난 하나님의 역사이지 결코 인간의 역사가 아니라는 점을 기억할 필요가 있다. 우리가 부활을 실제 사건으로 믿는다 해도, 이 점을 간과해서는 안 된다. 부활은 어디까지나 하나님에 의해 이루어진 신비롭고 초월적 사건이지, 우리 인간에 내재하는 어떤 힘에 의해 발생한 현상이 아니고 우리의 상식으로 이해할 수 있는 사건이 아니라는 말이다.

둘째, 부활은 만인의 부활을 예고하고 새로운 창조를 예시하는 사건이다. 이 세상에서 일어난 사건이지만 동시에 장차 올 새로운 세계, 즉 '새 하늘과 새 땅'이 이미 시작되었음을 알리는 결정적 신호탄이었고 예표豫表였다. 창조의 하나님은 동시에 종말의 하나님이다. 무에서 유를 창조하신 하나님은 죽음에서 생명을 만들어 내시는 하나님이다. 이것이 부활신앙이다. 예수의 부활은 종말론적 사건으로서, 역사의 종말, 즉 구시대가 지나고 새로운 시대, 새로운 세계가 열리기 시작했다는 확실한 징표였다. 하나님 나라의 새로운 역사, 새 하늘과 새 땅이 열리기 시작했음을 알리는 결정적 신호탄과도 같은 사건이었다.

예수가 전파한 하나님의 나라는 이미 시작된already, 그러나 동시에 아직 기다려야 하는not yet 종말적 사건이었다. 초대교회 그리스도인들은 예수의 부활에서 만인이 부활하는 하나님 나라를 선취하는 기쁨을 누렸다. 그래서 그들은 예수의 부활을 '죽은 자들의 첫 열매'라고 부른 것이다. 예수의 부활과 더불어 죄와 죽음의 역사가 극복되고 참 생명의 새 역사가 시작된다는 믿음, 새 하늘과 새 땅이 열리기 시작했다는 확신을 안고서 초대교회 그리스도인들은 온갖 역경을 이겨냈다. 지상에 살면서도 천국 백성으로 사는 기쁨을 안고 살았다.

셋째, 이와 관련하여 새 하늘과 새 땅을 고대하는 부활신앙은 온 우주의 구원을 꿈꾸는 기독신앙의 우주적 비전을 담고 있다. 우리의 몸이 부패한 몸에서 부패하지 않는 영적인 몸, 영광스러운 몸으로 변화될 것이라는(빌 3:21) 믿음은, 새 하늘과 새 땅이 지금 우리가 아는 물질과 시간과 공간의 세계 자체가 변화되는 세계일 것임을 암시한다. 다시 말해, 인간과 역사의 세계뿐 아니라 인간의 죄악과 탐욕으로 망가진 자연의 물질계와 생명계도 질적으로 변화하는 우주적 구원이 실현될 것이라는 희망이다. 바울 사도의 말대로, "피조물도 썩어짐의 종살이에서 해방되어서, 하나님의 자녀가 누릴 영광된 자유를 얻으리라는 것입니다. 모든 피조물이 이제까지 함께 신음하며, 함께 해산의 고통을 겪고 있다는 것을, 우리는 압니다"(롬 8:21-22).

부활신앙이 기다리는 종말은 창조세계가 폐지되고 사라지는 종말이 아니라 우주 만물이 부활의 생명에 참여하는 새로운 창조의 세계이다. 종말은 하나님의 창조세계 전체가 구원에 참여하는 세계로서, 부활은 그 확실한 징표이고 선취이다. 하나님의 나라는 하나님과 인간만 화해하는 공동체가 아니라 하나님과 인간과 자연이 사랑 가운데에서 연합하는 보편적 화해universal reconciliation의 공동체이다(골 1:20). 새로운 창조는 단순히 옛 창조의 복원이 아니라 그보다 더 놀랍고 찬란한 세계가 될 것이다. 예수를 살리신 하나님의 부활의 영과 생명과 빛이 넘치며 창조주 하나님의 말씀과 지혜가 충만하고, 하나님의 영광이 충만한 찬란한 세계일 것이다. '하나님이 모든 것 가운데 모든 것all in all'이 되심으로 만물이 하나님의 생명과 영광에 참여하여 영원한 생명을 누리는 세계일 것이라는 믿음이, 몸이 다시 사는 것을 믿는 부활신앙이다. 하나님이 만물 안에 계시고 만물도 하나님 안에 존재하는 새로운 창조의 세계에서는 죄로 인한 인간의 이탈이나 소외가 말끔히 사라지고, 인간의 탐욕으로 훼손당하고 망가진 피조물들의 고통과 탄식도 사라질 것이다. 하나님의 뜻이 "하늘에서처럼 땅에서도 이루어짐으로써" 온 땅이 하나님이 거하시는 성전이 될 것이다.

넷째, 부활은 단순한 일시적 소생이 아니라는 점이다. 일시적 소생이라면 예수가 정말로 죽은 게 아니었든지, 아니면 소생한 후에도 다시 죽었을 것이다. 하지만 부활은 일시적 소생이 아니라 영원한 생명을 의미한다. 그래서 사도신경에서 우리는 "몸이 다시 사는 것과 영원히 사는 것을 믿사오며"라고 연이어 고백하는 것이다. 부활과 소생은 질적으로 다르다. 부활은 영생의 문이지 현세의 연장이 아니다. 따라서 부활의 몸은 지상에서의 몸, 썩어질 몸의 소생이 아니라 하늘의 생명, 하나님의 영원한 생명에 참여하는 '썩지 않는 몸'이라고 바울은 증언한다. 또한, 부활의 몸은 하나님의 생명의 영, 부활의 영에 의해 일으킴을 받는 새로운 몸, 변화된 몸, 영의 몸 혹은 영적인 몸spiritual body이라고 말한다. 예언자 에스겔이 환상 가운데서 본 것처럼 앙상한 죽은 뼈들이 하나님의 영의 바람이 불자 일제히 살아나듯 부활의 몸은 성령에 의해 살아난 변화된 몸이며 영광의 몸이다.

이렇게 질적으로 변화된 몸, 영적인 몸이 과연 어떠한 존재일지 우리로서는 잘 알 수가 없다. 다만 복음서의 기록에 따르면, 부활한 예수의 몸은 시간과 공간의 제약을 넘어 여기저기서 나타난다. 예수는 또 부활의 몸이 하늘의 천사처럼 빛나는 몸일 것임을 암시하기도 한다. 한 걸음 더 나아가서, 부활한 몸이 영적인 몸으로 변한다는 것은 시간과 공간과 물질의 세계 자체가 지금의 세계와는 달리 변화될 것임을 암시한다고 해석할 수도 있다. 여하튼, 부활한 몸이 참여하는 사후 세계는 지금의 세계와는 달리 하나님의 영spirit이 충만한 세계, 하나님의 영으로 변화된 썩지 않을 세계일 것이다.

다섯째, 부활은 무엇보다도 예수가 벌인 하나님 나라 운동, 십자가의 처형으로 끝장이 난 것처럼 보인 운동의 부활을 의미했다. 새로운 세상을 기대하고 꿈꾸다가 절망하고 뿔뿔이 흩어진 제자들의 희망을 되살려준 부활이었다. 부활은 예수가 전파한 하나님 나라의 복음이 헛된 꿈이 아니었고, 그가 고대하던 새로운 세상이 정말로 가능하다는 희망의 불씨를 되살려준 사건이었다.

예수의 몸의 부활은 결코 제자들의 환상이 아니었으며 스승 예수가 남긴 인격의 감화를 잊지 못한 그의 제자들이나 여인들이 본 환상이거나 지어낸 이야기가 아니다. 자기들이 지어낸 이야기를 박해 속에서 목숨을 걸고 선포하며 다니는 사람이 어디 있겠는가? 예수는 사후에 제자들의 마음에 의해 기억되기 전에 몸으로 부활했다. 바로 이런 부활이 그를 영원히 잊지 못할 스승으로 만든 것이며 천국 복음을 선포하고 천국운동을 하고 다니신 전도자 예수를 전파해야 할 전도의 대상, 복음의 대상, 신앙의 대상으로 만든 것이다.

십자가의 참극으로 수제자 베드로까지 두려움 속에서 스승을 모른다고 세 번씩이나 부인하고, 나머지 제자들도 모두 도망쳐 버린 마당에 예수운동은 끝장난 것처럼 보였다. 이러한 판국을 일거에 뒤집은 것은 스승의 인격에 감화를 받아 그를 그리워하던 그 '잘난' 제자들의 용기가 아니라 예수의 몸을 다시 일으켜 주신 하나님의 힘이었다. 로마의 공권력에 의해 십자가에 처형당한 죄수 예수가 다시 살아났다고 공공연히 떠들고 다닐 정도로 무모하던 제자들의 용기는 이런 부활 사건 없이는 설명이 안 된다. 십자가에 무력하게 죽은 예수를 다윗의 후손 그리스도, 곧 메시아라고 전파하고 다니는 우스꽝스러운 일도 부활의 확신 없이는 설명이 안 되는 미친 짓처럼 보였을 것이다. 바울 자신도 다마스쿠스로 향하던 길에서 부활하신 예수를 강한 빛과 음성으로 만나기 전까지는 십자가에 달린 죄수가 메시아이고 하나님의 아들이라고 떠들고 다니던 그리스도인들이 얼마나 한심한 존재들이었는지 잘 아는 사람이었다.

여섯째, 부활은 부당하게 처형당한 당시 종교권력과 정치권력에 대한 하나님의 심판의 의미를 지닌 사건이었다. 인간의 법정은 그를 중범자로 십자가형에 처했으나, 하나님의 심판은 그를 의로운 자로 인정하시고 죽은 자들 가운데에서 살리신 것이다. 그가 온몸을 바쳐 선포하고 증언한 하나님 나라의 비전이 결코 허황된 꿈이 아니었음을 입증해 주는 사건이었다. 더 나아가서, 그의 전 생애와 가르침을 정당화하고 새롭게 이해하게 만드는 사건이었다. 이러한 부활의 소식을 전파하고 다니던 제자들의 행위는 매우 위험한 일이었다. 억울한 죽음을 초래한 부당한 판결을 내린 당시의 당국자들과 권력자들에 대한 비판과 도전과도 같았기 때문이다.

일곱째, 아무도 예수의 부활 사건을 직접 목격한 사람은 없지만, 부활의 가장 강력한 간접적 증거는 예수의 천국운동이 십자가의 처절한 패배 후에도 계속되었다는 부정할 수 없는 사실이다. 십자가의 패배 그리고 온갖 역경과 박해와 위험에도 불구하고 제자들이 예수의 하나님 나라 운동을 계속할 수 있었다는 사실, 그리하여 교회가 2,000

년 이상 계속될 수 있었다는 사실 자체이다. 신학자 에밀 부룬너E. Brunner의 표현대로 부활절 사건이 없었다면 세계는 교회와 예수에 대해 듣지도 못했을 것이라는 말이다. 부활로 인해 예수가 시작한 하나님 나라 운동은 지속될 수 있었으며 예수를 그리스도로 고백하는 교회라는 신앙 공동체가 탄생하고 기독교 2,000년의 역사가 전개될 수 있었던 것이다.

여덟째, 부활은 하나님의 결정적인 자기 계시의 사건이며 하나님께로부터 와서 하나님께로 돌아가 하나님과 하나가 된 예수의 신성과 신인합일의 진리를 드러내는 사건이었다. 부활은 역사적 존재 예수에게 일어난 사건이었지만, 동시에 역사 전체의 종말을 예고한다는 뜻에서 '초역사적' 사건이었다. 시간과 영원을 이어주는 사건이었고, 부활한 그리스도의 생명에 참여하는 우리에게도 시간 속에서 영생의 문을 열어준 사건이었다.

아홉째, 부활하신 예수의 영원한 생명에 참여하는 우리의 부활은 그의 십자가의 고난에 참여하는 일 없이는 가능하지 않다는 사실이다. 예수의 부활이 그의 하나님 나라 운동과 십자가의 죽음을 떠나서 제대로 이해될 수 없듯이 우리의 부활과 영생의 소망 또한 하나님의 의를 구하는 고난의 길에 참여하지 않고는 헛된 욕망일 뿐이다. 십자가를 무시하는 부활신앙은 아편이다. 십자가는 부활의 준비이며, 부활은 십자가의 완성이다. 십자가를 통한 부활의 길, 죽는 길이 사는 길이라는 것, 죽으면 살리라는 사즉생의 진리는 복음의 핵심이고, 세계와 인생의 보편적 진리이다.

사후의 삶은 어떤 모습일까

부활의 신앙과 소망이 우리에게 암시하는 것 가운데 하나는, 우리의 몸도 영생의 세계에서 부활하신 주님의 몸과 같이 시간과 공간의 제약을 초월하여 아무 때나 여기저기 나타날 수 있는 자유로운 몸일 것이라는 사실이다. 마치 애벌레가 고치를 벗고 나비가 되어 훨훨 날듯이, 부활한 영의 몸도 그러한 자유로운 몸이 아닐까 상상해 본다. 예수는 영생의 몸을 하늘의 천사처럼 빛나는 몸에 빗대었지만, 중요한 것은 부활의 몸이 지상에서의 정체성과 어느 정도 연속성을 지닐 것이라는 점이다. 제자들이 부활하신 주님에게서 십자가에 처형당한 예수를 알아볼 수 있었듯이 부활한 우리의 몸도 변화된 몸이기는 하나 서로를 알아볼 수 있을 정도의 구체적 연속성이 있는 몸일 것이라는 말이다.

그리스도인들은 가끔 천국에 가면 누구를 제일 먼저 만나 보고 싶은가라고 반 농담처럼 묻는다. 농담만은 아닐 것이다. 제자들이 부활하신 주님을 알아본 것처럼 우리도 천국에서 서로를 알아볼 것이다. 평생 예수를 믿었는데, 우리도 예수님 얼굴을 한 번만이라도 뵈어야 할 것 아닌가? 또 지상에서 맺은 우리의 소중한 인연도 어떤 식으로든 계속될 것이라고 부활신앙은 믿는다. 그래서 우리는 이 세상을 사는 동안 누구를 죽도록 미워하면 안 될 것 같다. 미워했다 해도 죽기 전에는 화해하고 죽어야 할 것이다. 천국에서는 미움이라는 것이 없겠지만, 누가 아는가, 지상에서의 악연이 영원히 계속될지!

몸이 부활하는 영생의 세계는 우리 사람만 변화되는 세계가 아니라 만물도 함께 변화되는 새로운 세계일 것이다. 뭇 생명과 함께하는 다채로운 세계일 것이다. 천국은 흔히 생각하듯이 그야말로 24시간 예배만 드리는 지루하기 짝이 없는 세계가 아니라 하나님의 창조 역사가 완성되는 새로운 창조, 새로운 삶이 전개되는 세계일 것이다. 인간과 하나님만 화해하는 공동체가 아니라 하나님과 인간과 자연 모두가 사랑 가운데 하나가 되는 보편적이고 우주적인 화해의 공동체일 것이다. 하나님이 '모든 것 안에 모든 것이 되는' 공동체이며 만물이 하나님의 영원한 생명에 참여함으로써 소멸의 허무를 벗어나 영생을 누리는 세계일 것이다. 요한계시록의 저자가 환상 가운데서 본 '새 하늘과 새 땅'이 열릴 것이며 "하나님이 친히 그들과 함께 계시고, 그들의 눈에서 모든 눈물을 닦아 주실 것이니, 다시는 죽음이 없고 슬픔도 울부짖음도 고통도 없을 것이다. 이전 것들이 다 사라져 버렸기 때문이다"(계 21:3-4).

바울 사도는 "하나님의 나라는 먹는 일과 마시는 일이 아니라, 성령 안에서 누리는 의와 평화와 기쁨입니다"(롬 14:17)라고 했다. 하지만 나는 이보다 좀 더 구체적으로 생각해 보고 싶다. 물론 어디까지나 추측이고 사변이지만.

부활한 사람들이 각자의 영적 몸을 가지고 있듯이 각자 현세의 기억도 가지고 하나님과 함께 그리고 하나님 안에서 영생을 누릴 것이다. 다만 이 기억이 하나님의 사랑의 빛, 찬란한 영광의 빛으로 채색되기 때문에 현세에서 느끼는 아픔이나 회한 같은 것은 없을 것 같다.

천국의 삶에도 개인의 정체성이 존재하는 한, 개인 간의 차이는 당연히 남아 있을 것이라고 생각한다. 그러나 차별이나 시기 같은 것은 없을 것이다. 신앙을 위해서 그리고 의를 위해서 목숨을 바친 순교자들이나 의인들은 하나님과 더 가까울 것이며, 우리처럼 그저 그렇게 살다가 죽은 평범한 사람들은 그만큼 하나님으로부터 멀 것이고, 즐거움도 덜할지도 모른다. 반면에 극악한 삶을 산 사람들, 평생 자기만 알고 남을 괴롭히고 산 어둠의 자식들은 빛이신 하나님의 낯을 피해 끝없이 도망칠 것이며, 어둠 속에서 자기 삶을 후회하고 뼈아픈 참회의 과정 후 하나님께 나아갈 것이다.

예수께서 말씀하신 대로 천국에서는 혼인이나 가족 관계는 없을 것이다. 그리스도 안에서는 남자와 여자, 주인과 종, 그리스인이나 유대인의 구별이 없다는 바울 사도의 말씀대로, 천국에는 인종이나 국가나 부족이나 계급 같은 집단적 정체성과 차이는 존재하지 않을 것이다. 만악의 근원인 돈이 존재하지 않을 것은 두말할 필요가 없다. 스웨덴보리Swedenborg가 그의 『천국과 지옥』에서 그린 대로, 어린아이들은 죽으면 무조건 천국행이다!

이 모든 것이 다분히 추측성 이야기이지만, 내가 믿는 하나님과 기독신앙의 논리에 따라 해 본 생각이기에 순전히 자의적인 것만은 아니리라 생각한다.

지옥에 대하여

나는 지옥이 있다고 믿지만, 흔히 생각하듯이 지옥이 하나님께서 악인을 가두기 위해 별도로 만들어 놓은 공간이라고 생각하지는 않는다. 지옥은 어두운 삶을 산 사람들이 빛이신 하나님의 낯을 두려워하고 견디지 못해 도망치면서 자초한 고립된 '세계'일 것이다. 그래서 지옥의 문은 누군가가 밖에서 잠그는 것이 아니라 죄인들 스스로 안에서 잠그는 것이라는 말도 있다. 하나님의 진노와 징벌은 하나님의 노여움으로 죄인을 징벌하는 것이 아니라 죄인 스스로 하나님의 빛나는 얼굴을 두려워해서 피하려는 마음이다.

무엇보다도 나는 이 지옥의 고통이 영원하다고 생각하지 않는다. 하나님께서 자기 자식과도 같은 피조물을 영원히 벌주기 위해 별도의 '공간'을 만들어 놓았다거나 그렇게 되도록 내버려 둘 것이라는 것은 주일학교 시절에나 믿던 이야기이지, 지금은 상상조차 할 수 없는 일이다. 그런 것을 복음이라고 전파하고 다니거나 그런 생각으로 위로와 기쁨을 얻는 사람이 있다면, 아마도 제대로 된 사람은 아닐 것이다. 우리 인간 부모들도 자식이 아무리 못된 짓을 해도 끝까지 포기하지 않는데, 사랑 자체이신 하나님이야 말할 것 있겠는가?

단테의『신곡』〈지옥편〉을 보면, 지옥 입구에는 "여기 들어오는 자는 희망을 가지지 말지어다"라고 쓰여 있다. 읽는 사람의 마음을 섬뜩하게 만드는 구절 가운데 하나이지만, 그런 영원한 절망을 안기는 지옥은 중세 사람들이나 믿던 것이다. 지옥의 영벌이라는 것이 존재한다면 사랑의 하나님에 대한 모독이고 하나님의 사랑의 실패를 의미한다. 한 인간이 지은 악이 아무리 크기로서니 영원한 벌을 받을 만한 죄는 없을 것이다. 죄에 대한 개인의 책임은 엄중히 물어야 하지만, 따지고 보면 선이 한 개인의 공로만이 아니듯, 악 또한 한 개인의 책임만은 아니다. 가령, 600만 유태인을 죽음으로 몰고 간 히틀러 같은 사람의 끔찍한 범죄도 그것을 방조하거나 협조한 수백만 독일인들, 또 뻔히 알면서도 수수방관한 국제사회도 비난을 면키 어렵다.

나는 사후의 심판을 믿고 지옥의 존재도 믿는다. 악인이나 선인이나 똑같은 사후 운명에 처한다는 것은 인생에 대한 모독이고 하나님에 대한 모독이다. 인생을 웃기는 장난으로 만들어 버린다. 지옥이란 없고 사람은 죽으면 그뿐이라는 생각은 지옥에 갈 악인들의 희망사항은 될지언정 사랑과 정의의 하나님이 주관하는 세계는 아닐 것이다. 하지만 최후 심판은 하나님이 근엄한 재판관처럼 앉아서 양과 염소를 가르듯 심판하는 곳이 아니라 우리가 빚이신 주님을 대할 때 이루어질 수밖에 없는 '자기 심판'이라고 생각한다.

넘을 수 없는 선을 넘다

나는 오늘 어쩌면 넘어서는 안 될 선을 넘었고, 해서는 안 될 말을 너무 많이 하지나 않았는지 자성하게 된다. 여러분 가운데에서도 '당신이 사후 세계에 대해서 어떻게 그렇게 잘 알아?' 하고 항의하고 싶은 사람도 있을 것이다. 근거가 무엇이냐고 따지고 싶은 마음도 들지 모르겠다. 그럼에도 불구하고 넘기 어려운 선을 감히 넘은 것은 우선 나 자신이 너무나 궁금해한 문제이고, 많은 사람이 궁금해하지만 요즘 신학자들은 시원한 대답을 하지 않고, 피하거나 답을 꺼리는 문제이기 때문이다.

근거가 무엇이냐고 묻는다면 내가 살아온 인생 경험, 내가 관찰하고 이해한 세계와 인생의 성격, 내가 믿는 하나님, 특히 예수 그리스도를 통해 알게 된 하나님 그리고 무엇보다도 십자가에 달려 죽은 예수를 하나님께서 의롭다고 인정하셔서 부활의 영생으로 이끄셨다는 부활신앙에 비추어서 내세를 그려본 것이다. 솔직히 말해서 이러한 믿음 없이 나는 희망과 용기를 가지고 이 세상을 의미 있게 살아갈 자신이 없다.

이것은 물론 지식이 아니라 믿음이고, 믿음에 인생을 걸고 사는 삶의 문제이다. 그런 내세관이 맞을는지는 사후에나 알게 될 것이다. 틀린다 해도 후회하지 않을 것이며 상관없다. 우리의 삶을 심판하는 기준은 우리의 사상이나 신학이나 내세관이 아니라 우리가 얼마나 하나님의 뜻에 따라 선한 삶을 살았는가에 달려 있다고 믿기 때문이다. 나와 다른 내세관을 가지고 의미 있게 살 수 있는 사람은 그렇게 할 것이고, 불자들과 타종교 신앙인들은 물론 다른 인생관과 내세관을 가지고 살 것이다. 상관없다. 어떤 생각이 맞을지는 잘 모르지만, 한 가지 내가 확실하게 믿는 것은 우리의 사후 운명을 결정하는 것이 있다면 그것은 우리의 사상이나 종교나 신앙 따위가 아니라 우리가 얼마나 인간답게 살았는가가 기준이 될 것이라는 점이다. 내가 믿는 하나님은 내가 어떤 사상을 가지고 살았느냐, 어떤 교리를 믿었고 어떤 종교를 따랐느냐를 묻지 않고, 내가 너에게 준 소중한 인생을 어떻게 살았느냐고 묻는 분이라고 나는 생각한다.

죽음 이후에 우리를 기다리는 것은 무엇일까? 우리를 기다리는 것은 허무가 아니라 하나님의 놀라운 생명의 세계라고 부활신앙은 말한다. 창조의 하나님은 동시에 종말의 하나님이다. 무에서 유를 창조하신 창조의 하나님은 죽음에서 생명을 창조하시는 새로운 창조의 하나님이라고 기독신앙은 말한다. 그리스도인은 바로 이러한 믿음과 소망 가운데에서 현세를 더 의미 있고 값어치 있게 살아가려는 존재이다.

길희성 "종교와 영성 연구" 전집 목록

◆ 종교10강
◆ 종교에서 영성으로
◆ 아직도 교회 다니십니까
◆ 공저: 일본의 종교문화와 비판불교

⟨출간 예정 목록⟩

◆ 지눌의 선사상
◆ 마이스터 에크하르트의 영성 사상
◆ 인도철학사
◆ 번역서: 바가바드기타
◆ 일본의 정토사상 ― 신란의 타력신앙을 중심으로
◆ 보살 예수
◆ 신앙과 이성 사이에서
◆ 포스트모던 사회와 열린 종교
◆ 인문학의 길: 소외를 넘어
◆ 영적 휴머니즘
◆ 길희성 교수의 불교학 논문집
◆ 길희성 교수의 영문 종교학 논문집
◆ *Chinul, the Founder of Korean Buddhism*
◆ *Meister Eckhart: An Asian Perspective*
◆ *Understanding Shinran*
◆ 번역서: 성스러움의 의미
◆ 번역서: 종교의 의미와 목적
◆ 공역: 종교현상학(손봉호)

탈종교 시대의 그리스도교 신앙

아직도 교회 다니십니까〈개정판〉

2021년 4월 2일 개정판 1쇄 인쇄
2021년 4월 9일 개정판 1쇄 발행

지은이 | 길희성
펴낸이 | 김영호
편 집 | 김구 박연숙 정인영 김율 디자인 | 황경실
펴낸곳 | 도서출판 동연
등 록 | 제1-1383호(1992. 6. 12)
주 소 | 서울시 마포구 월드컵로 163-3
전 화 | (02)335-2630
전 송 | (02)335-2640
이메일 | yh4321@gmail.com
블로그 | https://blog.naver.com/dong-yeon-press

ISBN 978-89-6447-703-8 04200
ISBN 978-89-6447-700-7 04200(종교와 영성 연구)